旅游管理概论

余 杰 荆怀芳 张 龙 主 编

中国纺织出版社

图书在版编目（CIP）数据

旅游管理概论/余杰，荆怀芳，张龙主编.--北京：
中国纺织出版社，2019.5

ISBN 978-7-5180-3711-7

Ⅰ.①旅…　Ⅱ.①余…②荆…③张…　Ⅲ.①旅游经
济－经济管理　Ⅳ.①F590

中国版本图书馆 CIP 数据核字（2017）第 147576 号

责任编辑：姚　君　责任设计：卷墨堂　责任印制：储志伟

中国纺织出版社出版发行

地址：北京市朝阳区百子湾东里 A407 号楼　邮政编码：100124

销售电话：010－67004422　传真：010－87155801

http://www.c-textilep.com

E-mail：faxing@c-textilep.com

中国纺织出版社天猫旗舰店

官方微博 http://www.weibo.com/2119887771

天津千鹤文化传播有限公司印刷　各地新华书店经销

2019 年 5 月第 1 版第 1 次印刷

开本：710×1000　1/16　印张：13

字数：262 千字　定价：65.00 元

前　　言

　　我国旅游业自改革开放发展至今已经成长为一个庞大的产业。当前,中国旅游业进入了新的发展阶段,将全面转型升级,实现从世界旅游大国向世界旅游强国的新跨越。这一阶段的高等教育必须满足这一发展迅速且国际竞争日益激烈的产业的需求,这对今后十年旅游人才培养提出了更高要求,也对我国旅游教育提了出许多挑战。反思当前的旅游教育,距离这一要求还有很大差距。其突出表现在旅游人才的素质偏低,复合型、开放型、创新型高素质专门人才数量不足,使旅游教育不能对业态变化及时做出反应,高等旅游教育明显滞后于产业发展,对产业发展的贡献不足。究其原因,有教育模式落后、课程体系设置不科学和师资水平低等诸多因素,其中教材建设滞后是不容忽视的因素。因为教材奠定了旅游人才的基础理论功底,架构了旅游人才的知识结构,对引导科学的学习方式、培养创新思维和能力有直接的影响。

　　我国大部分高校都开设了旅游专业,其中旅游管理专业占相当比例。旅游管理及其相关专业虽然都提到了旅游管理,但仅就"旅游管理概论"这门课程来说,还少有学校开设这门基础课程,大多开设的都是"旅游(学)概论"。许多大学的旅游专业虽开设了"旅游(学)概论"以及相关专业基础课程,但由于这些课程重点介绍的大多为旅游相关知识,并没有涉及对管理理论的讲解,学生学习后并不具备对旅游的系统管理意识,不了解到底什么是旅游管理,旅游管理具体包含哪些内容,因此不少人毕业后工作一段时间走上旅游管理岗位时,面对旅游行业管理工作常常很困惑。

　　现实中,旅游行业急需旅游管理人才,特别是高级复合型的管理人才。出于此目的,我们把多年的教学及实践经验整理成系统的文字,编成此书,以期为我国旅游类管理应用技术型人才培养做出贡献。本书的特色是结合旅游行业的发展需求,以满足学生毕业后的就业发展所需为目标,为相关旅游机构的人才需求做好前期教育准备,完善旅游管理人才的知识储备;能使学习者全面了解旅游管理领域的真实需求及基本知识点,且融入了最新的社会实践及理论内容,比同类教材更具有时代性与先进性。

　　本书由重庆电子工程职业学院余杰老师统编,其中第五章至第九章由余杰老师编写;第一章至第四章由咸阳职业技术学院荆怀芳老师编写;第十、十一章由重庆电子工程职业学院张龙老师编写。如有不足还望广大读者批评指正。

编　　者

2018 年 10 月

目　录

第1章 旅游管理概述

旅游管理学以学科划分,是工商管理学科(一级学科)下的二级学科。旅游管理学是一门研究旅游业经营管理的新兴学科。旅游是一种综合性社会现象,是社会经济发展到一定阶段的产物。在社会经济发展的不同阶段,旅游活动具有不同的特点。旅游活动是一个系统,包括旅游者活动系统、旅游产业活动系统、旅游支撑系统和旅游影响系统四部分。现代旅游活动已发展为大众旅游,成为人们生活的一部分。旅游业是产业边界模糊的经济产业,树立大旅游观念才能更好地发挥旅游业的经济、社会文化和环境效益。我国已成为世界旅游大国,旅游业已具有相当的产业规模,未来中国将向旅游强国迈进。

1.1 旅游管理的基本含义

1.1.1 旅游的基本概念

旅游是由"旅"和"游"两字组成的,按说文解字考证,两字的含义都有方向性活动的意思。"旅游"从字义上很好理解。"旅"是旅行、外出,即为了实现某一目的而在空间上从甲地到乙地的行进过程;"游"是外出浏览、观光、娱乐,即为达到这些目的所做的旅行。两者结合起来即为旅游。旅行偏重于行,有专属性或专业性旅游不但有"行"且有观光、娱乐含义,具有广泛的群众性,现代旅游还有休闲养生之功效。"旅游"按现代学者们的理解也称为"旅游流"是一种大规模的定向的具有享乐性的非定居性的消费活动。

1.1.1.1 旅游的起源

(1)早期旅游

早期的旅游在世界各地都有相似的历程。最早的先驱是商人,早期形式是旅行,算不上真正的旅游。学者们认为海上民族腓尼基人是早期旅行者的代表。在我国,旅行作为一种社会行为早在公元前22世纪就有了,居世界前列。旅行者主要是文人墨客、僧侣、贵族上层人士等。早期典型的旅行家如大禹,他为了疏浚九江十八河,游览了大好河山。之后,就是春秋战国时的老子、孔子。老子传道,骑青牛西去。孔子讲学周游列国。汉时张骞出使西域,远至波斯。唐时玄奘取经到印度。明时郑和七下西洋,远至东非海岸。明朝著名的旅行家徐霞客游历全国名山名水,留下了宝贵的文献《徐霞客游记》。

（2）近代旅游

近代我国旅游主要表现在鸦片战争之后，一些政府官员及爱国游学人员为了民族振兴，出游东西洋，学习先进文化理念，大大提升了我国近代旅游的发展。1923 年陈光甫创办了旅行部，标志我国近代旅游业真正诞生。

（3）现代旅游

现代旅游业的发展是自新中华人民共和国成立起，特别是改革开放以后进入快速发展期。其发展主要是基于我国社会经济的巨大发展与进步，到目前为止，我国旅游业已进入稳步发展期，也进入了"大旅游"发展期，有专家学者称进入"后现代旅游"发展阶段，其前景非常可观，必定会给社会经济的发展带来新的动力。

1.1.1.2　现代旅游的含义

研究旅游含义必须考虑三个要素：出游目的、旅行的距离、逗留的时间。关于旅游的定义有多种说法，列举如下。

（1）国际机构定义

国际上普遍接受的艾斯特（AIEST）定义，即 1942 年由瑞士学者汉泽克尔和克拉普夫给出的定义：旅游是非定居者的旅行和暂时居留而引起的一种现象及关系的总和。这些人不会因而永久居留，并且主要不从事赚钱的活动。

（2）技术定义

各种旅游技术定义所提供的含义或限定在国内和国际范畴上都得到了广泛的应用。技术定义的采用有助于实现可比性国际旅游数据收集工作的标准化。世界旅游组织和联合国统计委员会推荐的技术性的统计定义：旅游，指为了休闲、商务或其他目的离开他（她）们的惯常环境，到某些地方并停留在那里，但连续不超过 1 年的活动。旅游目的包括六大类：休闲、娱乐、度假；探亲访友；商务、专业访问；健康医疗；宗教、朝拜；其他。

（3）交往定义

1927 年，德国的蒙根·罗德提出，从狭义的方面理解旅游是那些暂时离开自己的住地，为了满足生活和文化的需要，或各种各样的愿望，而作为经济和文化商品的消费者逗留在异地的人的交往。

（4）目的定义

20 世纪 50 年代，奥地利维也纳经济大学旅游研究所提出，旅游可以理解为是暂时在异地的人的空余时间的活动，主要是出于修养；其次是出于受教育、扩大知识和交际的原因的旅行；再是参加这样或那样的组织活动，以及改变有关的关系和作用。

（5）时间定义

1979 年，美国通用大西洋有限公司的马丁·普雷博士提出，旅游是为了消遣而进行的旅行，在某一个国家逗留的时间应超过 24 小时。

（6）相互关系定义

1980 年，美国密执安大学的伯特·麦金托什和夏西肯特·格波特提出，旅游可以定义为在吸引和接待旅游及其访问者的过程中，由于游客、旅游企业、东道政府及东道地区的居民的相互作用而产生的一切现象和关系的总和。

（7）生活方式定义

1985 年，我国经济学家于光远提出，旅游是现代社会中居民的一种短期性的特殊生活方式，这种生活方式的特点是异地性、业余性和享受性。

（8）世界旅游组织的定义

1963 年由联合国国际旅游大会（IUOTO，即现在的世界旅游组织，UNWTO）提出：应采用"游客"（visitor）这个新词汇。游客是指离开其惯常居住地所在国到其他国家去，且主要目的不是在所访问的国家内获取收入的旅行者。游客包括两类不同的旅行者。

①旅游者（tourist），在所访问的国家逗留时间超过 24 小时且以休闲、商务、家事、使命或会议为目的的临时性游客。

②短期旅游者（excursionists），在所访问的目的地停留时间在 24 小时以内，且不过夜的临时性游客（包括游船旅游者）。

（9）综合定义

旅游是人们以体验、观光、休闲、娱乐、疗养、研学、商务及探望等为目的的，离开常住地到异地的非定居性的短暂停留所进行的活动的总和。

1.1.1.3　后现代旅游概念

近年来，伴随后现代概念的提出，后现代旅游也成为一种新的旅游模式被越来越多的人接受并认可。其全新的体验与感受必将成为一种主流的旅游方式.也将给中国的旅游业注入新的生机与活力。

（1）后现代旅游的发展因素

现代旅游进入后现代旅游的发展因素主要表现以下几个方面：社会经济发展，人们可支配收入的增加；闲暇的增加；现代交通设施完善，交通工具发达。现代信息技术给人们出行带来了极大的便利，全球变为地球村。现代化的旅游服务及硬件设施的提升，这些都为旅游的进一步腾飞做了铺垫。

（2）后现代旅游概念

后现代旅游是建立在现代旅游的基础上，是对现代旅游不合理成分的扬弃，同时也是对现代旅游继承性的发展。其是对现代旅游中表现的功利性严厉批判后提出来的一种新旅游观，是以一种人与自然和请共处，以人为本的随心所欲的心态来重构旅游本质。其基本概念包括：后现代旅游的创新与经营模式是全新的；"以人为本"的理念是后现代旅游的核心文化；后现代旅游是一种完全自由的生活方式；后现代旅游是人与自然和谐共存的行为。

（3）后现代旅游的特征

后现代旅游的特征主要表现在：旅游形式多样化；旅游产品个性化、特色化、体验化；旅游服务的人性化得到加强；提高了旅游业效益；旅游消费意识的绿色化；旅游景区（点）的建设、设计更加合理化；旅游内容休闲化；旅游目的养生化。

1.1.1.4　旅游分类及功能

（1）旅游分类

旅游分类的种类较多。按旅游性质和目的分：休闲旅游、养生旅游、娱乐旅游、度假旅游、探亲旅游、访友旅游、商务旅游、专业访问旅游、健康医疗旅游、体育旅游、宗教朝圣旅游、探险旅游等；按旅行距离分：长途旅游、短途旅游（郊野游）；按逗留时间分：过夜游客、一日游；按旅游者到达的目的地分：国际旅游、国内旅游、跨区域旅游、本区域旅游；按参加一次旅游活动的人数分：团队旅游、散客旅游。

（2）旅游的功能

发展旅游对国家或地区的作用巨大，主要表现在对社会经济及文化等方面的作用。

①拉动当地经济发展。首先，发展国际旅游，能够增加外汇收入；其次，发展国内旅游业，可以回笼货币、稳定市场；再次，带动相关产业发展，能提供大量就业机会；最后，促进地区经济的发展，缩小地区差异。另外，旅游还是国民经济新的增长点。

②促进社会文化繁荣。文化是旅游的灵魂，始终蕴含在旅游活动中，表现极大的魅力，可以说没有文化就没有旅游的生存与发展空间。综观旅游发展史，虽然各个时期都有自己独特的表现形式，但在本质上有许多共同之处，即旅游者在旅游活动中所追求的文化享受。文化有很强的民族性和发展性，任何民族都有自己的文化，它们的地域性决定了文化的差异性。但是，地域文化在发展过程中，必然相互联系、相互交流，而人类的旅游活动，就是各种文化相互交流、相互结合的运动。旅游的主旨和内涵主要是文化。因此，组织旅游和参与旅游的一切活动，必然与文化紧密结合在一起。旅游本身就是一种文化传播过程，发展旅游可以促进文化交流。旅游对文化的促进作用表现为：首先，能促进国民素质和生活质量的提高；其次，促进地域间的文化交流；最后，能传承地域特色文化。

③改善区域投资环境。首先，旅游业的蓬勃发展，在很多地方已经带动本地区基础设施、配套设施及相关产业的同步发展，为旅游地区发展新兴产业，如生态农业等绿色产业奠定了良好的基础，也为外来投资提供了一个良好的投资环境。实际上，少数民族地区多是经济欠发达地区，但同时也多是旅游资源富集的地区。与发达地区相比，这些地区往往存在基础设施差、进不来、出不去等问题，从而严重制约了当地的经济发展。其次，从旅游企业的发展来说，也会对旅游地区投资

环境的改善起到积极的作用。在我国国民经济各行业,旅游企业率先走向国际市场,领风气之先,引进外资、人才和境外先进的经营方式,实现了与国际惯例接轨。发展旅游业,尤其是引进各类旅游企业,通过这些企业先进而规范的管理理念和运作模式,将对旅游地区当地政府部门和当地企业的管理和运作起到良好的示范效应,从而促使旅游地区总体投资环境的改善。再次,旅游业的发展可改善旅游地的生态环境,提高旅游地的地区形象和城市形象。旅游业发展与生态环境的保护、绿化工程、退耕还林等同时进行,协调发展,它不但使以往的山川更秀丽,也带来接待地环境形象的根本改变,绿化档次越来越高,环境也越来越好,这对改善投资环境、促进对外开放是极大的推动。最后,加快旅游业的发展,不仅有对基础设施等硬环境方面的要求,也有对良好的旅游环境和社会风气等软环境的要求。因此,在旅游业的发展中,旅游地还需要通过不断加强精神文明建设,使旅游经营服务者、旅游接待地居民文明礼貌,旅游环境整洁优美,旅游活动健康高雅,不但为旅游业的发展创造了优越的条件,同时也为旅游地区的总体投资软环境的改善提供了良好的基础。尤其是国际旅游的发展,能够带动旅游地人们思想观念、价值观念的转变和创新,使旅游地区居民在观念上进行超前思维和创新思维,这对推动地区的对外开放,有更为深远的意义。同时,旅游在引来人流的同时,还会引来资金流、技术流、信息流。旅游业的发展可从多方面改善投资环境,促进对外开放;还可改善当地的生态环境,提高资源综合利用水平,为社会经济提供可持发展的基础。

与此同时,发展旅游也会引起负面效应,主要表现在以下几个方面:发展旅游也会产生一些消极影响,如可能引起当地物价上涨,可能引起当地的经济结构失衡;过重依赖旅游业会影响国民经济的稳定;过度发展旅游业会有损该地的经济发展。另外,发展旅游业可能会对当地文化产生冲击,还可能增加传染疾病的概率。

1.1.2 管理的基本概念

管理是一个含义非常广泛的概念,至今未能达成统一的共识,原因很简单,一方面是由于理论常常落后于实践;另一方面是由于管理活动太广泛、太复杂、太多样化,人们从不同的角度去理解,必然会得出不同的认识和概括。因此,人们对管理一词所下的定义也就不同,其中有代表性的是:法约尔认为,管理是由计划、组织、指挥、协调及控制等职能为要素的组织活动过程。这一定义已经成为从管理职能角度定义管理的典范,并成为现代众多管理定义的基础。

管理是一种以绩效责任为基础的专业职能。这是美国哈佛大学教授德鲁克(Peter F.Drucker)提出的观点。这一概念包含三层含义。

①管理是专业性的工作,与其他技术性工作一样,有自己专有的技能、方法、工具和技术。

②管理人员是一个专业的管理阶层。

③管理的本质和基础是执行任务的责任。

决策理论学派的代表人物西蒙（Herbert A.Simon）认为管理就是决策。他认为决策贯穿组织的始终，任何工作都必须经过一系列的决策才能完成。决策正确，管理的目的也就能够实现了。

美国数学家、管理数理学派的代表人物伯法（ElwoodS.Buffa）认为，管理就是用数学模式与程序来表示计划、组织、控制、决策等合乎逻辑的程序，求出最优解答，以达到企业的目标。唐纳利（Donnelly）认为，管理就是由一个或更多的人来协调他人活动，以便收到个人单独活动所不能收到的效果而进行的各种活动。

以上这些关于管理概念的观点从各个不同角度描绘了管理的面貌。总的来说，它们各有真知灼见，也各有不足之处，但这些定义都着重从管理的现象来描述管理本身，而未揭示出管理的本质。那么，如何对管理这一复杂的概念进行比较全面和一般的概括呢？让我们对管理活动的一般情况先做一个剖析。

我们知道，管理是一种行为。作为行为，首先应当有行为的发出者和承受者，即谁对谁做；其次还应有行为的目的，即为什么做。因此形成一种管理活动：

第一，要有管理主体，即说明由谁来进行管理的问题。

第二，要有管理客体，即说明管理的对象或管理什么的问题。

第三，要有管理目的，即说明为何而进行管理的问题。

同时，我们还应想到，任何管理活动都不是孤立的活动，它必须要在一定的环境和条件下进行。以上分析说明，任何一种管理活动都必须由以下四个基本要素构成。

①管理主体，回答由谁管的问题。

②管理客体，回答管什么的问题。

③组织目的，回答为何而营的问题。

④组织环境或条件，回答在什么情况下管的问题。

根据上述管理要素在实际管理活动中的作用和地位以及它们之间的内在逻辑联系，我们可以从一般意义上来概括管理，即管理是社会组织中，为实现预期的目标，以人为中心进行的协调活动。

这个定义有五层含义。

①管理的目的是为了实现预期目标。世界上既不存在无目标的管理，也不可能实现无管理的目标。

②管理的本质是协调。协调就是使个人的努力与集体的预期目标一致，每一项管理职能、每一次管理决策都需要进行协调。

③协调必定产生在社会组织之中。当个人无法实现预期目标时，就要寻求别人的合作，形成各种社会组织，原来个人的预期目标也就必须改变为社会组织全体成员的共同目标。个人与集体之间，以及各成员之间必然会出现意见和行动的

不一致,这就使协调成为社会组织必不可少的活动。

④协调的中心是人。在任何组织中都同时存在人与人、人与物的关系,但人与物的关系最终仍表现为人与人的关系,任何资源的分配也都是以人为中心的。由于人不仅有物质的需要,还有精神的需要,因此,社会文化背景、历史传统、社会制度、人的价值观、人的物质利益、人的精神状态、人的素质、人的信仰,都会对协调活动产生重大的影响。

⑤协调的方法是多样的,需要定性的理论和实践,也需要定量的专门技术。计算机的应用与管理信息系统的发展,将促进协调活动发生质的飞跃。

1.1.3　旅游管理的定义

从学科划分来说,旅游管理学学科是工商管理学科《一级学科》下的二级学科。旅游管理学是一门研究旅游业经济管理的新兴学科。旅游管理专业是旅游学、管理学、经济学、社会学及文化学等学科交叉的综合性专业。其目标是培养具有旅游管理专业知识,能在各级旅游行政管理部门、旅游企事业单位与各类企业从事旅游事业管理与现代企业管理的高级专门人才。

对旅游管理的定义,暂没有权威性的说法,研究的文献也不多。马勇曾提出旅游管理的概念,即"在特定的社会环境下,在特定的区域范围内,在社会旅游组织,为了实现旅游业发展的预期目标,通过市场调节和宏观调控,使社会资源和生产力各要素在整个旅游行业内有效配置,推动旅游业持续发展的协调活动"。这一概念体现了旅游管理四个方面的内涵:旅游管理的目的是实现旅游目标;旅游管理的本质是协调旅游关系;旅游管理的存在有赖于社会组织;旅游管理的方法因环境不同而有所不同。王立刚认为旅游管理是指为发展旅游事业而进行的计划、组织、指挥、调节和监督的活动。旅游管理活动具有多层次、多结构、多方面的内容,它贯彻于旅行游览管理事业的全过程之中。

笔者认为旅游管理可定义为:旅游组织通过市场调节及宏观调控等手段,实施计划、组织、领导、控制等职能,协调各种资源在旅游业中有效配置,从而实现既定目标的活动过程。这里说的旅游组织既有行政事业组织,也有企业组织。这些组织都可运用市场与宏观调节手段,调配各种实物资源及人力资源,做好旅游服务,才能使游客满意,使旅游企业、旅游业的相关行业及从业人员等得到更多利益并共享旅游发展成果。

1.2　旅游管理的属性和特点

1.2.1　旅游管理的属性

管理工作具有双重属性,即自然属性与社会属性。旅游管理工作也一样,具有双重性。

自然属性是一切社会管理活动的共性，不以人意志为转移的属性。旅游管理的自然属性，首先，是旅游活动的必然存在的重要活动。旅游资源开发、各种关系协调、旅游服务的监控与督查都需要管理。其次，管理活动是一切经济活动中的必然过程，旅游业本身就是一种社会经济现象，旅游管理是为提升生产力的发展服务的。

社会属性即管理学中所说的管理社会关系的属性，人们的生产过程受生产方式、生产关系、政治制度和意识形态的影响与制约。管理社会属性是为了维护统治阶级的利益、生产资料所有者利益的管理过程。具体来说，旅游管理的社会属性是指管理旅游组织之间、旅游组织与从业人员之间、旅游从业人员之间的各种行为关系。

1.2.2 旅游管理的特点

管理是一门科学，也是一门特殊的艺术活动。旅游管理既有一般管理的特点，又具有自己的特性，其主要特点概括如下。

旅游管理的综合性。旅游包括吃、住、行、游、购、娱、闲、商、景（点）等诸多要素，每个要素都影响旅游业的发展，每个方面都决定旅游服务的质量及满意度。旅游管理所涉及的内容并非仅仅这些方面，还包括由此派生的各种业务及各种关系。旅游效益的好坏是由这些要素所组成的庞大系统决定的，因此，旅游管理活动是综合性的活动。

旅游管理的复杂性。旅游业的经营活动是由各种要素组成的一个大网络，因其相互影响相互协调，比其他行业更具有复杂性。旅游管理是种服务活动，同时其又有着明确的交易，因而其管理的价值取向具有多重性，这就使管理过程变得更加复杂化了。

旅游管理的开放性及动态性。旅游管理对象的复杂，有行政组织，也有旅游企业，还有各种从业人员及游客，这些组织及个人都是在社会这个大环境中相互关联的，其中的信息流、物质流等都是开放的，且是不断变化的，必然要求管理具有开放性，几要有动态性，不是一成不变的管理方式。因而，要做好旅游管理工作，必须本着开放、公正公平的原则，在变化中力求管理的效益性。

旅游管理的目的性。发展旅游业的终极目标是提升当地经济，改善人们的生活水平，提供更多的就业机会。对旅游企业来说，其有双重目标一个是社会目标，另一个是企业目标，两者不可偏废。社会是要兼顾公正公平的竞争发展，不能损失公共利益，如发展当地旅游不能破坏生态环境，不能使当地居民生活受到外来干扰。企业目标就是确保企业可持续发展。对旅游行政组织来说，其目标就是为旅游企业提供好的宏观指导及政策咨询服务，为企业发展创造更好的环境空间。

旅游管理的风险性。企业是市场的主角，企业离不开市场。完全市场经济靠的是市场调节手段来维持市场的正常运转。只要在市场中竞争,就有市场风险。风险和竞争是一对孪生兄弟。旅游业是一个综合性的行业,离不开其他行业的参与,且受自然因素的影响较大,因而旅游业的发展既受主观因素的影响,同时也受客观因素的影响。旅游管理活动是一个复杂的活动,需考虑的因素较多,稍有不周,后果不可设想。

旅游管理的创新性。旅游业与社会、经济、科技及文化等密切相关。现代人的生活标准不断提高,需求不断提升;现代科技瞬息万变,且管理离不开科技。旅游管理的方式与方法都需要创新,只有不断创新才能满足日益增长的游客的需求。同时,管理观念也要不断创新,只有管理适应了变化着的现代环境,才能有创新式服务,才能使旅游业持续发展,旅游业才能真正成为永不落幕的阳光产业。

旅游管理的超前性与灵活性。旅游业的发展受各种环境因素影响,特别是受天气、疾病及战争等灾害性因素影响严重,因此做好旅游管理工作首先要做好预警工作,也就是对面临的环境要有超前预测,并做好预案,不能滞后管理,否则会产生非常严重的后果。旅游业有明显的淡旺季之分,淡季与旺季业务差别较大,各相关行业针对这一特殊现象,都有资源调配文案,以提高效益。旅游管理工作也必须做到灵活性,要针对不同的业务而调整管理工作的内容及重点,确保旅游业的有序发展,使旅游业淡季不淡,旺季不会产生瓶颈现象。

1.2.3　旅游管理学的发展

旅游管理学从学科划分来论,是工商管理学科(一级学科)下的二级学科,旅游管理学是一门研究旅游业经济管理的新兴学科。随着国际经济的一体化、中国加入 WTO,"一带一路"的提出及实施,中国旅游经济和旅游产业已成为中国国民经济和世界经济产业体系中最具有活力的部分。世界旅游组织预测,到 2020 年中国将成为世界第一大旅游目的地国家和第四大客源输出国。国内外各级政府、学者及业界对旅游业进行现代化管理这一问题早已达成了共识,且越来越受到重视。虽然这门学科的产生在我国只有不到 20 年的时间,但随着经济文化的迅速发展和对外交流的不断扩大,我国旅游业迅速发展,不但成为我国第三产业的重要方面,而且已形成一个新的经济增长点,因而迫切需要兼有人文、地理、农村、经济知识的经济管理人才。旅游管理学科正是在这种背景下逐步发展起来的,并已成为工商管理学科体系中的一个重要学科。

1.2.4　旅游管理学与其他学科的关系

旅游管理学与管理学既有联系又有区别,而且同旅游经济学、饭店管理学、饭店业人力资源管理学及旅行社管理学也是相互联系又相互区别的不同学科。

①旅游管理学是从属于管理学的分支学科。其研究的从本框架是相似的,都以对人、事物的各种关系的管理为主要核心任务,无任何种管理。其任务基本相

似。但不同的管理学科有各自的重点任务,不同的专业领域任务有相应的专属性,旅游管理的重点任务是发生在旅游业中的各种人与事物关系,旅游业是新兴产业,其内容复杂,因而管理任务较其他专业领域的管理任务更为复杂,有宏观的管理,更多的是各种行业协作,各种关系协调与资源整合的管理。

②旅游管理学和旅游经济学是从不同的角度研究旅游业。旅游经济学是把旅游业作为国民经济的一个独立部门看待。研究旅游经济活动及其发展规律。旅游经济学是研究旅游需求和供应之间的矛盾运动规律,研究旅游消费的产生、发展和变化规律,研究旅游经济的不同部门、不同单位在实现旅游供应方面专业化协作的规律性等。而旅游管理学也是把旅游业当作国民经济的一个独立部门,研究旅游管理活动及其发展现状。旅游管理学要研究国家对旅游事业的部门管理、地区管理、企业管理以及其下形成的规律性研究旅游作为一个经济部门,其行业内的人力资源管理、物力资源管理、财力资源管理以及它们相互之间的规律性,还要从行政、经济、法律、技术等层面研究旅游管理的相关问题。

③旅游管理学与饭店管理学、饭店业人力资源管理学及旅行社管理学等具体的旅游部门学科之间是整体与局部、大系统和子系统之间的关系。旅游管理学是从旅游事业的整体和全局的范围深度研究旅游事业的管理,它所阐述的旅游管理规律性的理论、原则、方法对旅游各个具体部门管理具有指导的意义和作用。目前,旅游管理学无论从内容到体系,都还很不成熟,还有待不断完善。

1.3 旅游管理学的研究对象与研究方法

旅游业的发展在我国处于新兴产业,其学科理论还不完善,也滞后于实际。旅游管理学科是随旅游业发展而产生的。也是一门新学科,属交叉型学科,同时也是应用型学科,目前理论体系还不完善,研究深度也有待进一步提升。

(1)旅游管理学的研究对象

旅游管理学的研究对象具有多属性的特点,具体地说,其研究对象包括对旅游人力资源、物力资源、财力资源和科学技术管理的研究,对旅游部门管理、旅游地区管理、旅游企业管理和旅游涉外经济管理的研究,对旅游经济的发展目标、预测、决策、计划、监督和信息的研究,对旅游管理中运用经济方法、行政方法、思想政治方法、法律方法和科学技术方法的研究等。

(2)旅游管理学的研究方法

旅游管理学的研究方法与管理学有相似之处,但也有其不同之处。具体来说其主要研究方法如下。

①理论与实践相结合法。从管理学发展史看,其理论主要来自于实践,是对实践的总结,已形成一套理论体系。研究旅游管理同样要全面考察管理学的历史演变,重要的管理思想和流派,重要的管理案例,从中找出规律性的东西,寻求对

旅游业发展有重要意义的管理原则、方式和方法。同时，又要注重现实旅游业的新的发展态势，总结旅游业的发展规律，从中找出旅游管理的精髓，再回到实践中去指导旅游业，不断地从实践中来又到实践中去，循环往复。只有这样才能做到真正的理论与实践相结合。

②定性与定量相结合。任何事物都有质和量的规定性，质是有别于其他事物的内在规定性，是事物内部特殊矛盾决定的；质是事物存在的规模和发展程度，是一种可用数量表示的规定性。量变会引起质变，任何事物都是质和量的辩证统一。定性分析就是对事物本质特征的分析，旅游管理是一项复杂的活动，在做某项决策之前要详尽分析其背后的影响因素，避免工作失误。定量分析就是研究量的变化对事物的影响。做好旅游业的各项数据的统计预测工作十分重要，其是对旅游业的发展前景预测及做出重要决策的科学依据。

③比较研究法。比较研究法是指把不同或相类似的事物加以比较、对照，从而确定它们之间的相同点和差异点的一种研究方法。旅游业是由多个行业协作的一个新兴产业，有旅行社、酒店、旅游景区、交通部门、服务部门等协作，这些部门的业务运作及管理有些非常相似，对其研究时要运用比较法，找出不同点，抓住事物的本质不同，才能做好管理工作。

④案例分析法。案例分析法是指在学习、研究管理学的过程中，通过对典型案例的分析讨论，总结管理的经验、方法和原则。研究旅游管理问题时可运用此方法分析一些成功的旅游企业经营管理案例，如国内外知名酒店案例、知名旅行社案例及品牌景区案例，从中总结旅游企业管理的先进经验及方法，推广运用到旅游行业中。

⑤归纳演绎法。归纳和演绎是两种不同的推理和认识事物的科学方法。归纳是指由个别到一般、由事实到概括的推理方法；演绎是指由一般到个别、由一般原理到个别结论的推理方法。在研究旅游管理问题时要善于总结行业管理的新思维，同时也要关注成功个案。

第 2 章 旅游管理理论

通过本章学习,熟悉管理理论在 20 世纪的发展过程及主要流派,掌握行为管理理论及现代管理理论主要派别的发展过程、代表人物及理论观点。

2.1 行为管理理论

20 世纪初,资本主义世界经济进入了一个新的时期,生产规模扩大,社会化大生产程度提高,新技术成就广泛应用于生产部门,新兴工业不断出现。同时,社会经济中劳资矛盾进一步加剧,工人不满和对抗的情绪日益严重。在这种情况下,古典管理理论重物轻人,强调严格管理的思想,已不能适应新的形势要求。一些管理学者从进一步提高劳动生产率的角度,把人类学、社会学、心理学等运用到企业管理中去,从 20 世纪 20 年代开始逐渐形成了行为科学理论。所谓行为科学,就是对工人在生产中的行为及行为产生的动机进行分析,以便调节人际关系,提高劳动生产率。行为科学理论研究的内容早期被称为人际关系学说,以后发展成行为科学,即组织行为理论。行为科学理论研究的内容主要包括人的本性和需要、行为动机、生产中的人际关系等。行为科学方面的研究至今昌盛不衰,构成管理学的一个重要方面。现在的人本管理可以说是行为科学的发展。

2.1.1 早期的行为科学——人际关系学说

2.1.1.1 早期的倡导者

尽管我们认为行为科学产生于 20 世纪初,但在此之前已有许多人认识到人的因素对组织成功的重要性,其代表人物有罗伯特·欧文、玛丽·福莱特等。

被后人称为"人事管理之父"的欧文是一位成功的苏格兰商人,他于 1789 年买下他的第一家工厂时只有 18 岁。欧文指出,把钱花在提高劳动者素质上是一企业经理最好的投资之一.他认为关心雇员既能为企业带来高利润,同时又能减轻人们的痛苦。他早在 1825 年提出,应在法律上规定工作日时间、制定童工法、普及教育、由公司提供工作餐,以及企业参与社区发展计划。

玛丽·福莱特出生于美国波士顿,是最早认识到应当从个人和群体行为的角度考察组织的学者之一。作为一个变革者,她的著作虽然写作于科学管理时代,但却提出了更富人本导向的思想,她在 20 世纪第一个 10 年里就开始讨论关于团队合作和责任的问题。认为组织应该维护群体道德而不是个人主义,个人的潜能只有通过群体的结合才能释放出来,管理者的任务是调和与协调群体的努力,管理者应当更多地依靠他的知识和专长去领导下属,而不是凭借他职务的正式权力。福莱特的思想中很简单却非常核心的一条是:人是任何商业活动的核心。"我认为,我们不应对我们所遇到的每个问题都进行分类。我不认为我们有什么心理的、伦理的和经济上的问题。我们面临的是人类自身的问题,有着和你一样的,在心理、伦理和经济等各个方面有问题的人的问题。"

福莱特特别研究了冲突。她指出,冲突是生命中的必然现象,"我认为,我们应当让冲突为我们所用"。福莱特指出,处理冲突有三种方法:压制、妥协和整合。她总结说,后者是处理冲突的唯一积极的方式。这种方法可以通过先"暴露"出真正的冲突所在,然后把"双方的需求分解后组合成有机的整体"。福莱特写道:"当我们的思想不能挣脱'非此即彼',我们将会鼠目寸光、左右碰壁、成功渺茫。千万不要让'非此即彼'埋没了我们。这个世界上可能还存在很多比'此'、'彼'两种选择更好的方法。"

2.1.1.2 梅奥与霍桑试验

(1)梅奥生平

美国哈佛大学教授埃尔顿·梅奥是原籍澳大利亚的美国行为科学家,1924—1932 年间他把西方电气公司设在伊利诺伊州的霍桑工厂进行研究。在此期间,梅奥开始了世界著名的霍桑试验。1933 年,梅奥编写了著作《工业文明的人类问题》,1945 年编写了《工业文明的社会问题》,在这两本书中,他总结了霍桑试验中关于人际关系的研究成果,使人际关系研究真正走上管理学的舞台,开辟了行为科学研究的道路。

(2)霍桑试验

霍桑试验是美国西方电气公司从 1924 年至 1932 年在霍桑工厂进行的一系列试验,霍桑工厂是一家拥有 2.5 万人的大型企业,专营电话机和其他电气设备。试验的最初目的是确定工作环境对劳动生产率的影响。结果出乎预料,无论照明强度提高或降低,生产率都提高了。如何解释上述现象呢?于是他们请来哈佛大学的梅奥教授参与研究,进行新的试验包括改变工作周和工作日长度,在工作中间引入休息时间,以及个人与群体工资的比较等。通过四个阶段历时近 8 年的霍桑试验,梅奥等人认识到,人们的生产效率不仅要受到生理方面、物理方面等因素的影响,更重要的是受到社会环境、社会心理等方面的影响,这个结论的获得是相当有意义的,这对"科学管理"只重视物质条件,忽视社会环境、社会心理对工人的影响来说,是一个重大的修正。

霍桑试验共分四个阶段完成。

①第一阶段:工作场所照明试验(1924—1927 年)。这个试验的目的是研究照明强度对生产效率的影响程度。研究人员把一批工人分成两组:试验组和控制

组。对试验组,不断变换工作场所的照明强度,记录工人在不同照明强度下的工作效率,对控制组,则保持照明强度的不变。结果发现,照明强度的变化对生产效率没有什么影响。

试验结论:

第一,工场的照明只是影响工人生产效率的一项微不足道的因素。

第二,照明对产量的影响无法准确测量,即工作条件的好坏与劳动生产率没有直接关系。

②第二阶段:继电器装配室试验(1927—1928 年)。这个试验是研究各种工作条件的变动对小组生产率的影响。研究人员选择了 5 名女工和 1 名划线工在单独的一间工作室内工作,在试验中分期改善工作条件,如改进材料供应方法、增加工间休息、供应午餐和茶点、缩短工作时间、实行团体计件工资制、在工作时间内大家可以互相自由交谈等,结果产量得到明显提高。但一年半后,相继取消了这些改善的条件后,结果发现这几名工人的产量仍维持在高水平上。

试验结论:指导方法的改变使工人的态度有些变化,使产量增加,而其他因素对产量的提高没有多大的影响。

③第三阶段:大规模的访问与调查(1928—1931 年)。研究人员在上述试验的基础上进一步在全公司范围内进行了两年多的访问和调查,前后有 2 万多人次参加访问与调查。总结调查结果发现,影响生产率的最重要的因素是工作中发展起来的人群关系,而不是待遇和工作环境,每个工人工作效率的高低,不仅取决于他们的自身状况,还与工作小组的同事有关。

试验结论:任何一位员工的工作绩效,都受到其他人的影响。

④第四阶段:接线板接线工作室试验(1931—1932 年)。研究人员在一个接线工作室中,对工人的生产效率和行为进行了持续 6 个月的观察和研究,结果发现大部分工人都自行限制产量,因为工人们担心自己产量提高后,公司会再提高劳动定额,造成一部分工人失业,同时也不能保护工作效率低的同事。而工人对不同的上级也持有不同的态度,工人们还存在小派系,每个派系都有一套行为规范。

试验结论:人们的生产效率不仅要受到物质条件和环境的影响,更重要的是受社会因素和心理因素等方面的影响。

2.1.1.3 人际关系理论的主要内容

梅奥等人在霍桑试验的基础上形成了自己的人际关系理论,并将其概括为三个方面的主要内容。

(1)职工是"社会人"

"社会人"是人际关系学说对人性的基本假设。这种假设认为人不仅有经济和物质方面的需要,而且还有社会及心理方面的需要。古典管理理论把人看作为"经济人",他们只是为了追求高工资和良好的物质条件而工作。因此,对职工只能用绝对的、集中的权力来管理。梅奥等人提出了与"经济人"观点不同的"社会人"观点。其要点是:人重要的是同别人合作;个人是为保护其集团的地位而行动;人的思想行为更多地是由感情来引导。工作条件和工资报酬并不是影响劳动生产率高低的唯一原因。对职工新的激励重点必须放在社会、心理方面,以使他们之间更好地合作并提高生产率。

(2)正式组织中存在着"非正式组织"

所谓正式组织就是传统管理理论所指出的,为了有效地实现企业的目标,规定企业各成员之间相互关系和职责范围的一定组织体系。在正式的法定关系掩盖下都存在着非正式团体构成的更为复杂的关系体系,它同正式组织相互依存,对生产率的提高有很大的影响。

非正式组织对人起着两种作用:一方面保护工人免受内部成员忽视所造成的损失,如生产得过多或过少;另一方面,它保护工人免受外部管理人员的干涉所造成的损失,如降低工资率或提高产量标准。至于非正式组织形成的原因,并不完全取决于经济发展情况,而是同更大的社会组织有联系。

(3)新的领导能力在于提高员工的满足度

梅奥认为,工作条件、工资报酬并不是决定生产效率高低的首要因素,生产率的升降,主要取决于工人的士气,即工作的积极性、主动性与协作精神,而士气的高低,则取决于社会因素特别是人群关系对工人的满足程度,而工人的满足度又依存于两个因素:首先是工人的个人情况,即工人由于历史、家庭生活和社会生活所形成的个人态度;其次是工作场所的情况,即工人相互之间或工人与上级之间的人际关系。满足程度越高,士气也越高,生产效率也就越高。

新型的管理者的管理能力在于通过对职工"满足度"的增加,来提高工人的"士气"。所谓新的领导能力,体现在是否能够区分事实和感情,是否善于倾听和沟通下属职工的意见,是否能在正式组织的经济需求和工人的非正式组织的社会需求之间保持平衡。这种新的领导能力通过提高职工的满足度,来提高职工的士气,解决劳资之间乃至整个"工业文明社会"的矛盾和冲突,从而达到提高效率的目的。要具备这种领导能力,那就要转变管理方式,重视"人的因素",采用以"人"为中心的管理方式,改变古典管理理论以"物"为中心的管理方式。

梅奥等人的人际关系理论,在古典管理理论的基础上开辟了一个新的领域,即重视人的因素。从此,"人际关系"的研究逐渐被世人重视,并成为"行为科学"管理学派的先驱。但同后期的"行为科学"管理不同的是,人际管理理论只强调要重视人的行为;而行为科学还要求进一步研究人的行为规律,找出产生不同行为的影响因素,探讨如何控制人的行为以达到预定目标。

2.1.2　后期的行为科学——组织行为学

继梅奥之后,有很多学者从心理学、社会学的角度致力于这方面的研究。从

1949 年起,有人将"人际关系"学说改称为"行为科学",20 世纪 60 年代以后,更多人将"行为科学"应用于企业中,又开始使用"组织行为学"一词。后期的行为科学理论即组织行为学的理论主要对组织的人群行为进行科学的分析,研究是什么因素决定人的行为,以及用什么方式激励人,正确处理人与人之间的关系等,引导组织成员为达到组织目标而努力。主要有激励理论、需要层次理论、人性假设理论等。

2.1.2.1　激励理论

行为科学是研究人的行为是如何和为何这样的科学,其核心部分是激励理论。它认为企业管理的首要是如何调动职工的积极性,即如何激励动机。由于动机支配人的行为,动机激励的程度不同,行为结果也不一样。例如,一个能力差的人有时工作成绩比能力强的人更好。工作成绩、能力、动机激励之间的关系可以用公式表示为:

$$工作成绩＝能力×动机激励$$

要想使一个人努力工作,就需要给他以激励。激励是行为的推动力,也是管理中的一个重要课题。人的行为受内在需要和外来刺激等方面的影响。外来激励使人产生内在的需要动机,激励人们为预期的目标奋斗,而一旦取得成就,就会反过来进一步激励人们。

行为科学家把激励力分为压力、吸引力和自激力三种。压力是指外界压迫的力量,例如惩罚手段;吸引力是指外界吸引的力量,例如奖金等手段;自激力是内在的需要力量。无数事例证明,人在压力下工作,积极性较小;人在吸引力下工作,积极性较大;人在自激力下工作,最主动、最持久,并有创造力。激励除了用金钱等物质手段外,还有精神方面的,如表扬、信任、荣誉、竞争等。物质和精神激励两者是相辅相成的。

(1)赫茨伯格的"双因素"理论

"双因素"理论又称"激励保健理论",是美国学者赫茨伯格(Frederick Herzberg)于 1959 年出版的《工作的激励因素》中提出的。赫茨伯格对美国匹兹堡地区的 200 多位工程师、会计师进行了深入的访问调查,在此基础上研究发现:

①造成员工不满意的因素往往是由外界的工作环境产生的,主要包括公司政策、行政管理、工资报酬、工作条件、与上下级的关系、地位和安全等方面的因素。这些因素即使改善了也不能使员工变得非常满意,不能充分激发员工的积极性,只能消除员工的不满。这类因素称为"保健因素"(hygiene factors)。

②使员工感到非常满意的因素主要是工作富有成就感、工作成绩得到社会认可、工作本身具有挑战性、能发挥自己的聪明才智、工作所赋予的发展机会和责任等。这类因素的改善,或者说这类因素的满足,往往能激发员工的责任感、荣誉感和自信心,增进员工的满意感,有助于充分、有效、持久地调动他们努力工作、积极

上进。这类因素称为"激励因素"(motivation factors)。

③"保健因素"只能消除员工的不满,不能起到调动积极性的作用。由不满可以达到没有不满,由于没有不满才能达到满意。这里实际上是两个阶段,后一个阶段的因素即"激励因素",才能真正调动员工的积极性。

(2)弗鲁姆的期望理论

美国心理学家弗鲁姆(Victor H.Vroom)于 1967 年提出了期望理论。该理论认为,激发的力量来自效价与期望值的乘积,用公式表示:

$$激励水平＝效价×期望值$$

式中,效价——对目标价值的主观评价,同一奖酬对不同的人有不同价值;期望值——对实现目标的可能性的主观估计。

换言之,推动人们去实现目标的力量,是两个变量的乘积,如果其中有一个变量为零,激发力量就等于零,所以某些非常有吸引力的目标,因无实现可能就无人问津。效价是企业目标达到后,对个人有何价值及其大小的主观估计;期望值是关于达到企业目标的可能性大小,以及企业目标达到后兑现个人要求可能性大小的主观估计。这两种估计在实践过程中会不断修正和变化,发生所谓"感情调整"。管理者的任务就是要使这种调整有利于达到最大的激发力量。因此,期望理论是过程型激励理论。应用期望理论应处理好三个关系。

①努力与绩效的关系。

②绩效与奖酬的关系。

③奖酬与满足人们需要的关系。

(3)斯金纳的强化理论

斯金纳是美国心理学家。1968 年曾获得美国全国科学奖章,是第二个获得这种奖章的心理学家。

他提出了一种"操作条件反射"理论,认为人或动物为了达到某种目的,会采取一定的行为作用于环境,当这种行为的后果对他有利时,这种行为就会在以后重复出现;不利时,这种行为就减弱或消失。人们可以用这种正强化或负强化的办法来影响行为的后果,从而修正其行为,这就是强化理论,也叫作行为修正理论。

斯金纳认为,强化指的是对一种行为的肯定或否定的后果(报酬或惩罚),它至少在一定程度上会决定这种行为在今后是否会重复发生。强化分为正强化和负强化。正强化就是奖励那些组织上需要的行为,从而加强这种行为;负强化就是惩罚那些与组织不相容的行为,从而削弱这种行为。

斯金纳还指出,强化理论具体应用应遵守的原则如下。

①要依照强化对象的不同,采用不同的强化措施。

②小步子前进,分阶段设立目标,并对目标予以明确规定和表述。

③及时反馈。

④正强化比负强化更有效。

强化理论有助于对人们行为的理解和引导。因为,一种行为必然会有后果,而这些后果在一定程度上会决定这种行为在将来是否重复发生。那么,与其对这种行为和后果的关系采取一种碰运气的态度,不如加以分析和控制,使大家都知道应该有什么后果好。

强化理论只讨论外部因素对行为的影响,忽略人的内在因素和主观能动性对环境的反作用,具有机械论的色彩。

2.1.2.2 需要层次理论

美国最具盛名的心理学家马斯洛(Abraham H.Maslow,1908—1970 年)认为,梅奥关于人的假设,以及相应的激励模式过于简单,在实践中并不能充分地调动人的积极性,以达到提高劳动生产率的目的。因此,他在《人类动机的理论》等著作中,提出了著名的"人类需要层次论",这个理论在梅奥的基础上,又提出要了解员工的态度和情绪,就必须了解人的基本需要。他把人的需求按其重要性和发生的先后分为五个层次。

(1)生理上的需要

生理上的需要包括维持生活和繁衍后代所必需的各种物质上的需要,即衣、食、住、行、医等。这些是人们最基本、最热烈、最明显的一种需要。在这一层需要没有得到满足之前,其他需求不会发挥作用。

(2)安全上的需要

安全上的需要即生活保障、生老病死有依靠等。一旦生理需要得到了充分满足,就会出现安全上的需要即想获得一种安全感。

(3)感情和归属上的需要

感情和归属上的需要包括同家属、朋友、同事、上司等保持良好的关系,给予别人并从别人那里得到友爱和帮助,谋求使自己成为某一团体的成员以得到一种归属感。

(4)地位和受人尊敬的需要

地位和受人尊敬的需要即人们自尊和来自他人的尊重两类。自尊包括对获得信心、能力、本领、成熟、独立和自由等愿望。而来自他人的尊重包括这样一些概念:威望、承认、接受、关系、地位、名誉和赏识。

(5)自我实现的需要

自我实现的需要是最高一层需要,它是指一个人需要做对他适合的工作,发挥自己最大的潜在能力,表现个人的情感、思想、愿望、兴趣、能力,实现自己的理想,并能不断地创造和发展。

马斯洛认为,人们一般按照上述五个层次的先后次序来追求各自的需求与满足。等级越低者越容易获得满足,等级越高者则获得满足的比例较小。马斯洛指出了人的需要有从低到高,从物质到精神,从生理到心理这样一个先后不同的层次。因而促使人们在企业管理理论上进一步深化,去考虑在企业的生产过程中,如何更好地从文化心理上去满足企业职工的高层次需要,从文化上对职工加以调控和引导,帮助他们实现各自的愿望,使他们能够生活在这样一个氛围中,即不仅感到自己是一个被管理者,同时也能够在感情归属、获得安全感和尊敬以及最后的自我实现方面,都有很大的发展余地。

2.1.2.3　人性假设理论

美国麻省理工学院教授道格拉斯·麦格雷戈(Douglas Mc Gregor,1906—1964 年)于 1957 年在(企业的人性面)一文中提出的"X—Y"理论。他把传统的管理观点叫作"X 理论",X 理论是一种关于人性的消极观点,该观点认为:多数人天生獭惰,尽一切可能逃避工作;多数人没有抱负,宁愿被领导、怕负责任,视个人安全高于一切;对多数人必须采取强迫命令、软硬兼施的管理措施。

针对 X 理论的缺点,麦格雷戈把自己的管理学说称为"Y 理论",Y 理论是种关于人性的积极观点,即把人看成是自我实现的人。所谓自我实现的人,是认为人有一种运用自己的能力,发挥潜力的欲望,人们通过自我激励逐渐成熟。"Y 理论"认为,一般人并不天生厌恶工作,多数人愿意对工作负责,并有相当程度的想象力和创造才能;控制和惩罚不是使人实现企业目标的唯一办法,还可以通过满足职工爱的需要、尊重的需要和自我实现的需要,使个人和组织目标融合一致,达到提高生产率的目的。

麦格雷戈认为,人的行为表现并非固有的天性决定的,而是企业中的管理实践造成的。剥夺人的生理需要,会使人生病。同样,剥夺人的较高级的需要,如感情上的需要、地位的需要、自我实现的需要,也会使人产生病态的行为。人们之所以会产生那种消极的、敌对的和拒绝承担责任的态度,正是由于他们被剥夺了社会需要和自我实现的需要而产生的疾病的症状。因而迫切需要一种新的,建立在对人的特性和人的行为动机更为恰当的认识基础上的新理论。麦格雷戈强调指出,必须充分肯定作为企业生产主体的人,企业职工的积极性是处于主导地位的,他们乐于工作、勇于承担责任,并且多数人都具有解决问题的想象力、独创性和创造力,关键在于管理工作中要实行以人为中心的、宽容的、民主的管理方式,将个人目标与组织目标结合起来,将职工的这种潜能和积极性充分发挥出来。

2.2　管理科学理论

"管理科学理论"是指以现代自然科学和技术科学的最新成果(如先进的数学方法、电子计算机技术以及系统论、信息论、控制论等)为手段,运用数学模型,对管理领域中的人力、物力、财力进行系统分析,并做出最优规划和决策的理论。提出这一理论的代表人物是美国研究管理学和现代生产管理方法的著名学者伯法等人。他们开拓了管理学的另一个广阔的研究领域,使管理从以往定性的描述走向了定向的预测阶段。

2.2.1 管理科学理论的形成和发展过程

管理科学理论是在第二次世界大战之后,与行为科学平行发展起来的。虽然管理科学理论体系从历史渊源来看,"管理科学"是泰罗科学管理的继续和发展,二者在原则和方法上,有很多的共同点。如科学管理理论要求找出一种"最好的"操作方法,而管理科学理论则强调计算出管理过程的"最优"值;科学管理理论创造出了"甘特图",而管理科学理论则将其发展为"网络技术"。还有在理论创建者上,二者也有相似点,如科学管理理论是以泰罗为首的,包括吉尔布雷斯、甘特、埃默森等由工程人员、数学家、经济学家和统计学家组成的一批人提出的;而管理科学理论中的运筹学则是以布莱克特为首的,由一位实验物理学家、一位天文学家、一位大地测量学家、一名军官、两位数学家、两位数学物理学家和三位生物学家组成的小组首创。它们的核心都是试图摒弃凭经验、知觉和主观判断进行管理,而采用科学的、理性的计算方法,获得最优管理方案,以达到最少的资源耗费和最高的管理效率。不同的是,管理科学理论已经突破了车间操作方法、作业管理等研究的范围,进而向整个组织的所有活动方面扩展,并在整体性、系统性和全面性的基础上进行研究。

管理科学理论是由很多人共同努力、逐步创造出的一种体系比较完整的理论。该理论虽然源于古典管理理论时期,但真正创立时并非以"管理科学理论"的面目出现,而是从运筹学逐步发展起来的。

在第二次世界大战期间,由于英国军队对预警雷达防空系统、军用物资护航系统和对德国战略轰炸系统等方面的需要,从 1939 年开始,英国相继成立了许多研究运筹学的小组,其中最有名的一个就是英国曼彻斯特大学教授、前海军军官布莱克特领导的小组。后来,美国也由于战争的需要,很快地投入了人力和物力从事这方面的研究。在英国的影响下,美国军事机构设置了"作业分析小组",组织大量的数学家、统计概率学家和计算机专家等进行作业分析。

当战后的工业恢复繁荣时,由于组织内与日俱增的复杂性和专门化所产生的问题,使人们认识到这些问题基本上与战争中所曾面临的问题类似,只是具有不同的现实环境而已,运筹学就这样潜入工商企业和其他部门,在 20 世纪 50 年代以后得到了广泛的应用。比较典型的事例是战时曾参加过美国国防部工作的莫尔斯和参加过海军工作的金布尔在总结战时经验和方法的基础上,结合海军中的实例,1951 年合著了《运筹学方法》一书。这是第一本运筹学方面的著作,在此书中,他们明确指出:运筹学是一种为行政活动做出管理决策而提供数量分析依据的科学方法。另外,美国的高等院校也先后开设了运筹学课程,先后有 30 多所高等院校陆续开设这门课。在这种研究、教学和应用相互促进的形势下,从 50 年代开始,陆续出现了一批有关规划论、决策论、对策论、排队论和搜索论等运筹学方面的教科书,其中较著名的有丘奇曼、阿考夫和阿诺夫三人合著的《运筹学入门》、里奇蒙的《用于管理决策的运筹学》等。

随着理论上的成熟,电子计算机的问世大大促进了运筹学的发展,世界上不少国家已成立了致力于该领域及相关活动的专门学会,美国于 1952 年成立了运筹学会,并出版期刊《运筹学》,世界其他国家也先后创办了运筹学会与期刊,1957 年成立了国际运筹学协会。1953 年,美国成立美国管理科学学会,并开始出版《管理科学》杂志。通过上述各个方面的努力,有力地推动了运筹学的发展。

运筹学是蕴含在管理科学理论中的,作为管理科学理论的一个主要方面,它的发展又必然带动管理科学理论体系的建立和完善。20 世纪 60 年代以后,计量模型的建立和先进的求解方法的产生又使管理科学理论得以迅速地发展。进入 70 年代,管理科学理论的发展着重于实际应用,特别是大众专业人才的出现、计算机技术的应用和科学管理方法的具体化,使管理能够采用计量的、科学的方法,从而使管理的绩效得到了成倍的提高。

2.2.2　管理科学理论的主要内容

管理科学理论是由很多人共同努力、逐步创造出的一个体系比较完整的理论。该理论虽然源于古典管理理论时期,但真正创立时并非以"管理科学理论"的面目出现,而是从运筹学逐步发展起来的。

(1)运筹学

运筹学是"管理科学"理论的基础,是在第二次世界大战中,以杰出的物理学家布莱克特为首的一部分英国科学家为了解决雷达的合理布置问题而发展起来的数学分析和计算技术。就其内容讲,这是一种分析的、实验的和定量的科学方法,专门研究在既定的物质条件(人力、物力、财力)下,为达到一定的目的,运用科学的方法,主要是数学的方法,进行数量分析,统筹兼顾研究对象的整个活动所有各个环节之间的关系,为选择出最优方案提供数量上的依据,以便做出综合性的合理安排,最经济、最有效地使用人力、物力、财力,以达到最大的效果。

(2)系统分析

系统分析这一概念是由美国兰德公司于 1949 年首先提出的,意思是把系统的观点和思想引入管理的方法之中,认为事物是极其复杂的系统。运用科学和数学的方法对系统中事件的研究和分析,就是系统分析。其特点就是解决管理问题时要从全局出发,进行分析和研究,制定出正确的决策。因此,系统分析一般有如下步骤。

①首先弄清并确定这一系统的最终目的,同时明确每个特定阶段的阶段性目标和任务。

②必须把研究对象看作是一个整体,是一个统一的系统,然后确定每个局部

要解决的任务,研究它们之间以及它们与总体目标之间的相互关系和相互影响。

③寻求达到总体目标及与其相联系的各个局部任务和可供选择的方案。

④对可供选择的方案进行分析比较,选出最优方案。

⑤组织各项工作的实施。

系统分析和运筹学作为逻辑和计量方法,它们的共性很多。一般认为,系统分析研究的范围更广泛一些,多用于战略性质的高级决策研究,而运筹学研究的范围相对较窄一些,一般多用于战术性的分析论证。但在实际中,作为决策工具,往往是两种方法共同使用,互相补充的。

(2)决策科学化

决策科学化是指决策时要以充足的事实为依据,采取严密的逻辑思考方法。对大量的资料和数据按照事物的内在联系进行系统分析和计算,遵循科学程序,做出正确决策。上述"管理科学理论"的两项内容就是为决策科学化提供分析思路和分析技术的,同时,它所使用的先进工具——电子计算机和管理信息系统也为决策科学化提供了可能和依据。

2.2.3 管理科学理论的主要特征

管理科学理论的主要特征包括:以系统观念为基础,建立全面分析组织的框架结构;以决策为目的,强调决策原则、方法和程序是组织管理的核心;以数学方法及计量模型为手段,使运筹学应用于组织管理中;以计算机为先进的计算工具,进一步加强组织管理。

2.2.3.1 以系统观念为基拙,建立全面分析组织的框架结构,强调组织是由"经济人"、物质技术和决策网络组成的系统

系统的观点认为事物既是具有特定功能的有机整体,又是由极其复杂且相互联系、相互作用的部分组成,同时该系统还属于一个更大的系统。管理科学理论的特色之一是利用系统的观点分析研究组织,进而形成一种崭新的组织管理方法。管理科学理论认为组织由两个系统组成:一个是由"经济人"组成的追求经济利益的系统;另一个是由物质技术和决策网络组成的系统。

(1)组织是由"经济人"组成的追求经济利益的系统

这一观点包括两层含义:其一,"经济人"也称为"组织人""理性人"。人是理性的动物,他既追求经济利益,并在此过程中得到满足,又因为受到经济利益的激励而为组织目标努力工作。其二,组织是一个追求经济利益的系统。组织追求的是经济利益,即以最小的成本获得最大的收益。组织作为一个系统,必须从系统的观点出发,追求整个系统的最大收益,而非局部的最大收益。在这个过程中,必须注意的是,有时追求的局部最优化可能是在妨碍整个系统最优化的基础上实现的,但这不是系统的最优化。系统的最优化是以整个系统为基础的。

（2）组织是由物质技术和决策网络组成的系统

这一观点也包括两层含义：其一，组织是由作为操作者的人和物质设备所组成的一个"人—机系统"。在这个系统中，对投入的各种资源进行加工后转化为产品再行输出，并利用计量模式、方法和计算机等手段衡量和评价全部系统，如工作过程和其成果。其二，组织是一个决策网络。决策是管理中的一个重要职能，决策是一个遍布于组织活动各个方面的一个理性的逻辑程序，因而必然形成一种网络结构。同时，管理决策一般要运用有关的计量模式。

在管理科学理论中，除了组织概念上的系统观点以外，还有一个就是管理方法的应用，比较典型的有"系统分析"。系统分析是 1949 年美国兰德公司进行武器系统分析时创立的一种旨在运用系统观点，运用科学和数学方法对事物之间关系进行协调的一种研究方法。系统分析的主要步骤有：

①明确系统的最终目标和每个特定阶段的目标和任务。

②以最终目标这一整体为基础，研究各阶段目标之间和最终目标与阶段目标之间的相互关系、作用和影响。

③探寻达到最终目标和阶段目标的可供选择的方案。

④按照一定原则或准则，对上述可供选择的方案进行分析、判断和择优。

⑤组织实施。

2.2.3.2　以决策为目的，强调决策原则、方法和程序是组织管理的核心

随着社会经济的发展，各种组织的内外部环境都发生了巨大的变化。在组织内部，组织规模扩大、分工任务繁杂；在组织外部，组织面临比以往任何时候都更加复杂多变的环境。这一切都表明，组织效率的高低不再是决定组织存在和发展的唯一因素，而是由组织方针、政策的制定和执行等一系列决策过程中的多个因素决定的。因此，决策者在管理中做出正确的决策比以往更加重要、复杂和困难，如果他再企图通过直觉或观察的方法，凭主观分析，简单地重复他人曾经采用过的决策程序是不可能达到组织目标的。所以，理想的决策方法是要求决策者以事实为根据，采用逻辑的思考方法，在尽快获得大量资料、数据的前提下，通过正确的分析和计算为决策者提供可行方案。

管理科学理论主要是研究如何有助于决策者进行合理决策的程序和方法，并通过计划、组织和控制等一系列管理职能，使他做出合适的决策，以解决管理中出现的问题。因此，管理科学理论的发展过程，在很大程度上就是决策现代化、合理化的过程。运用管理科学的一个目的就是减少决策的风险，提高决策的质量。

2.2.3.3　以数学方法及计量模型为手段，使运筹学管理应用于组织管理中

在实践上，组织管理工作的对象存在着各种各样的不同的情况，所以运用数

学和其他科学的方法也随之而不同,这样就产生了各种不同的管理方法和技术,进而形成了运筹学的许多分支。

(1)运筹学的主要分支

①规划理论。主要研究如何统筹安排并合理调度人员、物资、信息和时间等资源,使得由这些因素构成的体系进行最适当的运行,以便最有效地实现预定的任务。根据情况的不同,规划理论可分为"线性规划""非线性规划"和"动态规划"。

②对策理论。主要研究在利益相互矛盾的双方或各方的竞争性活动中,探求战胜对方的最优策略的一种数学方法。早在1921年,法国数学家波雷就提出了"最优策略"的概念。1928年,诺依曼又证明了对策理论中很重要的两极定理。第二次世界大战中,因军事上的需要,对策理论逐渐形成,后在摩根斯坦、舒比克等学者的不懈努力下不断完善和系统化。

③排队理论。主要研究在随机服务系统中,应如何合理地设计与控制服务人员或设备,以达到既能满足顾客需要,又能使总费用最省的目的。排队理论可形象地描述为:在公共服务系统中,设有多少服务人员或设备最为合适、有利,既不使顾客或使用者过长时间地排队等候,又不致使人员、设备过久地闲置不用。

④搜索理论。主要研究在寻找某种对象(如矿藏或废品等)的过程中,如何合理使用搜索手段,以便取得最好的搜索效果。

⑤库存理论。主要研究在什么时间、以什么数量、从什么地方、供货,以补充库存,达到既能保证系统有效地运转,又能保持一定的库存和补充采购的总费用最少。

⑥决策理论。主要研究系统的状态信息,并根据这些信息可能采取的几种策略,以及采取这些策略对系统的状态可能产生的后果,然后按照一定的衡量标准,选择一个最优的策略。

(2)计量模型

运筹学在管理中的实际应用主要是通过计量模型,计量模型是实际系统或过程的有关方面的一种简化形式。其特点和要求之一是对量的测定,即它是通过设计一套模型建立的。这些模型必须表示出应该注意考察的主要变量,以及变量之间的关系。任何一种计量模型是否有价值,取决于它是否能够充分地、正确地表现和描述实际系统或过程。

使用计量模型是管理科学理论的重要特征。计量模型不仅可以系统地考察待解决问题中的各主要变量,以及这些变量之间的关系,以避免忽视重要因素,而且还为提高管理效率、改进管理工作开辟了一条新的科学的途径。众所周知,在科学研究方法中,实验是十分重要的部分,但是一个管理者却很难用科学实验的方法去测定他所要采取的具体行动的有效性和可行性,而使用计量模型可以帮助管理者解决这个困难。只要模型是正确形成的,且能准确反映不断运行的实际系统或过程,运用它就可以反映出实际系统或过程,并为决策者提供他将采用解决方案的结果。所以。计量模型具有模拟的特性,使管理者能够模拟实际系统的行为,其作用相同于实验室,而这对于面临复杂多变的环境的管理者来说,是十分有用的。

管理科学理论中的计量模型可以按目的和变量性质来分类。按目的可分为描述性和规范性模型两种。描述性模型是描述一个系统是如何运行的,它只用数学语言描述现实世界中现象的本来面目,而不对这些现象做出价值判断。此类模型能够清楚地显示出实际状况,并指出如何才能得到改变:能够展示出各种可选择的方案;在某些特殊的情况下,还能够帮助决策者确定每个方案的后果,但它不做出最优选择。规范性模型则不同,它根据模型中早已确定的准则,在各种选择方案中,选出最优的方案。它表明,为了达到特定的目标,系统应该是怎样的。这类模型又称为优化模型或决策模型;按变量性质又可分为确定性和随机性模型两种。在确定性模型中,它所考察的所有因素都是精确的、量化的,而且可以用这些精确、量化的关系对模型做出解答。在确定性模型中,所有因素都是肯定的。一旦偶然性或随机的变量引入了模型,存在了不肯定因素,这样的模型就称为随机性模型。

管理科学中计量模型的建立和使用有一定的步骤,其一般遵循以下规律。

①提出问题。即提出所需解决的问题。

②建立模型。即建变量立一个代表所研究系统的计量模型。模型用函数来表示,由可控变量随机组成,一般表述为:

$$E = F(X_1, Y_2)$$

式中:E——系统的效率;

　　F——函数关系;

　　X_1——系统中可控制的变量;

　　Y_1——随机变量。

③模型求解。即求出使系统效率最优化的"可控变量"的值。

④方案验证。即对建立的模型和所得出的解决方案进行验证。这包括验证变量和用实际情况来检验模型的预测两部分,然后将实际结果与预测结果进行比较。

⑤建立控制。即确定可控变量及函数在何种情况下会发生重大变化,以及当发生这些变化时应如何修正它们。

⑥实施方案。

4.以计算机为先进的计算工具,进一步加强组织管理

计量模型的出现必然要求计算工具的革命,而计算机的出现则是计算工具革命的产物。因此,管理科学理论的重要特征之一是计算机的应用。计算机的使用,使原来理论上的计量模型得以通过计算、模拟等手段成为日常实际的决策工

具,进而极大地推动了管理科学的发展,使其真正能够在管理实践中发挥巨大的作用。如前所述的各种管理方法和技术,涉及大量的数据、资料和复杂的因素,都需要大且的查询、计算、统计和分析工作。试想,如果没有强有力的计算工具,仅仅依靠手工或机械运算,则不仅不能及时准确地计算出结果,为管理决策提供数量上的依据,而且有些问题根本不可能得到解决。这些使得计算机在管理工作中成为越来越不可缺少的工具。目前,计算机管理中的作用大体上有以下几个方面。

①对数据、资料等进行快速计算、统计,使某些事务性工作自动化,以提高工作效率。

②对数据、资料等进行存储、查询,以便根据需要,随时取出一项工作的历史情况和最新进度的资料。

③对信息进行迅速传递、交换,及时提供动态环境,以便及时发现问题,采取调整措施,保证目标的完成。

④进行各种计量模型的计算,迅速而准确地比较各种工作方案的利弊,协助管理者选择方案,进行决策。

⑤运用模拟模型进行模拟实验。这种实验不仅可以在极短的时间里准确地了解他们所确定的方案在实行后会产生什么样的后果,而且经过多次实验,可以帮助管理者拟定出一项完善的决策方案,以便在实施时能够事先获得预料的结果。

"管理科学理论"把现代科学方法运用到管理领域中,为现代管理决策提供了科学的方法。它使管理理沦研究从定性到定量在科学的轨道上前进了一大步,同时它的应用对企业管理水平和效率的提高也起到了很大作用。但是,同其他理论一样,它也有自己的弱点:把管理中与决策有关的各种复杂因素全部数量化,是不可能也不现实的;这一理论忽略了人的因素,这不能不说是它的一大缺陷;管理问题的研究与实践,不可能也不应该完全只依靠定量分析而忽视定性分析。尽管如此,它的科学性还是被人们所普遍承认。

2.3 现代管理理论的发展

第二次世界大战后,发生了以原子能、电子计算机和空间技术的发展为主要标志的第三次科学技术革命;它不仅表现在科学技术理论的建立与有关技术上的突破是交织在一起的,还表现出几乎多门科学和技术领域都有深刻的变化,并迅速转化为生产力。在这一时期的管理理论的研究中,充分运用了现代自然科学和社会科学的研究成果,如系统论、控制论、信息论等,从而促使管理理论的演进满足现代大生产的要求。管珋思想既处于这一变革环境之中,同时又是环境变化的产物。在这一历史发展的过程中,对于管理理论的研究已不再局限于一些组织管理人员、技术人员或某些专家,而是由从事自然科学、社会科学和企业界等多方面专家组成的一支庞大的职业队伍。他们从各自不同的背景、不同的角度、用不同的方法对当时的管理问题进行研究,形成了许多管理理论的学派。这些新学派其思想体系本身就是某些自然科学、技术科学和社会科学观点与成果的集合。另外,在历史渊源和理论内容上互相影响和联系,形成了盘根错节、争相竞争的局面。美国著名管理学家哈罗德·孔茨把这一现象形象地描述为"管理理论的丛林"。对"丛林"时期出现的各种管理理论和学派的划分及阐述,各家学者有着不同的见解。孔茨在 1980 年发表的《再论管理理论的丛林》的论文中,把已有的管理理论学派归纳为 11 个学派,既经验学派、人际关系学派、团体行为学派、社会协作系统学派、社会—技术系统学派、决策理论学派、系统学派、管理科学学派、权变学派、经理角色学派、管理过程学派。一般讲,"现代管理理论学派",泛指 20 世纪第二次世界大战后至 20 世纪 80 年代在西方出现的管理理论。西方现代管理理论的形成标志着西方管理理论进入了第三个发展阶段。

2.3.1　系统管理理论

西方的系统管理学派盛行于 20 世纪 60 年代前后。系统管理学派的管理思想基础是一般系统论,它是应用系统理论的范畴、原理,全面分析和研究企业和其他组织的管理活动和管理过程,重视对组织结构和模式的分析,并建立起系统模型以便于分析的理论方法。他们把一般系统论应用于工商企业管理,系统地阐述了系统观点、系统分析、系统管理三者的关系,分析了组织和管理的系统模型以及系统管理中的多项管理职能。这一学派的代表人物有约翰逊(Richard A.Johnson)、卡特(Frement E.Kart)、罗森茨韦克(James Roosengwig)等。代表作有他们三人合著的《系统理论和管理》(1963 年),以及后二人合著的《组织与管理——从系统出发的研究》(1970 年)。系统管理学派的基本观点如下。

(1)企业是一个由许多子系统组成的、开放的社会技术系统

所谓系统就是由两个以上有机联系的、相互作用的部分(或要素)所组成的,具有特定结构和功能的整体。组织是一个人造的系统,它同周围环境(顾客、竞争者、供应商、工会组织、政府)之间存在着动态的相互作用;并且具有内部和外部的信息反馈网络,能够不断地进行自我调节,以适应环境和自身的需要。

企业是社会这个大系统中的一个子系统,同时也是由人、物资、机器和其他资源在一定的目标下组成的相互作用的一体化系统,这些资源构成的子系统与系统本身有紧密关系,而又与环境相互作用。这样它就给管理人员解释了一种全新的思想方法,使得他们有一种概念结构,可以把公司中各个不同的领域和部门联系起来,并把内部和外部环境的各种因素联系起来,使企业总是处于同其外部环境的持续的相互作用之中,并通过连续不断的投入—转换—产出的循环过程取得一种稳定状态,即动态平衡。

企业这个开放的系统是由五种不同的子系统构成的,它们是:

①目标和准则子系统。包括遵照社会的要求和准则,确定战略目标。

②技术子系统。包括为完成任务必须的机器、工具、程序、方法和专业知识。

③社会心理子系统。包括个人行为和动机、地位和作用关系、组织成员的智力开发、领导方式,以及正式组织系统与非正式组织系统等。

④组织结构子系统。包括对组织及其任务进行合理划分和分配、协调他们的活动,并由组织图表、工作流程设计、职位和职责规定、章程与案例来说明,还涉及权力类型、信息沟通方式等问题。

⑤外界因素子系统。包括各种市场信息、人力与物力资源的获得,以及外界环境的反映与影响等。此外,还有一些子系统,如经营子系统、生产子系统,等等。这些子系统还可以继续分为更小的子系统。

(2)系统分析观点

系统管理学派认为,要做到有效的管理,就要对组织的基本问题进行系统分析,以便找出关键所在。系统分析要求有严格的逻辑性,即在拟订方案前要确定方案的目的、实现的场所、地点、人员和方法等;分析过程,既要遵循一定的程序,又要在一定的准则指导下进行。在系统分析中必须遵循以下准则。

①要紧密围绕建立系统的目的,恰当选择方案。

②从系统整体利益出发,局部利益服从整体利益。

③既要考虑当前的利益,又要考虑长远的利益,瞻前顾后,统筹全局,优化选择。

④既要定性分析,又要定量分析,综合判断。

⑤抓住关键,不要陷入细枝末节,而忽略了重点。

(3)系统管理思想

系统观点和系统分析可应用于各种资源的管理。把组织单位作为系统来安排和经营时,就叫系统管理。系统管理强调:

①以目标为中心,强调系统的客观成就和客观效果。

②以整个系统为中心,强调整个系统的最优化而不是子系统的最优化。

③以责任为中心,每个管理人员分配一定的任务,能衡量其投入和产出。

④以人为中心,使每个工作人员都有挑战性的工作报酬。

系统管理学派认为,从系统观点来考察和管理组织有助于提高组织的效果和效率。组织的基本职能不是孤立的,而是围绕着系统及其目标而发挥作用的。传统的管理理论强调组织结构和工作划分为多个部门。系统管理中的组织则强调把所有的活动连接起来,完成组织的总目标,同时也承认高效率的子系统的重要性。

运用系统观点来考察管理的基本职能,可以提高组织的整体效率,使管理人员不至于只重视某些与自己有关的特殊职能而忽视了大目标,也不至于忽视自己在组织中的地位与作用。

总的来说,系统管理学派从系统的观点来考察和管理企业,有助于提高企业的效率,使各个系统和各个部门的相互关系网络更清楚、更好地实现企业的总目标。尽管系统管理学派已不像 20 世纪 60 年代前后那么盛行了,但出于系统管理理论中的许多内容有助于自动化、控制论、管理情报系统、权变理论的发展,所以仍有许多人在对这一学派的理论进行研究。

2.3.2　权变管理理论

权变理论学派也称权变学派,有的管理学者还称之为因地制宜理论。权变理论学派是 20 世纪 70 年代在西方形成的一种管理学派。这一理论的核心就是力图研究组织的各子系统内部和各子系统之间的相互联系,以及组织和它所处的环境之间的联系,并确定各种变数的关系类型和结构类型。权变一词译自英文。ontingency,通常指偶然事件或偶然性。权变理论的主要意思是权宜应变。因此,该理论又被称为"情景管理理论"和"情况决定论"。权变理论认为,在管理中要根据组织所处的内外条件随机应变,没有什么一成不变的、普遍适用的"最好的"管理理论和方法。它强调在管理中要根据组织所处的内外部条件随机应变,针对不同的具体条件寻求不同的最合适的管理模式、方案或方法。权变学派的主要代表人物是美国的管理学者弗莱德・E・菲德勒、卢桑斯以及英国社会学家和管理学家琼・伍德沃德等人。权变理论的主要理论框架包括以下几个方面。

(1)权变理论学派的理论基拙

卢桑斯指出权变关系是两个或两个以上的变数所对应的一种"如果—那么"(IF—THEN)函数关系。在具体的管理实践中,环境是自变量变数,如组织外部的社会经济条件、内部环境等,对应"如果";而管理的模式、手段、技术,则是相应环境下的因变量变数,即"那么"。特定的管理情境对应不同的管理方法,并且后者的有效性随前者的不同而变化,不存在不仅适应于特定环境而且能普遍应用于各种环境的最佳方法。

(2)关于人的激励和管理

1957 年,麦格雷戈首次提出"X—Y"理论,并得出结论认为 Y 理论较 X 理论优越。但事实证明 Y 理论不一定在任何环境下都优于 X 理论。为此,美国的管理学者莫尔斯和洛希在 1970 年发表的《超 Y 理论》,提出"超 Y 理论"来解答到底在何种条件下采用哪一种理论。"超 Y 理论"是以行为科学中关于组织中人的特性的"复杂人假设"为依据的,强调激励如何发生在特定环境条件下、特定的个人需求和目标上。其要点如下。

①人们是怀着许多不同的愿望和需要加入工作组织的,这种愿望和需要是可以分类的。

②不同的人对管理方式的需要也是不同的。某些人欢迎以 Y 理论为指导的

管理风格,另一种人也许适合 X 理论。

③组织的目标、工作的性质、员工的素质等,对组织结构和管理方式有很大的影响。

④当一个目标达到以后,可以继续激活职工的胜任感,使之为达到新的更高的目标而努力。

(3)权变的领导方式

领导方式的权变理论认为,领导是领导者、被领导者、环境条件和工作任务结构四个方面因素交互作用的动态过程,不存在普遍适用的一般领导方式,好的领导应根据具体情况进行管理。这方面比较有代表性的是菲德勒有效领导模式的研究。菲德勒最早提出了"权变领导理论"。他指出许多领导行为方式可能是有效的,也可是无效的,这取决于具体的情境因素。通常有三种主要的环境因素。

①"领导者—下属成员的关系",通过改变工作群体的人员组成结构可以改变领导者与下属的关系。

②工作任务结构,即工作或目标规定明确与否的程度。

③地位权力,指不同于领导者个人权力的正式权威。菲德勒制定了各种管理模式,并指出最佳领导方式的"权变"取决于团体工作情境的有利性。

(4)组织结构设计

权变理论认为企业是一个开放系统,其组织结构按内外环境的特点来设计,可分成不同的结构模式。伍德沃德指出,每种有类似目的和工艺技术的生产系统,都有其独特的组织模式和管理原则。伯恩斯和斯托克的研究认为:企业按照目标、任务、工艺和外部环境可分为"稳定型"和"适应型"两大基本类型。前者适宜采用"机械式"的组织形式——强调严格的组织规范,明确的任务,与权力对等的责任。后者则应采用强调权宜应变,系统内部的相互关系、技能和经验的"有机式"组织形式。上述三位学者都论证了组织结构是关系企业成败的重要因素,但没有提出一套完整解决企业组织结构问题的系统而有效的构想。杰伊·洛希(Jay W.Lorsch)和保罗·劳仑斯(P.R.Laurence)在前任研究基础上提出分类法,强调外界环境影响,用"分化"来表示一个企业适应于外部环境而划分为各个小单位的程度,"综合"或"整体化"来表示协作和管理的统一。比较而言,整体化程度(集权程度)适应于外部环境的企业往往较为成功。唐·里格尔(Don Hellriegel)和约翰·斯洛克姆(John W.Slocum)则进一步按市场变化、工艺、产品特性等条件将集权程度分为四种模式:通用汽车公司的事业部制,休斯飞机公司的矩阵结构模式,美国大陆包装公司的直线—职能结构,以及麦克唐纳公司高度集中式的总店控制式。

应当肯定地说,权变理论为人们分析和处理各种管理问题提供了一种十分有用的方法。它要求管理者根据组织的具体条件,及其面临的外部环境,采取相应的组织结构、领导方式和管理方法,灵活地处理各项具体管理业务。这样就使管理者把精力转移到对现实情况的研究上来,并根据对于具体情况的具体分析,提出相应的管理对策,从而有可能使其管理活动更加符合实际情况,更加有效。所以,管理理论中的权变的或随机制宜的观点无疑是应当肯定的。同时,权变学派首先提出管理的动态性,人们开始意识到管理的职能并不是一成不变的,以往人们对管理的行为的认识大多从静态的角度来认识,权变学派使人们对管理的动态性有了新的认识。

权变学派存在一个带有根本性的缺陷,即没有统一的概念和标准。虽然权变学派的管理学者采取案例研究的方法,通过对大案例的分析,从中概括出若干基本类型。试图为各种类型确认一种理想的管理模式,但却始终得不出统一的概念和标准。权变理论强调变化,既否定管理的一般原理、原则对管理实践的指导作用,又始终无法提出统一的概念和标准,每个管理学者都根据自己的标准来确定自己的理想模式,未能形成普遍的管理职能,使实际从事管理的人员感到缺乏解决管理问题的能力。

2.3.3　现代管理理论的新突破

根据以上介绍,我们可以把系统管理理论和权变管理理论看成是现代管理理论的雏形。这两种理论都在兼收并蓄了传统管理理论,诸如行为科学理论,"管理科学"理论以及相应发展起来的各学派理论的基础上突破了原有的框框,使管理理论朝着统一的方向前进了一大步。具体地讲,现代管理理论所突破的框框,主要表现在以下四个方面。

(1)在对人的看法上

从"科学管理"到后来的"管理科学",都将人看作是"经济人";行为科学将人看作是"社会人";而系统与权变理论则把人看作是"复杂人',认为人是怀着不同需要加入组织的,而且人们有不同的需要类型;不同的人对管理方式的要求也是不同的。

(2)在管理的范围和涉及的组织要素上

"管理科学"主要是计划与控制方面,涉及的主要要素是技术、组织机构和信息;行为科学的范围主要是组织活动中的人际关系,包括了人和团体的,所涉及的组织要素主要是人、组织机构和信息;而系统与权变理论适用的管理范围是组织的整个投入即产出过程,涉及组织的所有要素。

(3)在管理的方法和手段上

"管理科学"多用一些自然科学的方法,采取逻辑与理性的分析,准确衡量等手段。行为科学多取自社会科学的方法,采用影响、激励、协调等手段来诱发绩效;而系统与权变理论则综合自然科学与社会科学的各种方法,运用系统与权变的观点,采取管理态度、管理变革、管理信息等手段使组织的各项活动一体化,进而实现组织的目标。

（4）在管理目的上

"管理科学"追求的首先是最大限度的生产率；其次是最大限度的满意，行为科学的管理目的则相反；而系统与权变理论追求的不是最大，而是满意或适宜，并且是生产率与满意并重，或利润与人的满意并重，不存在谁先谁后的问题。

2.3.4　管理理论在旅游业中的应用

管理理论在旅游业管理中的作用是十分突出的。管理学是研究管理活动的学科，管理是指通过获取信息、决策、计划、组织、领导、激励、控制、创新以及公共关系等职能的发挥，统筹安排和使用包括人力资源在内的所有资源，以期有效实现组织目标的过程。管理学本身就是一门横断学科，它综合了相关学科的理论与方法。旅游管理是指为了以最有效的方式实现旅游活动的目标，综合运用管理职能作用，对旅游活动所涉及的各种关系和现象进行管理的活动与过程。伴随着旅游活动的成熟与发展，管理学这棵大树延伸到旅游行业的分支也越来越茁壮，从而已经成为旅游业及旅游学科研究中的一根重要的结构性支柱。

（1）系统理论的应用

系统无论是作为观念、理论还是方法，已得到广大旅游从业人员的认同与应用，且收到很好的效果。旅游管理涉及人、财、物、时间、空间、信息等多种因素，涉及这些要素相互关联与作用所发挥的影响与功效，就是一个系统工程。同时，旅游业涉及国民经济的方方面面，与其他部门、其他行业相互影响，相互作用，又使旅游管理系统成为一个开放的大系统。旅游业的各个行业、部门、企业和从业人员，旅游业涉及的时间、空间、资源、信息等都是旅游管理系统的要素。在这个要素众多的复杂系统中，只有这些要素都充分发挥作用，才能取得最佳经济效益。例如，被誉为"童话世界"的四川九寨沟，景色绚丽优美，原始古朴，可以说旅游资源的质量是相当高的，但由于旅游交通的"瓶颈"作用，致使九寨沟的资源优势不能充分发挥，导致整个九寨沟旅游线路的效益不能迈上一个新台阶。

（2）权变理论的应用

权变思想在旅游企业中也得到了较充分的应用。权变思想包括三个内容，即不存在适用于一切情况的管理原则和方法、如果—就要理论和殊途同归理论。以旅游饭店为例，在我国随着经济体制改革的深入，我国旅游饭店的归属、体制、经营方式等已形成多样化的局面，根据自身的特点无论选择哪种模式，只要与企业自身需求相吻合，有助于加速实现组织的既定目标，就都是好的。在旅游业为国民经济发展所做的贡献中，这些饭店都立下了汗马功劳。

（3）战略管理理论的应用

战略管理是企业管理中层面最高的管理。战略管理是制定、实施和评价能保证组织实现目标且超越不同职能的决策方案的科学。它规划组织的中、长期发展，不仅能看清组织现在的样子，还能描绘出组织未来的样子，并阐述清楚组织为什么要变成这个样子以及变成这种样子的途径和具体方法。其具体任务是远景和使命陈述、战略定位、战略选择和根据战略制定一系列的战术计划,将战略计划付诸实施。由于战略管理解决目标、方向问题并确定实现目标的最佳方案,因此需要决策理论和方法作为支撑。

应该说从改革开放初期旅游的起步到旅游大发展并已成为国民经济的重要组成部分,这近三十年历程中的一个关键时期,我们都较准确地分析和把握了内外环境,因而能够确定正确的总体战略目标,体现了较高的战略管理水平。比如,初期先发展国际旅游,创外汇,而对国内旅游,则既不提倡也不反对;中期各方面条件相对成熟,开始鼓励国内旅游;进一步组织出境游等。由于战略目标清晰、管理到位,旅游的发展总体来讲是势头迅猛且有序的。

(4)质量管理理论的应用

管理基础则是实施管理必须遵循和掌握的最基本的管理理论、原则和方法,标准化管理与全面质量管理是其中的主要内容。随着市场竞争的日益加剧,人们对产品质量的认识越加深刻,而确保质量的有效方法就是制定和落实切实可行的标准,将旅游组织的所有岗位、所有工作纳入标准,形成标准化体系,消灭真空地带,这就为实施有效管理打下了坚实基础。同时,运用全面质量管理,即组织所有人员,从对企业产品质量及影响质量的各方面工作到保证产品质量的产品构思、市场调查、设计、试制、生产、检验、销售以及售后服务等各环节综合运用各种科学管理方法,以确保组织产品的上乘,从而确立在市场竞争中的有利地位。

(5)企业文化管理理论的应用

企业文化、公共关系等也深深地渗透于旅游学之中,如果将战略管理、职能管理、基础管理看成是实施组织管理的硬件,那么企业文化和公共关系则是软件。企业文化通过形成适合于组织自身发展的组织氛围,包括企业理念、价值观、经营宗旨、管理哲学、企业发展历史与传统等,公共关系则通过构建组织内外和谐的关系和良好的舆论环境,潜移默化地影响组织成员作用的发挥进而影响组织的发展。

(6)危机管理理论的应用

危机管理理论作为一种新的管理模式,产生于 20 世纪的八九十年代,它的依据是组织生命周期理论。该理论认为任何一个组织成长的每一个阶段的组织结构、组织关系、管理方式都有其特点,而且每一阶段都会面临着种种危机和管理问题,这就要求采取一定的有效变革措施来解决这些危机,以维护和促进组织的健康成长。危机管理的重点是预防危机,即在危机不可避免地发生时能从容应对,把损失降到最低。

当今世界是一个全球化的世界,任何一个单独事件都具有全球性的影响,各种突发危机如政治风波、经济危机、恐怖主义活动、战争以及 SARS、禽流感等突发公共卫生事件都会极大地影响旅游业的持续发展。由于旅游业自身这种极大的脆弱性,因此,当危机爆发时,旅游业受到的打击最大。能否顺利渡过危机,规避风险,并把危险转变为机遇,有赖于政府和旅游企业在危机期间实施的危机管理,建立科学的旅游危机管理机制,旅游危机管理的重要性日益凸现。

7.人本管理理论的应用

管理学都离不开对人的假设,因为它归根结底还是在研究人所从事的经济活动。由此,管理学出现了道格拉斯·麦克雷戈提出的"X理论"中的"受雇人"假设和泰罗提出的科学管理理论中的"经济人"假设。著名管理学家、诺贝尔经济学得主西蒙则把企业中的所有员工都看作是"管理人"。他认为:"管理就是决策。"管理的一切活动都可以归结为决策活动,因此,企业中的员工都应是管理的出发者,都在做决策,都是"管理人"。"管理人"的假设为人本主义的管理思想提供了理论依据,并在管理实践中日益得以完善。

人本主义管理在旅游业中应用的意义在于:

①旅游业从来就是市场经济,而这种市场经济又是以服务的提供为特征的,服务的主体:旅游企业员工,以及服务的客体——旅游者之间的交易关系则是市场的核心,这使得旅游业经营和管理具有了更浓的人本主义色彩,对旅游企业内员工不同要求层次的人本主义管理和对市场上旅游者不断变化的、多样化的需求的人本主义经营一定会越来越成为旅游企业经营者和旅游经济理论工作者关注的课题。

②旅游业是一个劳动密集型、资本密集型、强调个性型,并且是高度竞争和市场波动高度敏感的产业。要在这样一个产业的竞争中获胜,关键在于如何满足旅游者时刻变化的要求,这就要求经营者有效地对其人力资源进行管理,从而形成一种能对旅游者这种变化的需求做出即时反应并提供即时服务的"经济资源",人本主义管理思想在这一方面为市场不断变化的旅游企业的管理提供了理论的指导和实践的借鉴。

第3章　旅游管理体制

　　我国旅游业30年的发展成长历程表明,旅游管理体制改革是旅游产业发展的制度动力,旅游业的每一次大的进步都与旅游管理体制改革分不开。而旅游产业的快速发展又对旅游管理体制的变革提出了新的要求,管理体制的变革落后就会成为产业发展的瓶颈,制约其更快地发展。目前我国旅游业快速发展与旅游管理体制改革严重滞后的矛盾依然存在,迫切需要改革旅游管理体制,以促进我国旅游产业水平和素质的提升。我国旅游管理体制改革要结合中国实际,借鉴国外的先进经验,增强旅游管理的制度化、法制化,理顺管理体制,转变管理职能,充分发挥行业协会的作用,在旅游企业中建立现代企业制度并实行集团化经营。

3.1　我国旅游管理体制及其发展历程

3.1.1　旅游管理体制的概念、结构与功能

　　(1)旅游管理体制

　　旅游管理体制是对旅游经济运行中所产生经济关系的有效协调和管理及其形成的组织形式和管理制度等。其主要内容包括:多种经济形式和多种经营方式问题;中央和地方的关系问题;国家、旅游企业和旅游从业人员之间的关系;对旅游企业的管理方式与手段等。具体来说,它包括旅游业的组织机构、组织形式、调节形式、调节机制、监督方式,各种组织机构或组织的责任、权力和利益问题等。

　　(2)旅游管理体制的基本结构

　　旅游经济管理体制是以国家的旅游发展策略和规划为依据,以计划、税收、信贷等经济政策为调控手段,以旅游经济信息为媒介,以旅游相关法律法规为监督保证体系的一个完整的管理系统。该系统与市场机制相互配合,才能实现旅游资源的有效配置。根据旅游经济管理体制的运行规律,我们不难发现,旅游经济管理的运行系统是由以下五个子系统组成,它们互相作用,相互影响。

　　①旅游经济决策系统。这是旅游经济管理体制的中枢。旅游经济决策就是对旅游经济发展目标、旅游经济政策和重大措施做出抉择。旅游决策是进行旅游经济管理的基本依据。旅游经济决策系统的内在结构问题,主要是指正确划分决策权限和保证决策系统的科学性。在市场经济条件下,旅游经济决策结构是多层次的,中央、部门、地方、企业都有相应的决策权,国家旅游经济决策要集中在真正涉及宏观旅游经济全局性的问题上,对微观经济活动的决策则要体现在微观主体

的自主权方面。另外,旅游经济决策应经过一定的程序,进行充分论证,以保证其决策的科学性。

②旅游经济调控系统。这是旅游经济管理体制中连接宏观经济决策和微观经济决策的中介,只有发挥调控系统的作用,才能把宏观旅游经济决策所确定的目标和方案变为微观经济主体的行动方向,从而实现宏观经济发展目标。与社会主义市场经济要求相适应,旅游经济调控主要采取间接调控的方式,如通过财政金融、价格等经济政策,调节企业的经济利益,从而引导旅游企业做出符合宏观旅游经济发展总目标的决策。要使旅游经济调控系统发挥有效的调控作用,首先要协调各宏观调控部门之间的关系,使计划、财政、价格、劳动等部门合理分工,互相配合;其次要健全各种调控手段,如合理的价格体系、严密而科学的税收制度、完备的经济法规等,并根据各种调控手段的特点,发挥各自的特长,对旅游经济活动起到综合协调的作用。

③旅游经济信息系统。这是旅游经济管理体制中沟通各管理环节、各经济主体之间联系的媒介,旅游经济决策与调控都离不开旅游经济信息的作用。旅游经济信息最初来源于市场,尤其在市场发育水平较高的各类旅游中心,旅游经济信息比较集中,国家宏观管理部门各自的专业经济统计机构,如旅游统计、商业统计、财政统计、金融统计等部门搜集、加工各有关经济信息,然后再进行汇总、提炼,形成了供宏观决策的旅游信息。宏观决策结果的信息及调控的信息又通过纵横交错的渠道传递到各旅游经济主体,成为它们决策的指导和参考。因此,旅游经济管理信息系统是一个由多层次、多环节的信息搜集、处理、传输工作所构成的互相关联的整体。

④旅游经济监督系统。这是旅游经济管理体制中正确决策的产生和实施的保证。

旅游经济监督系统由各级党组织、政府和人民的全面监督,专业和综合的旅游经济行政管理机构的业务监督和职能监督,审计和工商行政部门的专门监督,司法机构的经济法律监督以及人民群众团体的社会监督与舆论监督组成。通过监督系统的作用一方面为旅游经济决策系统反馈信息,提高决策科学性;另一方面保证正确旅游决策系统的实施,维护正常的旅游经济运行秩序。尤其在社会主义市场经济条件下,旅游经济管理不再主要依靠行政命令,而主要依靠经济政策、经济手段起调节作用,这就更加需要一个强有力的监督系统的辅佐。

⑤旅游经济组织系统。它规定着旅游经济管理体制各子系统的职能和相应机构,并使这些子系统相互衔接、紧密配合,形成旅游经济管理系统整体。

具体地讲,旅游经济组织系统不是独立存在的,而是融于旅游经济的决策、调控、信息、监督各子系统中,它一方面使各子系统有自身相应的组织机构,充分发挥各自的管理职能,保证旅游决策的科学性、调控的有效性、监督的严格性、信息的及时准确性;另一方面,各子系统能互相沟通,围绕着统一的宏观旅游经济管理目标而运行,共同完成旅游经济管理的任务。因此,旅游经济组织系统构成了旅游经济管理的基本框架,没有健全的组织系统,旅游经济就无从谈起。

（3）旅游管理体制的主要功能

旅游经济管理体制要在市场经济条件下,实现宏观旅游经济管理的目标,就需要在具备上述基本结构的同时,在整体上发挥以下几方面的功能。

①决策功能。旅游经济决策系统要根据特定时期的经济条件,对未来一定时期的旅游经济发展目标和实施方案做出正确选择。旅游经济决策包括宏观决策和计划决策这两个层次,计划决策通常是战略决策的具体化。旅游经济宏观决策从全局、总体的角度出发,对旅游发展方向、规模、结构、效益等重大战略进行部署、指导和协调部门、地区企业的发展;同时,旅游经济宏观决策把长远利益和近期利益相结合,弥补了市场机制作用的局限性,是旅游经济长期稳定发展的重要导向。因此,旅游经济决策是旅游经济管理的核心,它贯穿于旅游经济管理的全过程,是旅游经济管理系统发挥其他功能的基本依据。

②调节功能。也称协调功能,就是要依据旅游经济宏观决策的目标,自觉运用经济、法律、行政手段,间接或直接地调节旅游经济各层次、各环节、各部门、各地区之间的经济关系,引导微观旅游经济的发展方向大体一致。调节功能的正常发挥是实施旅游经济决策的保证。由于旅游经济关系的各组成部分之间的经济关系是复杂而微妙的,对这些经济关系进行协调,使其符合一定的总体目标,是一项艰巨的工程。调节功能的实现不仅有赖于健全的调节系统,而且需要灵敏的信息系统、高效精悍的组织系统、强有力的监督系统的紧密配合。

③控制功能。就是针对旅游经济运行过程中出现的与决策目标和调控方向不一致的偏差随时采取措施,纠正偏差。决策实施和调节功能是相辅相成的,没有控制功能也无法实现,而控制功能的实现还要依靠监督系统的作用。因此,控制功能实际上隐含了监督功能的作用。

④组织功能。就是通过建立合理分工、密切协作的旅游经济管理组织机构,有效地配置人力、财力、物力资源,并使各种组织机构发挥相应的职能,保证旅游经济运行的有序性。旅游经济管理的组织功能也是贯穿于旅游经济管理全过程的,它是实现其他功能的组织保障。

3.1.2　旅游经济管理体制的特征与实现的前提

3.1.2.1　旅游管理体制的基本特征

我国经济体制改革的目标是建立社会主义市场经济体制。新型的经济管理体制的根本出发点,是首先让市场发挥基础性配置资源的作用。由于旅游经济管理体制同样也是以社会化大生产为基础的商品经济的表现形态,根据我国 30 多年来改革开放的经历,未来的新型旅游经济管理体制具有如下基本特征。

（1）旅游宏观调控的间接性

就国家总体而言，旅游经济管理的性质是间接性的，政府部门原则上不干涉旅游企业的内部事务。旅游企业被推向市场，通过市场竞争决定企业的命运。

（2）旅游决策权限的分散性

首先在国家旅游局和地方旅游局之间做出合理的权限划分，国家旅游局的权限可进一步下放，地方旅游局权限在增大的同时要做出新的调整，由此建立起两级调控体系，以国家为一级的调控中心和以中心城市建立二级调控中心。要逐步完善旅游企业自主权，同时还需建立必要的监督机构以保障正当权利的使用。

（3）旅游管理手段的多样性

旅游管理手段主要包括旅游计划管理和旅游政策管理两个方面，旅游计划管理着重对旅游经济管理二作进行长期性的、战略性的指导，而旅游政策管理则主要是加强财政、货币、贸易、人力等政策的调节幅度，形成必要的管理条件，如法律制度等。旅游政策管理以计划管理为依据，对短期宏观经济活动加强影响力，同时，必要的行政管理手段仍然要保留。

（4）旅游管理组织的合理性

应改变过去按旅游行政隶属关系划分的组织管理结构，按照符合商品经济的原则重组部门。适当加强旅游综合部门的调控能力，如加强旅游行业管理，也就是说，无论是哪个部门举办的旅游企业，从行业管理角度均应统归各级旅游局管理。这种管理采取的是宏观调控、间接管理的办法，削弱的是各部门的条块分割管理。随着改革的深化和旅游事业的迅速发展，旅游经营企业也日益增多并扩大规模，行业管理将是我国经济体制改革发展的必然趋势，而且行业管理职能一旦健全，目前市场上旅游企业经营管理无序的状态将会有所好转。

3.1.2.2　实现的前提

一般而言，构成旅游经济管理的前提条件有：旅游经济管理的微观基础（企业和消费者主权），旅游经济管理的环境（市场体系），旅游经济管理的主体（政府及其职能）。为实现我国旅游经济管理体制的转型，首先需要使这三个前提发生转变。

（1）旅游经济管理体制的微观基础——企业主权和消费者主权

旅游企业是商品经济的基本元素之一，是活跃于旅游市场中的主体。旅游经济管理体制在市场经济条件下，一方面要通过市场中介来影响旅游企业的行为，另一方面又不能破坏其赖以存在的这个基础，其根本任务在于尊重和维护旅游企业作为商品生产者的主权。企业的主权涉及许多方面，但归结起来有两个，即资产占有权和资产使用权。我国旅游经济改革中出现的承包制、租赁制、股份制等多种企业主权制度，都是对如何实现合理的两权分离所做的积极探索。根据这个实践，旅游经济管理首先要维护公有制企业资产占有权，使公有制资产在经济发展中保值并不断增值。除此以外,还应对旅游企业的资产使用权给予重视。主要包括以下几种。

①企业拥有经济决策权。旅游企业在生产经营中,有权决策其生产要素在国民经济各部门、各行业和各地区之间的投放。除少数关系到国民经济命脉的骨干企业外,在生产规模、扩大再生产、横向经济联合,及旅游企业发展、发展速度、更新改造等方面,均应由企业独立自主地做出决策。

②企业拥有资金支配权。旅游企业在对经营资金、发展资金的分配使用上拥有独立的决定权。为此,旅游企业应拥有独立的财务核算体系,实行自负盈亏,对银行贷款以及由此带来的投资风险承担独立的责任;对企业获取资金的来源形式及使用方式拥有自决权。

③企业拥有人事用工权。旅游企业根据自身发展的需要,决定职工人数、干部任免以及工资和奖金的发放比例及标准。旅游行政部门主要应为企业拥有此项主权并行使主权创造必要的条件,如建立失业社会保障体系、从宏观上控制工资基金的过度增长等。

④企业拥有产品定价权。价格是旅游企业开展竞争、参与竞争的关键因素。虽然市场价格的形成是一个竞争的过程,但参与竞争的企业应当根据自身的劳动耗费及条件拥有定价的自由。

消费者作为旅游市场主体的另一方,也应当拥有必不可少的权利。一般说消费者主权包括:对旅游消费品的自由选择的权利(这种权利应受到法律保护),消费者支配自己货币和消费的权利。其中关键是对消费品自由选择权。旅游经济管理体制首先应在充分尊重消费者主权的前提下行使职能,制定消费者权利保护法,设立旅游投诉管理机构等。

(2)旅游经济管理体制的运行环境——市场体系

市场体系的形成和完善,是实行市场经济条件下旅游经济管理的又一重要前提。旅游市场体系是指由一系列具体的市场形成的整体,主要包括以下几个方面。

①商品市场。包括以实物形态表现的旅游消费品市场和生产资料市场(后者往往又和劳动力、技术统称为要素市场)。两者的功能不一样:消费品市场以满足消费者需要,以实现消费者主权为目的;生产资料市场以满足消费品生产企业需要,以实现旅游企业主权为目的。

②技术市场。其市场交易的对象是知识商品,因此具有特殊性,需要有一系列特殊的制度予以保障,如技术专利制度、技术有偿转让制度等,技术市场较多表现为无形资产,在旅游业的发展与竞争中发挥着日益显著的作用。

③劳动力市场。劳动力市场是社会劳动力流动的必要条件,是实现旅游企业选择劳动力、劳动力选择旅游企业的市场转化过程。如果没有劳动力市场或其残缺不全,市场经济均无法正常运行,尤其旅游业是劳动力密集型行业,所需的劳动

力多,且季节性需求变化大,更需要有充足的劳动力市场作保证。

④资金市场。它分为货币市场、资本市场和外汇市场。货币市场是一种短期资金市场,主要通过银行之间的同业拆放、商业票据的贴现、短期国库债券的出售,以及中央银行的货币发行等形式,融通短期资金,调剂资金余缺,加快资金周转,提高资金利用率。资本市场又称投资市场,是将储蓄和社会闲散资金转化为中期的实际投资。通过吸收存款,发行股票、债券等创造虚拟资本,加速资金积累与集中,为社会扩大再生产创造条件。外汇市场是一个特殊的领域,主要沟通国际国内资金的交易,但受到的制约因素也错综复杂。

(3)旅游经济管理的主体——政府及其职能

旅游经济管理需要有实行者,即管理主体。从这个意义上说,任何社会组织、团体或集团都可能成为旅游经济管理的主体。但经过商品经济的自然发展,旅游经济管理的主体最终归于政府名义下,这是市场选择的必然结果。政府主持旅游经济管理,是由政府组织本身的职能决定的。政府职能是政府的实质、活动内容与方向。政府作为上层建筑,其根本职能是为经济基础服务,为保护和发展这个经济基础服务。因此,政府的职能说到底是服务性的,但具体而言,政府的服务性职能又分为三个方面:政治职能、社会职能和经济职能。

①政治职能。其根本目的是维护国家制度,对外反抗侵略和对内实行统治。维护一个稳定的政治环境是发展旅游业的必要条件。

②社会职能。政府职能还表现在国家担负提高人民的物质文化生活水平,发展一系列社会事业的方面。如发展旅游文化,提高人们的旅游意识,促进旅游业进一步发展等。

③经济职能。在市场经济条件下,政府经济职能占有特殊地位。政府职能的根本特点是服务性的,因而经济职能也不例外,在旅游经济发展过程中,政府经济职能的服务性曾一度没有给予充分的重视和发挥,而是夸大和强化政府经济职能的非服务性,这是使得旅游经济管理僵化成行政性的一个重要因素。社会主义市场经济的建立与发展,要求首先转变被扭曲的政府经济职能,使政府成为旅游规划、咨询、协调和监督的服务性机构。

3.1.3 我国旅游管理体制经历的三个阶段

(1)第一阶段

从1978年至1985年,主要进行了由政治接待型向经济事业型转变的改革。

①强调政企分开,企业化经营。国家旅游局与国旅总社正式局、社分开,为各地带好头。之后,各地也陆续政企分开,并向企业化过渡。

②逐步下放外联权。从1982年9月起,为适应旅游业发展,开始将外联权下放到各省、自治区、直辖市,调动了各地的积极性。

③逐步推广了各种形式的经济责任制,取得良好经济效益和社会效益。

可见第一阶段的改革,只是通过改革完成了从政治接待型向经济事业型的转变。这些初步改革,对向社会主义市场经济过渡,又是必不可少的基础性改革工作,今天看来,这些改革为建立社会主义市场经济旅游管理体制开了个好头。

（2）第二阶段

从 1986 年到 1992 年中共十四大召开前,主要是按照国际惯例把旅游业正式纳入了国民经济和社会发展计划,标志着我国旅游业开始从政治接待型转入了经济事业型。早在 1984 年 10 月,中共十二届三中全会所制定的《关于经济体制改革的决定》提出,社会主义经济是建立在公有制基础上的有计划的商品经济。这一论断与今天关于社会主义市场经济的提法还有一段距离,但对于刚刚转到经济事业型的我国旅游业来说,不仅提出了新的要求,也为我国旅游业进一步深化改革指明了方向。当时,我国旅游业作为一项经济事业刚刚起步,要在激烈的世界旅游市场竞争中占有一席之地,并能逐步发展壮大,必须瞄准世界旅游发展的水准,向国际惯例靠拢,因此,从 1986 年开始,我国旅游部门在按照国际惯例改革旅游管理体制和管理制度方面陆续出台了一些新的举措。

①在管理体制方面,支持和鼓励成立旅游企业集团和成立我国自己的饭店管理公司。这些旅游企业集团和旅游饭店管理公司对于加强我国旅游业的行业管理、增强国际旅游高层竞争能力,发挥了骨干企业的作用。

②在管理制度方面,建立了星级饭店评定和管理制度。1988 年 8 月 22 日,经国务院批准,颁布了《中华人民共和国评定旅游涉外饭店星级的规定》。到 1992 年年底,我国已评出了各种星级的饭店 1 028 家,通过对旅游涉外饭店的星级评定和管理,促进了我国旅游涉外饭店服务质量和服务水平的显著提高。此外,我国还按照国际惯例,规定对导游人员实行合同管理,对旅游涉外饭店加收服务费,汇率调整后实施外汇保值,旅行社接待海外旅游者来华旅游期间统一实行意外保险,涉外旅游业务必须签订经济合同,以及建立了旅游者投诉制度和规定。这些按照国际惯例建立起来的规章制度,促进了我国旅游接待和服务水平向国际标准前进了一大步。

③在管理技术手段方面,广泛采用了电子计算机信息系统。到目前,旅游统计、旅游财务管理等计算机系统已建立起来并运转良好,在每个大的旅行社、旅游涉外饭店,计算机信息技术已广泛应用起来。但这个阶段我国旅游业仍属起步阶段,旅游业各个行业还处于规模形成阶段,许多业务环节仍受传统的计划经济模式的束缚,许多旅游部门的主要精力多用在建设开发上,用在管理方面的还比较少,这期间就是作为计划的商品经济也并未充分展开。

（3）第三阶段

1992 年以来,按照社会主义市场经济的要求,推进旅游业的各项改革。

国家旅游局和各地旅游部门在贯彻落实中共十四大精神和贯彻落实国务院《全民所有制企业转换经营机制条例》中,都不同程度地加快了改革步伐。

①认真贯彻落实《全民所有制企业转换经营机制条例》，进一步简政放权。国家旅游局已确定，在旅行社审批方面，经营各类旅游业务的旅行社，不再由省、自治区、直辖市一级审批，可由省、自治区、直辖市确定两级审批制度。在旅游价格方面，国家旅游局不再制定全国统一标准，由旅游企业之间协商议定。在旅游考试方面，国家旅游局不再实施统一评卷，考证评卷工作下放到各省、自治区、直辖市旅游局。

②取消旅行社按一、二类划分的标准。按照市场经济的原则办事，按国际旅游市场通行做法，只划分经营国际旅游和国内旅游两种旅行社，这是旅行社体制改革的一大突破。

③建立旅行社营业保证金制度。旅行社营业保证金是旅行社开办前除注册资金外拥有的专项资金，主要用于旅行社质量的保证和风险的保证。保证金的所有权属于交纳的旅行社所有，由旅游行政管理部门在指定的银行设专户储存和管理。

④在旅游行业内建立旅游服务质量标准体系。为适应建立社会主义市场经济的要求，在培育旅游市场体系的同时，必须运用法律、法规来规范旅游企业的行为。国家旅游局将在旅游行业内建立起一套包括国家标准、行业标准、地方标准、企业标准在内的完整的旅游管理和旅游服务的标准体系，以规范旅游产品、旅游管理、旅游服务水平的质量，推进我国旅游企业经营管理水平向国际旅游市场水准迈进。

⑤支持和鼓励各类旅游企业建立现代企业制度。在转换企业经营机制过程中，坚持以公有制为主体。鼓励个体、私营、外资旅游企业的发展，支持国有企业承包经营、租赁经营和股份制、股份公司等现代企业制度的试点。

⑥按照国务院的部署，进一步精简政府机构，转变政府职能。国家旅游局已按照国务院关于精简政府机构人员的精神，进行"三定"（定职能、定编制、定人员），为逐步实行政府机构的公务员制度做准备。

3.1.4 我国现行旅游管理体制模式

（1）传统模式

传统的旅游管理模式是与我国长期实行的计划体制相一致的，即按照行政区域和行政系统设置各级旅游局。各级旅游局直属各级人民政府，除直接管理所属旅游企业外，对隶属于其他区域或系统的旅游企业只有一定的业务指导责任，没有统一的管理约束职能。20世纪80年代末，为适应旅游业的改革步伐，国家旅游局颁布实施了一系列的条例、规定，旅游主管部门的管理职能有所加强，但囿于我国整个经济管理体制的滞后，改进后的传统模式仍未克服条块分割、职能弱化等弊端。面对这种状况，我国许多地区先后开始了改革旅游管理体制的尝试。

（2）上海模式

1997 年初，上海市政府做出决定。对上海市原有的旅游管理体制进行改革，新组建了中共上海市旅游事业工作委员会和上海市旅游事业管理委员会（简称旅管会），统筹协调和全面领导上海市的旅游业。上海市旅管会作为市政府的派出部门，对全市旅游行业行使管理职能，市政府下辖的旅游局、商业局、交通办、园林局和新亚集团等单位为旅管会的成员，锦江、华亭、衡山三大旅游集团公司国家旅游度假区也由旅管会领导，上海市副市长兼任旅管会主任，旅游局和各相关局的负责人任副主任或委员。由此，形成了旅游、商业、交通、园林等部门共同组成的旅游管理机构。上海模式体现了政府部门的管理权威，两个委员会具有明确的职责和权利，确定了旅游与商业、交通、园林等部门的行政及业务关系，使旅游管理由单一变为综合，由部分转向全局，为上海市大力发展都市旅游产品提供了制度保障。进一步深入分析，可以发现"上海模式"的成功，在于上海市确定的"以大集团为骨干，以区县为主体，以产业规模和经济效益为目标，协调各行业部门"的方针，符合上海市旅游产业基础较好、区位优势明显、都市旅游的产业形象定位明确等特点。

（3）北京模式

北京市的旅游业一直保持着持续发展的势头，1997 年，北京市的旅游创汇达22.5 亿美元，旅游业总产值已占北京市国民生产总值的 12％以上。但是，北京市的旅游业也受到政企不分、条块分割、部门所有等痛疾的困扰，同样面临着改革原有体制的任务。1998 年 2 月，北京市政府决定改革原有的旅游管理体制，按照小政府、大社会的思路，实行政企分开，将北京市旅游局的直属企业全部划出，组建北京旅游集团，直接隶属北京市政府领导。改制后的"北京市旅游事业管理局作为市政府的职能部门，对全市旅游业实施统一的行业管理，研究、制定北京市的旅游发展规划及有关政策，会同有关部门审批旅游开发和建设项目，指导、协调各市县旅游业的发展。新组建的北京旅游集团作为大型国有旅游集团公司，集合下属的众多企业开发更新旅游产品，积极开展资本运营，实施整体发展战略，充分发挥了系统化、网络化的优势。

（4）广东模式

广东旅游业的规模和效益在全国均列首位，这骄人的成绩除了地区优势和经济因素外，与其灵活的旅游管理体制也有关系。广东省旅游局及其各地市旅游局采取的是一种与旅游开发总公司合而为一的混合体制，省旅游局与旅游总公司实行一套机构两块牌子，局领导兼任总公司及下属企业的负责人，既承担政府管理职能，又从事企业经营活动。这种融管理、经营、发展为一体的管理模式虽然违背了政企分开的原则，也不符合市场经济的本质要求，但却适应广东省由计划经济向市场经济转变的实际状况，在现阶段还是行之有效的。

（5）陕西模式

1998 年 12 月,陕西省对原有的旅游管理体制进行了重大的改革。

第一,成立了陕西省旅游工作领导小组,负责制定陕西省的旅游法规、发展战略和区域规划,对陕西旅游业发展的重大问题进行决策,协调旅游经济活动中各部门、各地区之间的相互关系。陕西省省长兼任领导小组的组长,旅游局、文物局、园林局、交通局、城建局、文化局、商业局和市容委的负责人任小组成员,下设办公室等职能机构,具体贯彻执行领导小组的各项决定。

第二,成立陕西省旅游集团公司,将陕西省主要的国有旅游企业、主要的旅游景区和部分文博事业单位集合在一起,共同组建了陕西省政府直接领导下的大型旅游企业集团,该集团公司冲破了条块分割的樊篱,将旅游与文物结合在一起,融吃、住、行、游、购、娱为一体,极大地提高了陕西旅游业的整体规模和综合实力。

（6）香港模式

香港的旅游业由香港旅游协会按照市场经济的原则进行管理。香港旅游协会成立于 1957 年,是推动香港旅游业发展的法定社会机构。在香港旅游协会成立后的 40 多年时间里,香港旅游的年接待量已由 5 万人次发展到现在的 100 多万人次,使旅游业成为香港的第二大外汇收入来源。旅游协会实行会员制,一类是旅游业会员,另一类是普通会员,会员包括国际客运商、酒店和旅行社代理商,以及饮食和娱乐等与旅游业有关的企业。旅游协会有六大工作目标:增加来港旅客数目,进一步发展香港为旅游胜地,提倡改善旅游设施,在海外宣传香港的各种旅游特色,统筹旅游业各种活动,就有关旅游业事项向政府提出建议。旅协理事会的委员一半由政府委任,一半由会员推选,既有行业自律,又有政府权威。香港旅协会的使命包括:和政府有关部门及旅游业紧密合作。协调航空公司、酒店、旅行社、商店、保安、休闲娱乐场所及其他旅游服务机构的各种活动;确保旅客可以享受完善齐备的设施和殷勤周到的服务;为香港树立明媚优美的形象,向要求不同、文化迥异的各国人士宣传香港的魅力,令他们对香港产生向往,选择香港作为旅游目的地。香港旅游协会因其卓有成效的管理被誉为全球最成功的旅游业主管机构之一,对内地也有一定的参考价值和启示作用。

旅游产业的市场化进程要求突破传统管理模式的种种限制,选择与之相适应的旅游管理体制。由于经济发展水平、旅游资源的特色以及旅游产业的功能形象定位不同,从而适应其特点的旅游管理体制也各不相同。我国的不同省市和地区在发展旅游产业的过程中,应注意旅游管理体制创新上的渐进性特点和不同的约束条件,选择适合本地区旅游业发展的管理体制模式。

3.2 旅游业管理模式国际比较

世界各国旅游管理的对象都是旅游业,但在具体管理模式上又不尽相同。从经济体制方面讲,计划体制国家与市场型体制国家不同。从发展状况上讲,发达国家与发展中国家不同,从国土面积上讲,大国与小国不同,从传统文化上看,东方与西方国家存在差异。我们认为,在影响旅游管理体制的因素当中,经济体制起决定作用,其他因素起次要作用。在当今开放的国际环境中,任何国家的旅游业管理模式不可能一成不变,而是会对环境变化做出适应性反应。研究各国旅游业管理模式,对深化完善我国旅游管理体制改革具有重要意义。

3.2.1　旅游行政管理机构设置模式比较

3.2.1.1　基本模式

(1)非中央机构模式

世界多数国家的最高旅游行政管理机构是中央政府的一部分,但约有 30 余个国家和地区,其中央政府并不包括旅游行政管理机构在内,如伊拉克国家旅游组织和爱尔兰旅游局,这类旅游行政管理机构多数仍属于官方机构,在多数情况下,它们完全或在很大程度上由政府资助。这类机构的共同特征是它们具有自己的法人地位,并在行政上和财政上独立。

(2)旅游部模式

全世界约有近 20 个国家最高旅游行政管理机构为旅游部,这种模式有两个基本点:一是管理职能单一,只负责旅游;二是机构为部级规格。采用这种模式的国家和地区主要有菲律宾、尼泊尔、叙利亚、黎巴嫩、摩洛哥、马尔代夫、坦桑尼亚、马耳他、格林纳达、科特迪瓦、美属东萨摩亚、百慕大、巴哈马、卢森堡和罗马尼亚等。不难发现,上述国家基本上是发展中国家。这一现象表明:

①发展中国家对旅游创汇的期望很大,这与发展中国家普遍存在外贸逆差和财力薄弱有关。

②发展中国家综合经济能力较差,要在与国民经济各部门完全协调的情况下获取旅游外汇短期内做不到,为此,国际旅游业就只能在一定程度上超前发展,就非借助于强有力的政府机构不可。

(3)混合职能模式

这种模式的基本特点是,旅游管理职能与一个或几个相关部门的管理职能结合在一起。这种模式还可细分为以下类型。

①旅游与交通共同构成一个部门或交通部下设(以破折号表示)旅游局,如埃及旅游与民航部,斯里兰卡航行与旅游部,前民主德国交通部—外国旅游中央局。

②工业、商业贸易部门下设旅游部门,如芬兰工商部—旅游局,美国商务部旅游局,匈牙利商业部—旅游局。

③通信、情报部门与旅游部门合组成一个部,如委内瑞拉情报与旅游部,印度尼西亚邮电、电信与旅游部。

④文化、娱乐部门与旅游部门构成一个部,如巴基斯坦文化与旅游部,澳大利亚体育、娱乐与旅游部。

⑤综合经济部下设旅游部门,如荷兰经济事务部—旅游局,前南斯拉夫市场与一般经济事务部—旅游局。

⑥其他部门与旅游部门组成一部,如肯尼亚旅游与野生动物部,新西兰旅游与宣传部。

混合职能模式为世界多数国家所采用:既有发展中国家,又有社会主义国家,还包括了西方绝大多数发达国家。这说明这种模式在不同社会制度和不同经济发展水平的国家中具有比较普遍的适应性。究其实质,是因为混合职能模式反映了旅游事业综合性很强的特点,有利于旅游部门与主要相关部门实现有效的配合和协调。

(4)旅游委员会模式

其特点是只有单一的旅游管理职能,其规模等同于一个部。这种模式只在苏联和部分东欧国家中采用,如苏联国际旅游委员会、保加利亚国家旅游委员会和波兰旅游总委员会。设有旅游委员会的国家还有一些,但这些委员会是协调部门而非权力机构。

(5)旅游局模式

其特点是单一行使旅游管理职能,直属于内阁,其规格低于部,如泰国旅游局。我国亦属于此种模式。

3.2.1.2 发展趋势

第二次世界大战以后,随着国际旅游业的迅速发展,许多国家和地区先后设置了中央旅游行政机构。20世纪70年代以来,一方面,没有设置中央旅游行政机构的国家纷纷设置了机构;另一方面,已经设置机构的国家进一步完善中央旅游行政机构的内部和外部设置。可以说,强化旅游行政机构在中央政府中的地位和作用,近20年来已成为世界性的趋势。这一趋势至少包含两个内容。

(1)许多国家纷纷提高旅游行政机构在内阁中的地位

1965年,苏联设立了国际旅游事业总局;1983年6月,又代之以国际旅游委员会,部级规格,直属部长会议。马来西亚于1972年8月成立了旅游发展公司(一译作局),隶属于贸工部;1987年5月,马来西亚内阁机构改革,成立了文化旅游部,旅游发展公司隶属该部。此外,在1970年以后提高旅游行政机构地位的国家还有法国、阿尔及利亚、科特迪瓦、土耳其、新加坡和芬兰等。

(2)普遍建立和健全旅游协调机构

旅游业综合性很强,一般而言,它至少与政府机构的20余个部门有着直接联系。这样旅游行政部门要想有效运转,除了完善其内部机制之外,还必须与相关政府机构实现真正的协调和配合,而这有必要通过一个固定的组织来实现。于是,各国中央政府中的旅游协调机构应运而生。

到目前为止,世界多数国家和地区都在内阁中(或直属国家元首,如印度尼西亚,设有旅游协调机构,机构的形式各异,但有如下共同点。

①成员的广泛性。凡与旅游业直接关联的政府部门,在该协调机构中无一不包。

②机构的权威性。该机构主要负责协调,有职有权。各国多由总理或副总理亲自负责该机构,如突尼斯、泰国和马来西亚等;机构成员或为有关部部长、副部长,或为有关各部主管局局长等,该机构一旦形成决议,多作为内阁意旨交由政府各部贯彻执行。

③旅游部门的主导性。因为协调机构服务的对象是旅游业,所以旅游行政部门的代表在协调机构中大都处于唱主角的地位。如匈牙利的商业部长(管旅游)即为协调机构的主席,而协调机构的秘书长由旅游局局长担任。再如罗马尼亚,旅游有关各部代表直接加入旅游部的最高权力机构,领导委员会,形成旅游部门与协调机构二合一的特殊格局。

世界旅游业正在经历迅速发展的历史阶段,旅游业已成为世界最大的行业之一,各国强化旅游行政机构地位和作用的趋势必将延续下去。

3.2.2　旅游管理模式国际比较中的个案分析

下面具体分析美、日、英、匈、新、泰、菲等国家的旅游管理模式,以供我国旅游管理体制改革参考。之所以选择以上各国来分析,在于它们与中国有某些方面的相似性。如美国与中国同样幅员辽阔,日本与中国同属儒家文化圈,英国与中国同样有着悠久的历史和深厚的文化底蕴,匈牙利和中国一样属于经济转型国家,新、菲、泰诸国无论在地理位置还是在文化传统方面都与中国比较接近。这些相似点,正是我国旅游管理体制借鉴他国经验的基础。

3.2.2.1　美国

美国是当今最发达的西方国家,其市场机制完善,人均收入水平高,其旅游业也相当发达,无论在接待海内外游客数量,还是在旅游创汇收入方面都是世界首屈一指的,旅游业规模庞大,其在管理方面也积累了丰富的经验。

美国是一个市场经济发达、基础设施完善、法律法纪完善、执法严格的国家,在旅游管理体制上,基本上是"小政府,大社会"模式。美国国家旅游局的工作人员仅有 40 多人,以开发市场为主要工作内容,行政管理较少。行业性的管理除依靠综合管理部门及健全的立法司法管理机构外,主要依靠旅游行业协会协调。美国的旅游企业里不乏大型企业,但少有国有企业,因此,政府对企业的干预极少,旅游企业在激烈竞争为基调的市场机制下自主经营。通常企业的服务质量都较高,美国的州一级政府设有旅游办公室,但通常只有较少的工作人员,其工作主要是促销。

美国1981年通过《美国旅游法》,确定了旅游发展的总体战略,并规定了几项旅游政策目标,美国主要通过法律和许可证制度等规划、协调管理其旅游业。从法律方面看各类旅游法规成为具体管理操作的标准。美国的公司法严格,真正做到违法必究,很少有企业敢越雷池半步。美国的旅行社实行许可证制度,只有达到该法律标准,旅行社才能领取商业执照从业经营。

在有的地方(如夏威夷、洛杉矶等地)旅游业占有重要地位,地方政府对旅游企业也给予重视和支持。以洛杉矶为例,市政府规定游客住饭店须交房价的11%作为旅游税,这笔收入的91%上缴市财政,9%返还旅游局,作为旅游局经费。同时,对需要支持的旅游企业,政府还通过银行给予优惠贷款。旅游规划的职能通常由各地方政府旅游局来承担。旅游规划是具有法律效力的文件,美国旅游管理始终在法制化的轨道上运行。

美国旅游企业具有经营组织形式网络化的特点。从旅行社看,形成了多层次网络化的分工体系。美国1970年有旅游代理商近700家,1983年达2 200家,1989年就上升到3 300家。其中,大公司又在市场中占据主导地位。美国旅游市场竞争激烈,但在竞争中形成的自然分工体系和网络使旅游企业可以开展完全竞争,又不致恶性竞争、自相残杀,而是各自发挥优势,谋求发展。旅行社、饭店、航空公司等方面的网络形成,各方之间互为基础、互为条件,行业价格、服务质量由于受市场约束,很少有企业敢对此马虎。在旅游企业经营组织网络中,行业组织在结合、协调信息传递方面发挥重要作用,这也是美国"小政府"管理模式得以存在的条件。

3.2.2.2　日本

日本旅游业在战后得到快速发展,一方面是因为日本经济高速增长、社会长期稳定、物质产品丰富、基础设施完善、传统文化独特所致;一方面,日本的旅游管理体制的作用同样不可忽视。与美国相同的是日本也具有较为发达的市场机制,旅游企业多在市场机制作用下运行,管理体制也以市场机制为主。但日本的旅游管理体制与美国存在较大差异,总体而言,它有一套官民协力的体制,政府、企业和各种行业协会组织彼此协调又相互联系,政府在旅游管理中发挥着相当重要的调控作用。政府和企业较为密切的关系体现了日本的特色。

日本的旅游行政管理机构分为中央和地方两个层次,中央机构和地方机构的关系并非垂直领导的行政隶属关系,而主要是指导和协调关系。日本的中央旅游管理机构又分为内阁、运输省、旅游部三个层次。内阁这一层机构为"内阁有关观光对策省厅联络会议",为常设议事机构,由来自环境、国土、法务、通产等省厅的部分负责人组成,受总理府指导,直接对内阁负责。它的主要职能是协调、联络内阁各省厅对旅游业的管理,审议旅行观光业的重要方针政策、发展规划,回答总理大臣及各省大臣对旅游业的质询等。运输省是日本旅游业的主管部门。运输省下的旅游部是运输省国际运输旅游局中具体负责全国旅游业管理的主管部门,其主要职能有:制定旅游方针政策及法规,负责旅游区规划,负责对旅行社、翻译、导游的审批、登记注册、指导、检查和业务培训,以及负责对外旅游的宣传指导及联系旅游的调研及统计工作。旅游部职能众多,但机构精干。1988 年日本接待外国旅游者 235 万人次,出国旅游者 840 万人次,但旅游部工作人员仅 42 人。地方旅游行政管理机构的设置上没有统一模式,各地因地制宜、灵活设置。各地大多在其他行政管理机构下设旅游部门,其任务主要是接待游客、开发旅游资源以及改善旅游投资环境。

日本旅游业实行的是间接管理,政府不能也不必直接干预企业的经营。这是因为,一方面,日本的法律法规健全,执法工作严格,法律部门在监督企业运行方面发挥重要作用;另一方面,日本旅游企业中行会组织众多,它们代行了部分行政管理职能。日本的旅游企业行会组织主要包括以下三种类型:协调性的(主要加强企业之间的横向联系)、管理性的(带官方色彩,代行部分行政职能)、研究性的(为各企业提供理论与政策咨询)。日本旅游企业行会组织在制定规划、传递信息、实行协调方面发挥着政府无法替代的功能。

3.2.2.3 英国

英国是老牌的资本主义国家,其经济发达、传统文化深厚,特别是其语言在世界通用,使得英国在世界游客心目中有极高的地位。旅游业在英国也相当发达,英国是世界上失业率较高的国家之一,解决就业问题是历届政府的头等大事,而旅游业是扩大就业的重要部门之一。因此,英国的高层旅游机构之一的英国旅游局就隶属于就业部(在英国行使管理职能),英国的旅游管理机构包括官方旅游行政机构和民间的旅游行会组织。官方机构主要负责旅游宣传促销、旅游规划发展、旅游政策制定等方面的事宜。行会组织则负责旅游企业协调、行业信息及相关政策等方面的工作。下面详细介绍英国旅游行政机构的设置及功能。

(1)英国旅游行政管理系统概况

①历史沿革。1969 年,在英国旅游业蓬勃发展的形势下,英国政府制定并颁布了英国第一部旅游法《英国旅游发展法》。根据该法规定,成立了英国旅游局、英格兰旅游委员会、苏格兰旅游委员会和威尔士旅游委员会四个行政机构,其地位平等,不存在隶属关系。英国旅游局为政府机构,主要负责对外市场宣传和提供咨询服务,另外三个旅游委员会作为半官方机构,负责国内市场宣传和本地区旅游设施的建设和发展。1983 年 11 月,主管英国旅游局和英格兰旅游委员会的贸工部在征得下议院的同意后,将这两个部又作了适当调整,精简了机构,提高了工作效率。1984 年,经与英国旅游局协商并争得了苏格兰事务大臣的同意后,新通过的《苏格兰旅游法》扩大了苏格兰旅游委员会的权限,可以直接对外宣传推

销。1985 年 10 月,撒切尔首相改组政府机构时,英国旅游局与英格兰旅游委员会改由就业部领导,这反映了在高失业率较高背景下的英国政府期待通过发展旅游业来扩大就业。

②行政体系。高层机构由就业部下属的英国旅游局、英格兰旅游委员会和苏格兰、威尔士事务大臣下属的苏格兰、威尔士旅游委员会组成,地方基层机构为地区旅游委员会,负责地方旅游设施的建设和管理。1985 年 7 月,英国政府又成立了以不管部长为首的部长级小组,研究解决一些影响旅游业发展的方针政策性问题。如延长商店营业时间,方便伦敦市区停车和提高海关效率等。

③经费。按照法律规定,政府每年向英国旅游局和英格兰、苏格兰、威尔士三个旅游委员会拨款,款项分别用于行政开支和发展旅游设施。英国旅游局和英格兰旅游委员会的经费由就业部拨发;苏格兰和威尔士旅游委员会的经费通过地方政府转拨,但其预算须经所在地区事务大臣决定。地区旅游委员会的经费由旅游委员会、地方行政经费资助,另以 5% 的行政经费奖励工作出色的地区旅游委员会。

(2)英国旅游局的机构设置及其功能

英国旅游局的最高权力机构为全体委员会,由 8 人组成,其中主席 1 人,委员 7 人(包括苏格兰和威尔士旅游委员会主席),由就业部大臣任命。全体委员会每月举行一次例会,负责审议和决定旅游工作计划、预算、市场战略和年度报告。全局正式编制为 290 人,长期驻国外人员编制为 180 人(其中约 30 人由国内派出,其余均为当地雇员),另有合同工 100 多人。旅游局局长由全体委员会任命,主持该局日常事务。局内下设秘书处、资源部、出版服务部、市场部和国际业务部,其中,秘书处、资源部、出版服务部与英格兰旅游委员会两家合用,合用的工作人员占 60%。英国旅游局的具体工作包括:评估有关政策和法律的变化对旅游业的影响并提出对策,加强对外的市场宣传和推销。负责国内外旅游市场调研以及组织各相关单位的力量,协同配合共同搞好工作。英格兰旅游委员会和苏格兰旅游委员会分别负责各自的旅游战略规划、日常工作管理以及对外宣传促销等工作。

(3)英国旅游行业组织

英国旅游管理中的一大特色就是强调旅游行业组织的作用。全英国共有上万家旅游饭店、数千家旅行社和旅游汽车公司,绝大多数是私人企业,但分别在本系统内成立了全国性的行业协会。这些行业协会组织的主要任务包括以下几方面。

①积极宣传本行业在国民经济中的地位和作用,就有关法律和条例的问题向议会和政府阐明观点,维护本行业的利益。

②促进跨行业的横向联系,制定相互制约的业务条例和准则,加强对旅游业的管理,从而调节和稳定市场。

③加强人员培训,提高旅游在职人员的业务水平。

④建立信息反馈系统,为企业服务,英国主要有 3 家旅游行业组织,它们是:英国旅行代理人协会,英国饭店和餐饮协会,英国导游协会。

英国的旅游管理体制充分体现了其分权化的特点,几大旅游管理机构互不隶属,它们之间有交叉业务,又有明确分工。这些机构和管理主要是宏观调控管理,如制定发展规划、对外宣传等,而不负责企业的投资和具体经营,其效率是相当高的。另外,英国的经济法律严格完整,旅游企业的经营接受法律的监督,因此行政管理部门不需要费太多的精力。英国旅游管理的特点是与其完善的市场经济体系分不开的。

3.2.2.4 匈牙利

地处东欧的匈牙利和中国一样,以前是计划经济国家。东欧剧变之后,匈牙利开始推行私有化,市场经济体制逐渐在国民经济中占主导地位。匈牙利政府相当重视旅游业,无论在旅游行政机构的设置、旅游企业经营方式、旅游的法律法规建设以及旅游的宏观管理等方面都体现了这一点。匈牙利的旅游管理虽然还带有一些计划色彩,但仍有许多值得中国借鉴的地方。匈牙利的旅游行政机构是由全国委员会、商业部、匈牙利旅游局和州旅游局四大部分组成的。

全国旅游委员会是全国旅游管理的最高决策机构,主要负责国家旅游发展规划、政府旅游投资分配、对外交流合作、协调旅游部门与其他部门的关系等。旅游委员会主席由 1 名副总理担任,他还同时兼任商业部长职务,委员会的其他成员为旅游业相关各部的副部长。委员会下设如青年旅游委员会、医疗委员会等分支机构。

商业部是内阁中的一个职能部门,其统管旅游的职能主要由其下属的匈牙利旅游局来行使,但旅游法规的制定、人才的培养、财务管理、人事管理等工作分别由商业部下属的法规司、教育司、财务司、人事司等部门负责。这就形成了一个旅游局与其他有关职能部门协同管理全国旅游业的体制格局。旅游局具体负责旅游经济管理、制定发展规划、收集加工旅游信息、发放执照、对外联系和对外合作以及负责对旅游饭店、旅游营地等的监督管理工作。州旅游局是地方机构,全国统一设置,受国家旅游局领导,主要负责管理本州的旅游事务。

商业部长既是副总理,又是旅游委员会主席,同时又是旅游局局长的上级,而旅游局局长又身兼旅游委员会秘书长一职,这有利于加强集中统一管理,避免了分散扯皮缺乏权威的现象,从而在权力结构上理清了旅游部门与相关部门、旅游委员会与旅游局的关系。这是匈牙利旅游管理中枢运转灵活有效的基础。

匈牙利的旅游企业体制也颇具特色。公司是其企业体制的核心与主体。公司法人,其主要职能是管理下属企业以赚取利润。公司的最高管理机构是公司委员会,其成员由公司下属企业产生。公司总经理实行聘任制,总经理有自主经营决策权。公司委员会只负责公司发展规划,制定年度利润目标,审议经营方案。

总经理负责具体经营业务,对委员会负责。这里所说的旅游公司往往是旅游集团公司,下属几家乃至几十家旅游企业。下属旅游企业是公司的具体经营单位和管理对象,其经理由公司总经理任命。下属企业的主要任务是完成公司下达的年度利润指标,具体的经营业务公司总经理不过问。

匈牙利的旅游宏观管理主要依靠法律手段而不是行政手段发挥作用。该国的旅游法规体系相当完备,旅游管理部门主要负责对这些法规进行贯彻实施的监督。另外,匈牙利的企业律师制度也是其特色之一。各旅游经营单位,不论大小,均至少有 1 名由商业部指派的律师。企业律师依法具有签署企业合同的权力,凡企业的合同协议均需律师审查合法签署后方能生效。律师制使律师作为法规的执行者参与企业的经营决策,这就从根本上确保了企业依法经营的正确方向。

匈牙利的旅游实行自由价格制,企业不受行政约束,自行根据供求和成本状况决定价格。企业之间存在着"削价竞销",但情况不算严重。这主要因为匈牙利的旅游企业有较强的专业化特征,各企业间有自然明确的分工。

匈牙利政府管理的是集团公司,而不是管理经营具体业务的旅游企业,因此政府的管理难度较小。在匈牙利新建立旅游企业主要由公司负责投资,而不是政府部门,通常公司投资的成功率较高,即使投资失败,旅游行政机构也不用承担风险。这可能是匈牙利旅游企业的规模和结构较为合理的原因之一。

3.2.2.5 新加坡、泰国、菲律宾

新加坡、泰国、菲律宾三国都处于东南亚,都是亚热带气候,除此之外,国情则有很大的不同,但三国的旅游业都在迅速发展,成为国民经济中的重要产业,其中的共同点正是它们都注重扬长避短,大力发展旅游业,适应市场需求,具有强大的市场开拓能力,从而具有鲜明的特点和吸引力。就旅游管理方面,三国具有以下特点。

①政府实行集中管理是三国的共同点,新加坡是弹丸之地,所以只实行一级管理,由国家旅游促进局直接进行。菲律宾国土面积近 30 万平方千米,泰国 50 多万平方千米,其他政府部门的行政组织都是三级、四级,旅游业只实行两级管理体制,而且是采取地方不设旅游局,由国家直接设立大区办事处的集中性管理方式。泰国在全国设立了 9 个大区办事处,并准备在今后几年内再逐步增设 7 个;菲律宾设 14 个大区办事处。从职能来看,三国中央及旅游机构的主要职能是制定发展规划,执行发展政策,统一负责海外推销,审查并批准旅游企业的兴办,考察并颁发导游证书,负责重点旅游项目的开发等。泰、菲两国大区办事处的行政级别均相当于司一级,其主要职能是协调与地方政府的关系,组织地方的旅游开发和大型的旅游活动,制定地方性的市场规则,维护市场秩序。办事处人员较精干,也有较充裕的经费。菲律宾碧瑶市办事处仅 12 人,一年活动经费却有 60 万美元。地方政府在旅游管理方面的职能则主要是改善环境。由于企业基本上都是私营企

业,所以只要企业发展了,地方政府税收就增加,大区办事处对于促进旅游企业的发展有直接的作用。因此,地方政府一般是尽力团结帮助大区办事处的工作,双方利益一致,管理集中而有效。

②全国旅游发展统一规划,分类实施。新加坡旅游局曾针对 1983 年出现的负增长局面成立了产品开发部,确立了"神奇的东方、殖民地文化、热带天堂、花园城市和国际活动中心"五个方面的重点,向重点产品倾斜投资,统一组织,逐步实施,与城市建设局等机构联合制定开发计划。泰国、菲律宾则是在统一规划下,确定地区重点,投资向重点地区倾斜,促进发展,但也产生各地争投资的现象,为此旅游部门制定综合性的投资标准,只有全面符合标准,才能投资。国家对旅游发展采取了各种各样的扶持政策,包括两个层次:一是"以旅游养旅游的发展政策",各国旅游局都有一些拥有所有权的企业;二是给旅游发展提供包括税收在内的各种资金渠道。

③国家直接投资大型基础项目。在市场管理方面,政府不干预企业的经营,只是制定规则,维护秩序。投资采用定点方式,经旅游部门批准的定点企业,可以列入对外宣传名录。在菲律宾,包括一些公共厕所也设立了定点标志。除经营秩序之外,还要负责维持游览区、点的秩序,泰国旅游局专门设立了 800 人的旅游警察编制,由旅游部门直接领导,目前已配备了 400 人,旅游警察拥有拘捕不法分子的权力,效率很高,一个旅游警察署要负责几个大区。

④三国都具有灵活的市场机制,这是三国旅游业发展的基础。即使政府所有的旅游企业,通常也是委托私人经营。旅游企业除接受政府的法律法规约束外,只承认经济法则,企业之间的横向关系主要依靠市场机制自然协调,市场秩序井然。

3.3　深化我国旅游管理体制改革的思考

3.3.1　我国旅游管理体制传统模式评价

我国在旅游行业管理体系建设方面基本上还是延续传统的部门管理模式,即各级旅游局作为行业主管部门负责不同级别的旅游行政管理工作。在旅游基本法尚未出台的情况下,主要通过各种条例、管理办法、政府规章等规范旅游市场,管理旅游企业。但是这种体制的建设极不完善,致使许多地方的旅游管理出现空白和缺位。

旅游产业具有综合性、广泛性、高关联性的特性,旅游行业管理必定成为跨行业、跨部门、协调性的管理。但是我国旅游行业管理的主体主要是各级旅游局,由于旅游局管理职能的局限性,使得旅游行业管理多年来缺乏全面性、权威性,致使旅游产业发展所依赖的许多资源和旅游产业内部的许多要素都游离于旅游行业管理之外,形成了"大行业,小管理"的局面。正是由于管理体制存在着先天不足,导致旅游管理的范围和权限出现了明显的"有限性"特征,在管理行为下则表现为"被动性缺位",旅游管理部门对许多相关领域无法实施有效的管理与监督。如对旅游度假区审批权、管理权、规划权的丧失。旅游度假区是旅游业的核心要素之一,本应是旅游管理部门最直接的管理范围,但在许多省份,旅游度假区的审批、管理和规划权等却属于城建部门;对旅游娱乐设施建设、城市夜生活管理等无权过问,但这些领域对搞活地方旅游业关系重大。目前,在旅游产业体系中,只有对旅行社这个旅游行业的"直属"领域的管理相对规范,管理到位,而其他一些领域旅游管理部门实际很难实施有效的管理与监督。

作为综合性产业,旅游业发展依托的是大量的社会资源。这些资源分布在许多领域,旅游业也因此涉及国民经济体系中的几十个部门,这种强关联性势必要求旅游管理具有较广的覆盖面,但在传统的部门管理模式下,旅游资源的管理权被强制性地归属到多达 12 个不同的政府部门,包括建设、林业、水利、环保、文化、文物、宗教、海洋、地质、旅游等。多部门管理造成了资源分散管理、条块分割、政出多门,使资源管理极为混乱,管理空白、管理缺位、管理越位的现象都不同程度地存在,加上利益关系、部门和地方保护主义的影响,使许多资源被人为分割,妨碍了对资源的保护、合理开发和整合利用,大大降低了旅游资源的使用价值,使得地方旅游业的整体竞争力下降,行业宏观管理失衡。

3.3.2 我国旅游管理体制改革的意义

回顾旅游业的成长历程,其每一次大的进步都与旅游管理体制的改革分不开,旅游管理体制改革是旅游产业发展的制度动力,而旅游产业的发展又促进了旅游管理体制的改革。1992 年以来是我国旅游业突飞猛进的发展时期。20 世纪90 年代以后的快速发展既与宏观经济发展的背景有关,也得益于旅游管理体制改革的不断深化和宏观产业政策的支持。20 世纪 80 年代中后期在政府主导型发展战略的带动下,旅游环境在 90 年代已得到了明显的改善,国家旅游投资政策的改变,加快了旅游设施的建设,解决了供给不足的问题,政企分开。企业承包责任制的实施以及现代企业制度的确立,调动了旅游企业的积极性,提高了旅游接待水平和服务质量,更好地满足了旅游者的需要;旅游业经济功能的不断强化,旅游行业管理宏观调控能力的增强,国家产业政策的扶持,调动了各方面发展旅游业的积极性。这些无疑给 20 世纪 90 年代以后的中国旅游产业的发展注入了活力,促进了旅游产业的飞跃。而旅游产业的快速发展又对旅游管理体制的变革提出了新的要求,管理体制如果不能对此做出快速的反应和调整,产业发展和管理体制之间就会出现新问题、新矛盾,管理体制的变革落后就会成为产业发展的瓶颈,制约其更快的发展。目前我国旅游业快速发展与旅游管理体制改革严重滞后的矛盾依然存在,甚至更加突出,而旅游管理体制改革滞后所造成的旅游管理的"被动性缺位"直接影响到旅游业的规范和健康发展。

3.3.3　旅游管理体制改革的总体目标

我国旅游管理体制改革总体目标是从国家和地方旅游事业全行业的发展需要出发,贯彻国家旅游事业发展的方针政策,协调各方面的关系,整顿市场秩序,维护旅游行业整体利益和旅游行业形象,提高旅游业全行业管理水平。具体表现在以下方面。

①根据旅游战略规划和实际需要,借鉴经济发达国家旅游督理组织的先进经验和成功做法,制定行业管理方针政策,法规条例,以此作为行业管理的依据,并组织贯彻实施。

②建立健全行业管理领导机构。根据地方旅游发展实际需要,明确行业管理职责范围,在分工合作的原则下明确任务。行业管理机构要加强与各级各类旅游企业的联系,协调好各方面的关系.采取各种具体措施,做好行业管理的组织工作。

③直接或会同有关部门,处理违反行业管理规定、破坏旅游秩序、敲诈旅游者或其他违法乱纪的有关单位或人员的事件,维护旅游业整体形象。

3.3.4　我国旅游管理体制的趋势

建立有效的旅游管理体制,必须要从旅游业的产业特征去考虑。现代旅游已是一种"大旅游"、"大产业"的概念。旅游管理体制的建立与改革作为一种制度的变迁,必须与旅游业的这一基本特征相对应.建立一套能够全方位协调、统筹旅游供给体系的管理机制。我国现行旅游行业管理制度是适应我国特殊的旅游发展道路,在经济转型背景下建立起来的。随着市场经济体制的不断建立和完善及经济体制改革不断深化,特别是在被誉为"世界行政法典"的 WTO 规则约束下,我国各级旅游行业管理部门必须从管理旅游经济微观环节中抽身出来,发挥市场在资源配置中的基础作用,把行政管理的职能集中指向宏观调控、社会服务和公共管理,真正实现"小政府,大市场"。

3.3.4.1　旅游管理体制改革的宏观方面

(1)提高认识,加强管理体制

作为一级政府管理旅游业的主管部门,要充分发挥其政府职能机构的作用,必须进一步理顺管理体制,按照统一领导、分级管理的原则,建立、健全各级政府旅游机构,提高其地位,加强其权威性。

①各省、各自治区、直辖市、计划单列市和重点旅游城市,都应该设立旅游委员会,发挥规划、协调、组织作用。

②作为一级政府的旅游主管部门——旅游局应列入政府单列,单独建制,在政治、经济待遇上享受同级政府其他职能主管部门的待遇,如经费、权限等。

③至于市、县旅游局是否要单设,鉴于各地旅游业发展水平不尽相同,应视当地国际国内旅游发展的状况而定,有的单设,有的可与当地政府其他部门合署办公,但同时应具有一级政府的职能部门的地位和管理旅游全行业的权威。

(2)转变管理职能是当务之急

行业化管理是针对部门管理而言的,作为政府旅游主管部门,行使的是政府职能,代表各级政府管理全国及本地区的旅游业,要解决行业管理问题,则必须转变旅游局的管理职能。

①政企分开是根本。国家旅游局是1983年开始实行政企分开的;1987年把面向全行业管理作为经济体制改革的方向,工作重点转移到研究发展规划、研究制定方针政策、加强宏观管理上来;1988年经国务院批准的三定方案(定职能、定人员、定编制)确定了政企分开和精简、统一、效能的原则,转变职能,加强对旅游全行业的政策指导和宏观控制的指导方针,并相应调整了机构,加强了宏观协调、控制职能。省一级旅游局经济体制改革,也相应加强了机构建设,以适应宏观管理和行业管理的需要。

②加速管理职能转变进程。在两种职能并存的过渡时期,既要发挥政府职能的权威性,又要加强对旅游全行业的管理,必须采用积极稳妥的步骤和切实的措施解决好两个关系,才能起到相辅相成的作用。

第一,旅游局对旅游经营单位应实施宏观管理、微观调控,而不是企业经营活动组织者,更不能直接干预经营活动。应逐渐实现所有权和经营权分离,放权给企业,让它们以企业法人身份,走自主经营、自负盈亏之路,充分发挥企业在市场竞争中的活力。

第二,处理好与非本部门系统企业的关系。国务院曾规定:旅游经营单位要按照历史关系和行业归口关系,建立双重计划统计和考核管理制度。就是说:"各级各类旅游企业的人、财、物由企业归属部门负责领导、管理和协调。"因此,这既解决了旅游主管部门所属经营单位的领导和管理问题,又解决了非隶属部门所属经营单位的领导和管理问题,只有如此才可能真正实现政府旅游主管部门管理职能的彻底转变,由更多的微观管理转到宏观管理上来,由运用直接管理手段转到用经济、行政及法律手段进行宏观调控和间接管理,由管理本系统部门彻底转到管理旅游全行业上来,这才能真正发挥职能管理部门的权威性,也才能真正加强对全行业的管理。

(3)充分发挥行业组织的作用

行业协会是由同业经营者基于共同利益的需要实行联合的非营利性民间组织。在市场经济条件下,旅游行业协会这一非官方的民间组织是管理体制中极为重要的辅助成分。不少旅游业发达国家的成功经验之一,便是很好地利用和充分发挥了行业协会的作用。旅游行业协会没有经济利益诉求,相对超脱和公正,可以起到公平公开地协调买卖双方利益的作用。虽然我国旅游行业协会的"官方"

色彩比较浓重,但有效发挥行业协会的职能、实施全行业的间接管理是体制改革的必然趋势。政府部门要为旅游行业协会提供更大的发展空间,扶持其健康发展,使旅游行业协会中介组织的作用在旅游市场发展中得到充分发挥。

旅游协会的主要职能包括:作为政府和企业之间沟通的桥梁;协调会员间的相互关系,发挥行业自律作用,制定行业自律公约;向会员提供国内外本行业的有关信息和咨询服务;开展业务培训,加强对外交流与合作。一些涉及行业标准的事宜,如饭店星级评定、导游员资格认定等,应逐步交由行业协会来负责,而不再是旅游管理部门的职能。

(4)旅游管理的制度化、法制化因素逐步增强

依法行政是社会发展的大趋势,对于像旅游产业这样的综合性产业而言,法制化和制度化管理更是理想的手段和途径。我国的《旅游法》已酝酿讨论了多年,因其涉及的领域部门太多一直被搁置,但《旅游法》的出台只是时间问题,旅游管理走向法制化、制度化是历史的必然。

3.3.4.2　旅游管理体制改革的微观方面

旅游管理体制改革微观方面主要是旅游企业制度的改革。这主要需要解决两个问题:一是旅游企业所有制形式问题;二是旅游企业的经营形式问题。前者是后者的基础,只有旅游企业的所有制问题解决好了,企业的经营形式才有可能得到根本解决,但是,企业所有制形式问题解决了,并不意味着企业经营形式问题一定能够得到解决。如果一部分旅游企业明确为私人所有,私营企业自然会选择自认为最佳的经营形式,政府不必管得太多,当然,旅游行政部门给予信息、政策咨询等方面的服务支持仍然是必要的。因此,旅游企业经营形式问题又主要是国有旅游企业经营形式选择问题,这是目前旅游行政管理部门关注的焦点。因为国家是投资的主体,旅游行政管理部门作为国有资产的代理人,必须关心国有资产的保值增值。只有旅游企业的经营形式选择得当,才可能使企业的经营业绩良好,从而实现国有资产保值增值的目的,对于集体所有企业,也应当解决历史遗留问题,努力做到产权清晰。

改革开放以来,国有企业改革经历了较长时间的探索。20 世纪 70 年代末实行扩大企业经营自主权,80 年代实行改税、承包经营,90 年代初进行企业经营机制的转换。1992 年的中共十四届三中全会提出了建立现代企业制度的目标。国有企业的改革跨入新的历史阶段,国有大中型企业要建立现代企业制度,实施大公司大集团的发展战略;国有小型企业要加快放开搞好搞活。

根据我国经济改革的目标和旅游业的特点,旅游企业经营管理体制的理想模式可以概括为:现代企业制度和企业集团化。旅游企业要建立现代企业制度并实行集团化经营,这是由旅游产业的特点决定的。由于单项旅游产品以一定地域内的自然景观和人文景观为依托,既难以移动,也不能替代,若按某条线路或某种方

式将各单项旅游产品组合起来,必然要跨越地域障碍。旅游活动是一项综合性的消费活动,集吃、住、行、游、购、娱为一体,若要满足旅游者的各种需求,众多行业或部门必须联合起来,冲破行业或部门的界限。以上两点决定了旅游业必然是一个社会化、市场化程度较高的综合性产业,也决定了旅游企业必须建立现代企业制度并实行集团化。

现代企业制度主要指产权明晰、责权利相统一、自主经营、自负盈亏,充满生机和活力,运行科学规范的股份制企业或股份公司,它们是现代企业制度的基本模式。旅游企业特别是大中型国有旅游企业,应积极实行股份制改造,逐步建立股份公司式的现代企业制度。随着旅游经济活动的迅猛发展,旅游业的竞争日趋激烈,旅游企业的集团化趋势在我国也日益明显。上海锦江集团公司和华亭集团公司、北京旅游集团公司、陕西旅游集团公司等旅游企业集团已先后组建。这些旅游企业集团一般是以骨干企业为核心,以财产关系为纽带,通过生产要素的联合,逐步吸附其他企业,进而形成资产雄厚、操作规范、分工明确、各种要素优化配置、极具竞争力的大型旅游企业集团。

组建大型旅游企业集团具有以下三个方面的意义。

第一,确定了旅游业的支柱地位。大型旅游企业集团规模巨大、资产雄厚、产业链完备、综合实力强,它的运行必将带动旅游业乃至整个国民经济的发展。

第二,奠定了大产业的基础。中小型企业大多分属各地区、各部门,产品开发和市场竞争的能力普遍不强,经营管理水平也比较低。大型旅游企业集团在大范围内重组旅游业资产,把众多中小型旅游企业联合起来,从根本上改变了我国旅游企业地区所有、部门所有的状况。

第三,促成了大旅游的格局。大型旅游企业集团改变了旅游业以旅行社、饭店为主的狭隘模式,把各相关行业或部门紧密结合在一起,融吃、住、行、游、购、娱为一体,极大地优化了旅游产业结构,增强了旅游业的吸引力和竞争力。我们相信,随着社会主义市场经济体制的建立和完善,我国旅游企业的股份制和集团化进程一定能够顺利完成。

3.4 国际国内旅游机构

3.4.1 国际旅游机构

随着旅游业的不断发展,一些国际性的旅游组织纷纷成立。据不完全统计,目前已注册并积极开展工作的有关国际旅游组织、区域性和次区域性旅游合作组织,以及与旅游有关的政府间组织和民间组织等已超过 200 家,其中在国际旅游发展中起决定性和核心作用的主要世界旅游组织(WTO)、世界旅行社协会联合会(UFAA)、国际旅馆协会、亚太旅行协会(DATA)等。

(1)世界旅游组织

世界旅游组织成立于 1975 年 1 月 2 日,是一个政府间的国际组织,前身是国际官方旅游组。联合会,总部设在西班牙马德里。世界旅游组织章程规定,世界旅游组织的宗旨是:"促进和发展旅游事业,为经济发展、国际上的相互了解、和平与繁荣、尊重人权和不分种族、性别、语言及宗教信仰的人类基本自由作贡献。"

世界旅游组织的最高权力机构是世界旅游组织大会,每两年举行一次。世界旅游组织的领导机构是执行委员会,负责处理日常行政和技术问题。

为了有利于大会的决议和建议付诸实施,大会决定组织下设 6 个地区委员会,即非洲委员会、美洲委员会、东亚和太平洋地区委员会、欧洲委员会、中东地区委员会和南亚地区委员会。各地区委员会也设主席和两个副主席,由选举产生,2年一届。其基本工作任务包括以下几方面。

①援助发展中国家发展旅游事业。对 130 个国家的近 500 项旅游计划提供了援助。其援助的项目包括旅游发展战略规划、物质技术与干部保障、制定和落实旅游计划、职业培训和干部训练等。

②促进各成员国旅游教育的发展。

③解决同旅游者和旅游项目有关的安全保障以及简化旅游有关手续问题,促进世界经济和政治一体化进程。

④促进旅游电子技术的发展,收集整理和传播旅游统计资料,建立协调和简化有关旅游信息交流手续的长久机制。

⑤每年举行一次世界旅游组织成员国纪念世界旅游日活动,并由世界旅游组织秘书长为每年的世界旅游日提出一个宣传口号,以突出宣传旅游在当代社会的地位和作用。

⑥组织召开世界旅游会议。世界旅游组织的会员分正式成员、联系成员和附属成员三种。正式成员必须是主权国家,其资格必须经世界旅游组织大会上2/3以上的多数票通过。目前共有正式成员 106 个。联系成员系各非主权国及其集团,其政府无权实施自己的对外关系活动,如果实施对外关系活动,须事先征得各成员国的同意。目前有联系成员 4 个。附属成员均为"与旅游有关的国际官方和民间组织及商业组织和协会。其活动是追随世界旅游组织的宗旨及其活动"。目前共有附属成员 150 多个。梵蒂冈是获得大会通过的世界旅游组织常务观察员的唯一代表。

(2)世界旅行社协会联合会

世界旅行社协会联合会于 1966 年 11 月 22 日在罗马成立,由国际旅行社联合会和世界旅行社协会组织合并而成。该组织是国际性的民间组织,已根据法国和比利时的法律注册登记。目前会址在比利时的布鲁塞尔,该联合会的宗旨是对国家级的旅游协会,其他旅游局、旅行社联合会或旅游联盟给予职业上的指导和技术上的援助,尽一切努力联合、巩固和发展这些组织,代表国际旅行社和旅游业的各种利益,并从这一职业在整个旅游经济结构中(主要是经济、法律和社会方面)所起的作用出发,最大限度地维护这一职业的声誉。

根据章程规定,世界旅行社协会联合会的领导机关是大会理事会和执行委员会。其工作任务是:同其他国际组织建立联络和发展合作关系,就旅行社活动的有关问题达成协议和签订公约;就自动化、旅馆经营、航空运输、海洋运输、铁路和公路运输等问题协调工作组的活动;向联合会会员提供所有专业方面的有关信息。向已注册的个别旅行社提供服务,帮助旅行社运用法律手段解决一些重大问题;根据世界旅行社协会联合会会员的要求,提供有关旅行社支付能力的机密信息,组织学习班,为旅行社培训干部和积极开展保险业务活动。

(3)国际旅馆协会

国际旅馆协会于 1946 年 3 月 18 日在伦教成立。该协会是在国际旅馆工作人员协会和国际旅馆联合会合并的基础上创建的,1949 年 9 月在法国登记注册,会址在法国巴黎。国际旅馆协会的宗旨是发展世界各国国家旅馆协会之间的关系,维护本协会会员的个人和本行业的利益,研究国际旅馆业和国际旅游业的管理、国际金融结算、保险货币兑换、改善全体工作人员的工作条件、建立业务评估制度等有关的活动,收集和交流信息与参考资料,提供商业信息。

国际旅馆协会的领导机关和管理机关是大会执行委员会和理事会。1979 年国际旅馆协会与世界旅行社协会联合会成立联合委员会,同时在联合国经济和社会理事会、国际劳工组织、美洲国家组织、欧洲委员会中有咨询地位,并为世界旅游组织附属成员。

(4)亚太旅行协会

亚太旅行协会于 1951 年 1 月在美国植香山成立,为"太平洋临时旅游协会",1953 年 3 月改为"太平洋地区旅游协会",1986 年改今名。该协会的宗旨是制定措施,宣传和促进发展本协会会员国的旅游事业,加强会员国之间的旅游业务联系,召开国际会议,交流国际旅游联系和旅游工作的经验,保障旅游和运输部门的工作协调,在组织广告、制定规划和完善旅游企业及服务行业管理方面对本协会会员国给予实际援助,开展统计和研究工作,分析和研究市场行情,促进合作,简化各种旅游手续,发展本地区国家间的业务和文化联系。

3.4.2　国内旅游机构

国内旅游机构除各省、市、自治区设立旅游局作为管理旅游业专门机构外,还设立了中国旅游协会、中国旅行社协会、中国旅游饭店协会和中国旅游车船协会四个全国性行业组织及 50 多个地方行业组织。

(1)中国旅游协会

中国旅游协会(China Tourism Association,CTA),是由中国旅游行业的有关社团组织和企事业单位在平等自愿基础上组成的全国综合性旅游行业协会,具有独立的社团法人资格。它是 1986 年 1 月 30 日经国务院批准正式宣布成立的第一个旅游全行业组织,1999 年 3 月 24 日经民政部核准重新登记。协会接受国家旅游局的领导、民政部的业务指导和监督管理。其宗旨是遵照国家的宪法、法律、法规和有关政策,代表和维护全行业的共同利益和会员的合法权益,开展活动,为会员服务,为行业服务,为政府服务,在政府和会员之间发挥桥梁纽带作用,促进我国旅游业的持续、快速、健康发展。其主要任务是:

①对旅游发展战略、旅游管理体制、国内外旅游市场的发展态势等进行调研,向国家旅游行政主管部门提出意见和建议。

②向业务主管部门反映会员的愿望和要求,向会员宣传政府的有关政策、法律、法规并协助贯彻执行。

③组织会员订立行规行约并监督遵守,维护旅游市场秩序。

④协助业务主管部门建立旅游信息网络,搞好质量管理工作,并接受委托,开展规划咨询、职工培训,组织技术交流、举办展览、抽样调查、安全检查,以及对旅游专业协会进行业务指导。

⑤开展对外交流与合作。

⑥编辑出版有关资料、刊物,传播旅游信息和研究成果。

⑦承办业务主管部门委托的其他工作。

中国旅游协会根据工作需要设立了 5 个分会和专业委员会,分别进行有关的专业活动。即旅游城市分会、旅游区(点)分会、旅游教育分会、妇女旅游委员会和旅游商品及装备专业委员会。在中国旅游协会指导下,有四个相对独立开展工作的专业协会:中国旅行社协会、中国旅游饭店协会、中国旅游车船协会和中国旅游报刊协会。中国旅游协会成立以来,根据章程规定的任务,积极开展了有关旅游体制改革、加强旅游行业管理、提高旅游经济效益和服务质量等方面的调研工作;支持地方建立了旅游行业组织,提供咨询服务;与一些国家和地区的旅游行业机构建立了友好关系,同时还先后加入了世界旅行社协会联合会(UFTAA)及其所属亚太地区联盟(UAPA)、美国旅行商协会(ASTA),发展与国际民间旅游组织的联系与合作,扩大了对外影响;编辑出版了不少旅游书刊,适应国内外旅游者之需。

(2)中国旅行社协会

中国旅行社协会(China Association of Travel Services,CATS)成立于 1997 年 10 月,是由中国境内的旅行社、各地区性旅行社协会或其他同类协会等单位,按照平等自愿的原则结成的全国旅行社行业的专业性协会,是经中华人民共和国民政部正式登记注册的全国性社团组织,具有独立的社团法人资格。协会接受国家旅游局的领导、民政部的监督管理和中国旅游协会的业务指导。协会会址设在中国首都北京市。协会的宗旨是:遵守国家的宪法、法律、法规和有关政策,遵守社会道德风尚,代表和维护旅行社行业的共同利益和会员的合法权益,努力为会员服务,为行业服务,在政府和会员之间发挥桥梁和纽带作用,为中国旅行社行业的健康发展做出积极贡献。协会的主要任务是:宣传贯彻国家旅游业的发展方针和旅行社行业的政策法规;总结交流旅行社的工作经验,开展与旅行社行业相关的调研,为旅行社行业的发展提出积极并切实可行的建议;向主管单位及有关单位反映会员的愿望和要求,为会员提供法律咨询服务,保护会员的共同利益,维护会员的合法权益;制定行规行约,发挥行业自律作用,督促会员单位提高经营管理水平和接待服务质量,维护旅游行业的市场经营秩序;加强会员之间的交流与合作,组织开展各项培训、学习、研讨、交流和考察等活动,加强与行业内外的有关组织、社团的联系、协调与合作;开展与海外旅行社协会及相关行业组织之间的交流与合作;编印会刊和信息资料,为会员提供信息服务。

(3)中国旅游饭店协会

中国旅游饭店协会于 1986 年 2 月 25 日成立,是一个由旅游饭店及与其密切相关的单位组成的行业性组织,具有社会团体法人地位。其宗旨是:在国家的有关法律法规范围内,为会员服务,维护会员的合法权益;在会员和政府部门之间发挥桥梁纽带作用,向政府反映会员的愿望与要求,接受政府委托办理的事宜。其具体任务是:协调会员饭店之间的关系,维护会员饭店的合法权益;研究总结交流饭店经营管理的经验,组织业务培训,提高会员饭店人员的业务水平;提供饭店经营管理和设施信息诸方面的咨询服务;组织与国外饭店业之间的经验交流与合作;向政府有关部门提出建议,承办政府部门委托办理的事宜,组织出版协会刊物。

(4)中国旅游车船协会

中国旅游车船协会于 1988 年 10 月成立。当时名为中国旅游汽车联合会,1989 年 12 月改为现名。它是在国家旅游局指导下,由全国各地的旅游车船企业自愿组成的联合组织。协会的宗旨是:坚持四项基本原则,贯彻党和国家有关改革开放、搞活的方针政策,加强对旅游车船行业的理论研究和经验交流,组织旅游车船行业在信息、人才、物资诸方面的协作,促进我国旅游车船事业的改革与发展,更好地为旅游事业服务。其主要活动和任务是:传达贯彻党和政府关于旅游车船行业的方针、政策,向政府反映企业的愿望与要求,成为政府与企业沟通的纽带与桥梁,研究和探讨在改革开放搞活的新形势下旅游车船行业的经济体制改革理论、途径和方法,提高企业经营管理水平和社会经济效益,增强企业自我生存、自我发展、自我约束的能力,开展企业间的信息交流和咨询服务,组织职工培训,学习和引进国内外先进的管理思想和技术,增强全行业的联系,提高全行业的素质;代表企业会同有关部门同国内外车船制造厂商和车船配件厂商磋商,组织有关配件的供应和调剂,同时发展旅游行业自己的车船配件生产;酝酿组织旅游城市之间的联运网络,在促成企业之间的投资、开办一些为全行业所需要的多种经营的经济实体等方面起到组织和协调作用,促进企业逐步走向经济上的相互协调和联合。

第4章 旅游规划管理

旅游规划是实现旅游可持续发展的基本保障,是对旅游资源进行合理开发利用的依据。因此,旅游规划必须纳入旅游管理。

4.1 旅游规划概述

4.1.1 旅游规划的界定与分类

(1)旅游规划的界定

旅游规划是指在旅游资源调查评价的基础上,针对旅游资源的属性、特色和旅游地的发展规律,根据社会、经济和文化发展趋势,对旅游资源进行总体布局、项目技术方案设计和具体实施。旅游规划是提高旅游资源吸引力的必要手段,是形成良好旅游目的地的有效途径,是促进旅游业三大效益协调发展的重要保证,是推动旅游业可持续发展的有力措施。

(2)旅游规划的分类

旅游规划按照不同的标准可以被分为以下几类。

①按时空二维尺度分类。空间尺度分类。就空间范围与规模而言,旅游规划可分为国际协调规划、国家全面规划、区域综合规划、旅游地或旅游景点综合规划等。

时间尺度分类。就时间阶段和内容而言,可以将旅游规划划分为短期规划(1~2 年)、中期规划(3~6 年)及长期规划(10~25 年)。

②按内容和层次分类。规划内容可分为两大类,一类是旅游综合规划;另一类是旅游专题规划。

旅游综合规划是一个区域的规划概念,它指按照国家和地方旅游业发展纲要精神,结合国家旅游产业布局的要求,提出合理开发利用区域内旅游资源,促进旅游业可持续发展的总体设想;专题规划又称为部门规划,是在区域旅游综合规划的基本思想的指导下,针对旅游开发过程中的各个部门而提出的专题计划,主要是基础设施建设计划。

③按技术方法分类。按技术方法可以分为旅游发展规划和旅游区规划两大类。旅游发展规划是根据旅游业的历史、现状和市场要素的变化所制定的目标体系,以及为实现目标体系在特定的发展条件下对旅游发展的要素所做的安排;旅游区规划是指为了保护、开发、利用和经营管理旅游区,使其发挥多种功能和作用

而进行的各项旅游要素的统筹部署和具体安排。旅游区规划按层次分为总体规划、控制性详细规划、修建性详细规划等。

4.1.2　旅游规划与其他规划的关系

（1）旅游规划与城市规划

旅游规划与城市规划的关系应该是相互协调、互为补充的，一般旅游城市的规划更应该在制定城市的功能定位和城市的功能分区时，与旅游学者进行充分探讨，只有这样才能保证城市的功能得到最大限度的发挥。事实上，城市规划和旅游业发展规划是统一的，只不过城市规划具有更强的系统性和综合性，而旅游规划是城市规划的一个方面。

（2）旅游规划与社会经济发展规划

旅游规划是区域社会经济发展规划的一个重要组成部分。两者的不同之处在于社会经济发展规划是从区域社会经济发展的目标、发展预测和发展方针的制定方面约束区域发展的；而旅游规划则是从中观和微观的角度揭示区域内旅游发展的内在规律，并研究制定相应的旅游发展目标、旅游发展趋势预测以及旅游发展战略研究，并对旅游发展过程中的旅游资源开发与保护、旅游基础设施建设、旅游服务质量保证体系、人力资源开发保障等内容进行规划。

（3）旅游规划与区域规划

区域规划是指特定区域的宏观综合性规划，其规划的主要内容是对人口的居住区、工业区、农业区以及第三产业的分布进行总体布局，此外，还要对国土的整治和综合利用进行规划，旅游规划与不同等级的区域规划之间的关系就像其他的专项规划与区域规划的关系一样，是对区域规划的充实与深化。

（4）旅游规划与项目开发规划

项目开发规划是一种现实性较强的规划类型，它的形式可以有很多种，常见的有旅游线路规划、项目建设可行性研究、旅游区修建性详规等。旅游规划与项目开发规划是相对的宏观和微观的关系。

4.1.3　旅游规划的基本要素

旅游规划的基本要素主要包括规划范围、规划依据和原则、当地的自然状况、旅游资源状况和评价、客源市场分析、旅游环境保护、交通规划、项目规划、基础设施规划、投入与产出分析、规划图件等。

（1）规划范围

规划范围包括被规划区的占地面积和边界、规划范围的大小等。

（2）规划依据和原则

规划依据包括中央及地方制定的各种有关的法律、政策、决定，特别是与该地区主要旅游开发规划有关的政策，规划者应充分考虑中央和地方政府的有关要求,最后确定规划原则,一般有环保原则、特色原则、协调原则、效益原则等。

(3)当地的自然状况与社会状况

自然状况包括当地的自然条件、环境质量、自然灾害、气候、植被等。社会状况包括历史变革、民族成分、社会经济、民风民俗等。应对最主要的特征部分加以详细的阐述,甚至在某些方面提供非常具体的材料。社会状况还包括同行业的状况,旅游开发规划应考虑本地正在兴建或已经建成的项目经营状况,包括基础设施的档次、规模、安全性、方便性、服务水平的高低,便于分析将来可能出现的竞争情况。

(4)旅游资源状况和评价

分析评估旅游资源的种类、数量和分布等,从而确定当地旅游资源的优势以及开发方向、开发顺序。这也是旅游开发规划的基础。若当地旅游资源的开发有一定的基础设施,通常是从旅游资源开发的角度进行评价,若没有一定的基础设施,通常是从旅游资源的角度进行评价.否则评价的结果将出现差错。

(5)客源市场分析

根据旅游资源的特点、旅游项目创意和对旅游业竞争态势的分析,明确该旅游项目的主要客源市场,包括客源市场范围、客源地、客源规模及结构和消费水平。客源地、客源市场的分析将直接涉及旅游接待设施和旅游服务项目规划,同时对旅游项目创意产生影响,所以有时必须根据客源市场分析对各个方面做出必要的调整。

(6)旅游环境保护

环境保护是当今世界发展的主题。投资任何项目,生产任何产品,也只有和环境保护联系起来才有持久的生命力。旅游开发规划时注意环境保护,不仅可以保护当地的旅游,资源,提高其价值、品位及吸引力,而且可以实现旅游业的可持续发展。环境保护的一项具体内容是要做好绿化规划。

(7)交通规划

交通规划包括对外交通系统和区内交通系统。对外交通系统规划一般依靠原有的交通条件,故其不是规划的重点,但应保证游客在景区能够"进得来,散得开,出得去"。区内交通系统规划包括游览线路布局和交通方式。景区的游览线路应避免平直、走垂直路线,要充分利用小山、河流等景物,使道路适当弯曲,让游客获得移步换景的感觉。交通方式要力争多样化,并互相配合,步行道、登山道、索道、缆车、游船、自行车等方式均可以采用,让游客有尽可能多的选择余地。

(8)项目规划

项目规划一般包括创意项目规划、服务项目规划。创意项目要根据本地旅游资源状况、客源市场预测、旅游业竞争态势、规划原则和规划目标等,明确旅游规划方向,突出地区旅游特色,避免重复建设。然后对能够充分发挥资源优势的旅游项目进行重点规划创意,使旅游项目集观赏性、参与性、娱乐性于一体,提高其文化品位。服务项目规划其服务种类应当丰富多样,具有地方民族特色,给游客留下深刻的印象。

(9)基础设施规划

旅游地的基础设施,如生活和商品供应、供电、邮电通信、医疗卫生等,其配套要同旅游地性质相一致。另外,建筑在式样上也应独具特色,布局合理,防止旅游区建设出现城市化的倾向。

(10)投入与产出分析

旅游资源开发规划效益分析包括社会效益、经济效益和生态环境效益分析,其中最重要的是经济效益的分析,即旅游资源开发的投入产出分析。

(11)规划图件

规划图件一般包括区位及客源、市场分析图、旅游资源分布图、旅游景点分布图、综合规划图、旅游交通规划图、绿化规划图及景观视线效果图等。

4.2 旅游规划的内容

旅游规划包含的内容较多,本节仅介绍一些重要问题,如旅游资源调查与评价、旅游规划的主题定位、旅游功能分区与旅游线路设计、旅游项目创意设计、旅游市场分析与营销对策等。

4.2.1 旅游资源的调查与评价

(1)旅游资源调查的目的

旅游资源调查是旅游规划与开发工作的基础,所以旅游资源调查主要是围绕旅游业发展的需求,为了查明可供利用的旅游资源状况,系统全面地调查地域内旅游资源赋存数量、空间分布、等级质量、特色、吸引力、类型等要素,为旅游资源的综合评价、旅游资源的规划与开发、旅游业的发展提供决策依据。

(2)旅游资源调查的内容及类型

旅游资源调查的内容不仅限于旅游资源本身的一些信息,还要对旅游资源、所处的环境状况进行调查。旅游资源的环境调查包括自然环境调查与人文环境调查、旅游资源赋存状况调查。自然环境调查包括调查区的概况、气候条件调查、地质地貌条件、水体环境调查及生物环境调查;人文环境包括历史沿革、经济状况、社会文化环境;旅游资源赋存状况调查包括旅游资源类型调查、旅游资源规模调查、旅游资源组合结构调查、旅游资掘开发现状调查。旅游资源调查的类型按需要解决的问题划分为旅游资源概查、旅游资源普查、旅游资源详查;按调查的不同对象划分为典型调查、重点调查及抽样调查。

(3)旅游资源调查的程序及方法

旅游资源调查是一项摸清家底的工作,是进行旅游资源开发、管理、编制总体规划、旅游业发展规划的基础。其可分成四个阶段。

调查准备阶段,包括组织准备、资料准备、制定计划和仪器准备。野外实地调查阶段,包括确定调查小区和调查线路、选定调查对象、实地调查及填写图表。

室内整理分析阶段,包括调查资料整理、调查图件绘制整理。

编写旅游资源调查报告,包括前言、调查区旅游环境、旅游资源开发历史和现状、旅游资源基本类型、旅游资源评价、旅游资源保护与开发建议、主要参考文献及附图。

旅游资源调查的方法较多,主要包括直接询问法、统计分析法、综合考查法、分类别比法及现代科技分析法。

(4)旅游资源评价的目的和原则

旅游资源评价是指在旅游资源调查的基础上进行的深层次的研究工作,是从合理开发利用和保护旅游资源、以取得最大的社会经济效益的角度出发,采取一定的方法,对一定区域内旅游资源本身的价值及外部开发条件等进行综合评判和鉴定的过程。旅游资源、评价的目的在于:通过对旅游资源的类型、规模、结构、质量、功能和性质的评估,为旅游区的开发和改造提供科学依据;通过对旅游资源规模水平的鉴定,为国家和地区进行旅游资源分级规划和管理提供系统资料和判断对比的标准;通过对区域旅游资源的综合评价,为合理利用旅游资源,发挥整体、宏观效应提供可行性论证,为确定不同旅游地的建设顺序准备条件。

旅游资源、评价的原则主要有客观性原则、科学性原则、系统性原则、效益性原则、市场性原则、动态性原则、可达性原则、稀缺性原则。

(5)旅游资源评价的内容

旅游资源评价包括旅游资源价值评价、开发条件评价。价值评价包括自身特色、美学观赏价值、历史文化价值、科学考察价值、经济社会价值、旅游功能、规模与组合状况。开发条件评价包括区位条件、客源条件、环境条件、投资条件、施工条件等。

4.2.2　旅游规划的主题定位

旅游规划的主题是由三大要素组成的有机体系。其中旅游区的发展目标是根本性的决定因素,是实质性主体;旅游区的功能定位是由发展目标决定的内在功能;旅游区形象定位是发展目标的外在表现。

(1)区域发展目标定位

旅游区发展目标的外延主要包括经济发展目标、居民生活水平目标、社会安定目标、环境与文物保护目标、基础设施发展目标等。从时效上看,旅游区规划与开发的发展目标可以分为总体战略目标和阶段性目标两大类型。如果就旅游业而言,旅游规划和开发的主要目标则是:追求商业利润与经济增长,促进环境保护;而地方政府方面的目标则偏向于增加就业、税收、外汇收入,关注人民生活水平提高及基础设施改善等。目前为旅游规划界所公认的旅游区发展目标为：满足个人需求、提供新奇经历和创造具有吸引力的旅游形象。

（2）区域发展功能定位

一个旅游区的功能是多方面的，其具体功能的确定，同样要综合多方面的因素。区域旅游的功能可分为经济功能、社会功能和生态环境功能。

（3）区域发展形象定位

区域旅游形象定位主要体现在：旅游区的物质景观形象、社会文化景观形象、旅游企业形象。旅游区物质景观形象，是指旅游区所具有的体现旅游形象功能的那些景观，如旅游区的背景景观、旅游区的核心景观和旅游区的城镇建设景观等。社会文化景观形象主要是指当地居民的居住、生产、生活等活动构成目的地的社会文化景观。

主题旅游形象表现为综合性、稳定性、可塑性三大特征。形象定位由主体个性、传达方式和受众认知三要素决定。区域旅游形象塑造通过产品服务、公关宣传及节庆活动等来实现。

4.2.3　旅游功能分区与旅游线路设计

旅游功能分区要突出分区原则，做好集中功能单元，协调功能分区，合理规划活动、视线，保护旅游环境等方面的设计。

旅游功能分区有诸多典型的空间布局模式，主要有环自然风景点或娱乐中心布局模式、环旅馆布局模式、野营地式布局模式、社区旅游吸引物综合体模式、三区结构布局模式及双核布局模式。旅游功能分区模式在这里不作具体介绍，请参考旅游规划学的具体讲解。

"旅游线路"有两个不同含义：一是通俗层次上的提法，指在旅游地或旅游区内游人参观游览所经过的路线，它仅是某种行动的轨迹，仅涉及旅游通道；二是专业层次上的提法，是旅游经营者或旅游管理机构向社会推销的产品。

旅游线路设计一般要把握市场导向、突出主体、行程多样、合理搭配及机动灵活等原则。旅游线路设计程序需考虑四类因素：旅游资源价值、与旅游可进入性密切相关的基础设施、旅游专用设施和旅游成本因素。旅游线路的设计大致可分为四个步骤：确定目标市场的成本因素，它在总体上决定了旅游线路的性质和类型；根据游客的类型和期望确定组成线路内容的旅游资源的基本空间格局；结合前两个步骤的背景材料对相关的旅游基础设施和专用设施进行分析，设计若干可以选择的线路方案；选择最优的旅游线路方案。

4.2.4　旅游项目创意设计

旅游项目是以旅游资源开发为依托，为旅游者提供休闲消遣服务、具有持续旅游吸引力的旅游产品，以实现经济、社会、生态环境效益。这里所指的旅游吸引物是一个广义的概念,它既包括传统意义上的旅游线路、旅游景点,也包括旅游地的节庆活动、文化背景以及旅游地的旅游商品。

旅游项目与旅游资源有着非常密切的依托关系。首先,旅游资源所具有的经济特征是一种潜在的经济性。旅游项目与旅游资源相比,其经济性的特征就更具有较强的现实性。其次,旅游资源所具有的空间特征在旅游项目上的体现也不明显。旅游项目在地域空间上是可以被重复建造的,一地所拥有的旅游项目在另一个地方同样可以见到,著名的主题公园迪士尼在全球范围内的扩张就是一个很好的例子。再次,旅游项目较旅游资源具有更强的文化性特征。旅游项目创意设计受旅游规划者的经验与水平高低、开发商的实力、旅游资源禀赋、旅游市场状况等影响。创意设计重在"创意"二字,必须做到"人无我有,人有我新,人新我转"要有差异。还要考虑因地制宜、综合效应、现实性及一致性原则。

旅游项目创意设计的内容主要有旅游项目的名称、旅游项目的风格、旅游项目所占土地面积以及其地理位置、旅游项目的产品体系。旅游项目创意设计的程序包括旅游开发地的环境分析、旅游资源特色评价、旅游项目的初步构思、旅游项目构思的评价、旅游项目的设计等。

4.2.5　旅游市场分析与营销对策

旅游市场分析和营销策略的制定是旅游规划的重要内容之一,没有市场与营销,旅游开发就没有目标。

做旅游市场分析,首先要做旅游者需求分析,其中包括旅游者的年龄、旅游者的心理、旅游者个人收入水平、旅游者的个性和生活方式、旅游产品供给状况、旅游产品的价格、旅游产品的销售渠道和促销、旅游目的地的社会政治环境和旅游者所处的社会文化条件等;其次是做好竞争对手分析;再次是研究市场宏观环境。

旅游规划与开发的营销对策包括旅游形象战略对策及竞争优势战略。前者包括旅游形象设计、旅游区形象推广等。后者包括旅游区 SWOT 分析及营销竞争战略决策的选择。SWOT 分析包括优势、劣势、挑战及机遇分析。营销竞争战略包括差异化战略、低成本战略、集中战略、市场领先战略、品牌支撑战略、产品升级战略、网络营销战略及营销组合战略等。

4.3　旅游规划的编制

4.3.1　旅游规划编制的要求

①旅游规划编制要以国家和地区社会经济发展战略为依据,以旅游业发展方针、政策及法规为基础,与城市总体规划、土地利用规划相适应,与其他相关规划相协调;根据国民经济形势,对上述规划提出改进的要求。

②旅游规划编制要坚持以旅游市场为导向，以旅游资源为基础，以旅游产品为主体，经济、社会和环境效益可持续发展的指导方针。

③旅游规划编制要突出地方特色，注重区域协同，强调空间一体化发展，避免近距离不合理重复建设，加强对旅游资源的保护，减少对旅游资源的浪费。

④旅游规划编制鼓励采用先进方法和技术。编制过程中应当进行多方案的比较，并征求各有关行政管理部门的意见，尤其是当地居民的意见。

⑤旅游规划编制工作所采用的勘察、测量方法与图件、资料，要符合相关国家标准和技术规范。

⑥旅游规划技术指标，应当适应旅游业发展的长期需要，具有适度超前性。

⑦旅游规划编制人员应有比较广泛的专业构成，如旅游、经济、资源、环境、城市规划及建筑等方面。

4.3.2 旅游规划编制的步骤

旅游规划是一项系统性非常强的工作，其编制程序可分为以下十一个步骤。

（1）签订合同，确立规划项目

旅游规划是一项经济行为，因此，在制定规划之前规划委托方与编制方需签订规划委托书或合同书，其中明确规定规划名称、双方的权利义务、规划期限、违约责任等。从签订规划委托书或合同书之日起，就进入旅游规划的正式编制阶段。

（2）组建规划编制专事组

签订规划编制合同后，规划编制方应立即着手成立规划编制专家组。

（3）室内资料分析

在开始实地调研之前，规划编制组应通过统一学习或会谈交流等途径充分掌握规划地的基本信息，并对规划编制委托方先期提供的信息进行详尽的分析。

（4）旅游资源调查局评价

旅游规划工作的重要内容就是对旅游资源进行调查和评价。要开发旅游资源，就必须对旅游资源的历史状况、赋存状况和结构特征进行了解。旅游资源调查的内容涉及面很广，主要包括两个方面：旅游资源种类、特色、成因、结构与分布；旅游资源所在地的区位条件、社会环境、经济结构、历史沿革等。旅游资源评价是根据旅游资源调查的结果，对该地旅游资源的质量、品位、等级、价值、开发等做出全面的综合评价，然后提出评价报告，为旅游规划提供依据。

（5）旅游开发可行性研究

可行性研究目的是论证开发项目能否取得较好的经济效益和社会效益。其包括对旅游资源评价结果进行全方位的再研究；对开发项目的客源市场需求和发展趋势，以及所在地的经济发展等外部条件做出科学预测与调查分析；对开发规划项目的经济效益和社会效益做出综合评价。

（6）编制纲要征求意见

在对规划进行了详细的考察之后，规划编制组应根据自己的观点，提出规划思路与构想，并完成规划纲要交与规划编制委托方征求意见。双方通过意见交流，使旅游规划不断朝着满足规划编制方要求的方向趋近。

（7）完成规划初稿

根据规划纲要，在一定期限内完成规划总文本初稿的撰写工作。

（8）规划中期评估

在撰写规划初稿的过程中，规划编制的双方应组织专家对规划初稿进行中期评估，看其是否达到规划编制的要求，若未达到规划要求则需按照中期评估意见进行修改。

（9）完成规划评审稿及规划评审

在规划中期评估的基础上，完成规划总文本以及分报告的撰写工作。完成旅游规划评审稿之后，由规划委托者聘请有关的专家组成规划评审委员会，对规划的结构完整性、内容科学性以及可行性等进行评审，最后提出规划评审意见。若规划方案被通过，应根据评审委员会的建议加以修改，以形成最终的规划文本；若未通过，则应责成原规划组或聘请新的规划小组重新规划。

（10）修改定稿

在通过规划评审后，规划编制组应严格按照规划评审委员会的意见进行修改定稿，并依据规划委托书或合同向规划编制委托方提交完整的规划文本和图件。

（11）规划实施

规划编制完成后，还要上报国家旅游局以及当地政府和旅游主管部门批准实施。在规划实施过程中，规划编制组还应根据实施反馈意见对规划内容进行调整和修正。

4.4　旅游规划的导向模式

4.4.1　资源导向模式

资源导向模式产生于旅游规划与开发的早期。此时，旅游还尚未成为人们生活中的重要组成部分，旅游活动的开展也还不普遍。这一阶段大致是 20 世纪 70 年代末我国改革开放之初的一段时期。由于该时期旅游活动的开展不频繁，对旅游规划与开发的研究也就不太为人们所重视。该阶段中对旅游地的规划与开发是不全面的，甚至没有系统的规划内容，充其量只能称之为旅游资源的开发，即只注重对旅游资源本身的分析和开发利用。

这一阶段旅游规划与开发的资源导向模式关注的焦点集中体现在旅游资源的调查，分类评价以及对这些旅游资源的开发规划等方面，这一关注焦点是由当时的旅游业发展水平及其在国民经济和社会发展中的影响所决定的。资源导向模式下的规划思路就是从本地旅游资源的基础情况出发,制定适合本地旅游发展的开发计划和进行旅游业发展战略的研究。

4.4.2　市场导向模式

市场导向模式产生于旅游规划与开发的发展时期。随着旅游业的迅猛发展,人们对旅游业的关注程度逐渐提高,训练有素的旅游相关的专门人才也开始大量涌现,参与旅游规划与开发人员的专业背景也出现多样化趋势,这其中有旅游、地理、历史、经济、管理、工程等方面的专业人才都被融合进了旅游规划与开发的研究之中。旅游规划界研究的问题出现一些变化,其中一个明显的变化就是研究问题的范围有了很大的扩展。这些研究范围的扩展极大地丰富了旅游规划与开发的研究内容,并且逐渐显示出其重要性。旅游开发的市场分析与定位已成为旅游规划与开发中必不可少的内容,市场导向成了这个时期规划与开发的重要特征。市场导向模式所关注的内容就在于旅游市场,并且整个旅游规划与开发都要以市场为研究的核心,一切规划都要以市场的需求分析为前提。实际上,关注市场分析的基础仍然是注意本地的旅游资源赋存状况和特色,其规划与开发是将旅游市场的需求与当地的旅游资源相结合,针对市场上各种需求类型,开发相应的旅游产品以满足不同旅游消费者的需要,以获取最大的经济效益、社会效益和生态效益。以市场导向模式为指导的旅游规划与开发的思路不是有什么资源便开发什么,而是市场需要什么便开发什么。市场导向模式主要体现在通过市场分析为旅游地提供开发方向,让旅游资源的开发与市场需求进行有效的对接。旅游地的规划与开发有了市场需求的引导则可最大限度地发挥区域规划的综合优势,通过满足旅游消费者的需要而获得最大的经济效益和实现区域旅游的可持续发展。

4.4.3　形象导向模式

在旅游规划与开发演进发展阶段,大众化旅游的普及度越来越高,可供旅游者选择的旅游目的地数量也在增多,旅游市场上呈现异常激烈的竞争态势。在这种激烈的市场竞争环境中,各旅游企业或旅游目的地均遭遇旅游增长乏力,经济效益不佳的困境,这一状况与世界旅游业的迅猛发展形成一定差距。面对这种状况,人们开始寻求旅游规划与开发的新模式来推动旅游业的可持续发展。

形象导向模式是从系统开发的角度,对旅游目的地进行整体的形象策划和旅游业发展规划,它通过对目的地旅游形象的塑造与提升达到区域内旅游资源的有效整合和可持续开发利用的目的。该模式中关注的焦点问题包括旅游地的综合开发以及旅游地的整体形象塑造与提升。在旅游地深入开发研究中,系统开发理论和综合开发理论成为指导旅游规划与开发的重要理念。它要求规划工作者从整体的角度对旅游地进行深入的思考,即对旅游地的资源评价、主题选择、形象塑造、市场定位,营销策划等作为一个有机的系统来进行,使上述部分围绕一个共同目标而发挥作用。形象导向模式下的旅游规划与开发思路是以旅游地的综合形象来满足市场需求,走的是"资源—形象—市场"的发展思路。

4.4.4　产品导向模式

产品导向模式是旅游规划与开发演进到成熟发展阶段时出现的一种旅游规划与开发模式。该阶段旅游活动已经成为人们日常生活中的一个重要组成部分,并且成为人们休闲活动的首选方式。与此同时,旅游规划与开发意识也深入人心。在旅游资源丰富的地区,经过了旅游资源的初步开发,旅游区的建设已初具规模,而面临的主要问题是如何提升该区域的旅游竞争力和旅游吸引力的问题。而那些旅游资源赋存状况不甚理想的地区也出于发展的考虑,立足于制定起点较高的旅游发展规划。从旅游消费者方面看,由于旅游活动已成为一种大众化的消费行为,旅游者对旅游活动的认识和要求都得到了相应的提高,旅游消费行为也日趋成熟。人们不再满足于自然旅游资源的初级开发和陈列观光式的基础层面旅游产品,他们需要具有以一定主题的旅游产品和系列化旅游活动,希望能通过互动式的相互交流和沟通深入体验旅游活动带来的乐趣。这是该阶段所表现的旅游者新的消费需求。产品导向模式是从区域旅游资游、状况和开发现状出发,规划开发出富有本地特色的旅游产品,并引导旅游者进行消费的一种开发模式。该模式关注的焦点主要是本地旅游资源的可利用度;开发的旅游产品的市场推广策略;旅游产品及项目投资的投入与产出的经济效益分析。旅游规划与开发从单纯关注旅游资源的分析与评价,转向对旅游市场的需求重视,进而又转向以旅游产品为旅游规划与开发的关注点。特别是人工创造的旅游景点开发所获得的高额经济效益,使旅游规划与开发者和旅游投资商意识到,那些并不具备传统的自然旅游资源与人文旅游资源优势的地区,通过精心的策划和开发市场对路的旅游产品,可以获得从无到有的旅游收益,也可以发展成为旅游城市或旅游目的地,这个时期的旅游规划与开发,偏重于旅游项目和产品的创意设计,其规划思路就是"市场—资源"相结合。

第 5 章　旅游组织管理

　　理解旅游组织管理的概念、特征、旅游组织文化的概念,了解旅游组织结构设计的基本原则、程序及影响旅游组织结构设计的因素,旅游组织人员配置的原则,掌握旅游组织结构的类型、组织变革,掌握旅游组织人员配置的任务与过程、方法,掌握组织文化的功能、作用与建设。

5.1　旅游组织管理概述

5.1.1　旅游组织管理的概念

　　组织是一个含义广泛的概念,从不同的角度出发,对组织有不同的定义。从形态的角度来理解组织,组织是多个人依照某种方式组成的、为一定目的而进行协作活动的集体。这一概念强调组织是法定的、有形的、有原则的、有目标的。现代管理理论的奠基人切斯特·巴纳德认为,所谓组织是有意识调整两个人或更多人的行为或各种力量的系统,从这一角度出发,组织就是按照一定目的和程序所组成的一种权责角色结构。美国哈佛大学教授,著名的行为科学家乔治·埃尔顿·梅奥认为,在正式组织中存在着非正式组织,正式组织以效率逻辑为其行动标准,非正式组织则以感情逻辑为其行动标准。非正式组织对企业有利有弊,非正式组织的行为和人际关系会影响组织效能和组织目标。

　　旅游组织具有综合效应,这种综合效应是旅游组织中的成员共同作用的结果。旅游组织管理就是通过建立组织结构,规定职务或职位,明确关系,以使旅游组织中的成员互相协作配合、共同劳动,有效实现组织目标的过程。旅游组织管理是管理活动的一部分,也称组织工作或组织职能。旅游组织管理的工作内容概括地讲包括以下四个方面。

　　①确定实现组织目标所需要的活动,并按专业化分工的原则分类,按类别设立相应的工作岗位。

　　②根据旅游组织的特点、外部环境和目标需要划分工作部门,设计组织机构和结构。

　　③规定组织结构中的各种职务或职位,明确各自的责任,并授予相应的权力。

　　④制定规章制度,建立和健全组织结构中各方面的相互关系。

　　组织管理应该使人们明确组织中有些什么工作,谁去做,做什么,工作者承担什么责任,具有什么权力,与组织结构中上下左右的关系如何。只有这样,才能避免由于职责不清所造成的执行中的障碍,才能使组织协调地运行,保证组织目标的实现。

5.1.2　旅游组织管理的特征

在一个组织中,其构成要素除了人之外,还有物、财、信息等。但人是最主要的要素,是起决定作用的要素,旅游组织工作也就是围绕组织中的人展开的。因此,旅游管理学意义上的组织,具有以下几点特征。

(1)组织是一个职务结构或职权结构

在一个组织中,每个人都有特定的职责与权力,旅游组织工作的主要任务也就在于明确这一职权结构以及根据组织内外环境的变化使之合理化。旅游组织中的每一个成员不再是独立的人,每一人都在组织中担任着既定的角色,承担着实现组织目标的任务。

(2)组织是一个责任系统,反映着上下级关系和横向沟通网络

在旅游组织中,下级有向上级汇报自己工作效果的义务和责任,上级有引导、指导下级工作的责任,同级之间应进行必要的沟通与协调。这些都是通过组织工作来完成的,在完成的过程中,也就形成了旅游组织网络。

(3)正式组织的工作受非正式组织的影响

梅奥的人群关系理论认为:工人是"社会人",他们有社会方面、心理方面的需求,即追求人与人之间的友情、安全感、归属感和受人尊重等。旅游组织中的人在旅游企业内部共同劳动的过程中,必然会发生一些工作以外的联系,这种联系会加深他们的相互了解,从而形成某种共识,建立起一定程度的感情,逐渐发展成为一种相对稳定的非正式组织。非正式组织与正式组织相互依存,而且会通过影响员工的工作态度来影响企业的生产效率和目标的达成,因此管理人员应该正视这种非正式组织的存在,引导非正式组织为正式组织的活动和目标服务。

5.2　旅游组织结构设计

组织结构设计就是创造出能够充分协调任务分解和任务整合的组织结构的过程。组织结构设计是组织工作中最重要的一个环节,组织结构设计的有效程度对企业运作成本和效率有显著的影响,并因此逐渐成为企业间竞争的关键领域。优秀的旅游组织应当规划成持续适应型和不断演进型的,而不是永久固定在某种预先确定的形式上。因为旅游组织系统从本质上来说是一个运动着的系统,它要适应旅游企业内外部条件的变化,不断地进行调整和改革。

5.2.1　影响旅游组织结构设计的因素

组织结构是组织功能发挥的载体,合理的组织结构可以保障旅游组织运行的

效率和秩序。影响旅游组织结构的因素,主要包括以下几方面。

(1)组织目标和经营战略

不同的组织目标和经营战略,要求旅游组织结构有相应的职能与任务与之适应,即目标和战略影响着组织中职能、职位、职权等的设计。战略重点的改变,必然要求调整功能设计,从而调整和创新组织结构。美国著名管理学家艾尔弗雷德·钱德勒对美国100家大公司进行50年的考察后,得出公司战略的变化优先于组织结构的变化并且导致组织结构变化的结论。因此,如果旅游组织战略发生变化,就应该对旅游组织的结构做出相应的调整。

(2)环境因素

任何一个组织都是生存在一定的环境当中的,组织的外部环境必然会对内部的结构设计产生一定程度的影响。构成旅游组织外部环境的因素,包括社会经济、政治、文化、自然环境,以及社会需求结构、目标市场、业内竞争等。外部环境对组织结构设计的影响主要体现在以下两个方面。

①对职务和部门设计的影响。旅游组织是社会经济大系统中的一个子系统。组织与外部的其他社会子系统之间也存在着分工问题。社会分工方式的不同决定了组织内部工作的内容,从而影响着组织内部所需完成的任务及职务和部门的确立。在我国企业处在计划经济体制下时,其内部组织机构主要偏重于围绕生产过程设置。随着经济体制的改革,在市场经济体制下,国家逐步把企业推向市场,使企业内部增加了要素供应和市场营销的工作内容,要求企业必须相应地设立或强化资源筹措、产品销售等部门。

②对各部门关系的影响。环境不同,完成组织中各项工作的难易程度以及对组织目标实现的影响程度也不同。同样在市场经济的体制中,当产品需求大于供给时,企业关心的是如何提高接待能力、扩大规模,开发新的旅游资源,企业的接待部门等业务部门就会显得非常重要,而相对要冷落营销部门和营销人员;一旦市场供过于求,从卖方市场转变为买方市场时,营销职能会得到强化,企业的营销部门也会成为组织的中心。

(3)组织的技术

组织的活动要利用一定的技术和反映一定技术水平的物质手段来进行。技术以及技术设备的水平不仅影响组织活动的效果和效率,而且会影响组织活动的内容、方式、职能配置和职位设置。在传统旅游企业中,各个企业的技术都差不多,企业的主要利润点不在技术上,那么技术就不会过多地影响企业组织机构的设立,组织机构的设立更多地考虑诸如渠道管理、成本降低等,并以这些因素作为组织机构设计的主线。当技术和其发展能够带来高额利润时,技术管理和利用就显得相当重要,技术管理成为企业组织机构设置的核心问题,成为组织机构设置的主线。例如,用于信息处理的酒店计算机管理系统、酒店预订网络系统等对组织的结构形式和人们的工作方式产生了深刻的影响。

（4）组织的规模

规模也是影响组织结构的因素。一个小型酒店的结构形态不可能与大型酒店的结构形态完全一样。很多研究表明，企业的规模不同，其内部的结构形态也完全一样。很多研究表明，企业的规模不同，其内部结构也存在着明显的差异，这些差异体现在组织的结构层次、组织内部的分权程度、人员结构等方面。首先，企业规模越大、员工数量越多，管理层次也多，企业内部就越容易采用机械性的组织结构，越需要制定详细的规章制度，并通过严格、规范的程序和工作标准对员工和部门进行控制；其次，旅游企业规模越大其组织结构越复杂，组织分工就越细，部门和职务的数量越多，分权越多；再次，管理层次增加、分工细化后更需增加专业人员的比例，增大横向沟通协调的工作量。

（5）组织的生命周期

组织的结构形态还受到组织所处的生命周期的影响。组织的规模并不是永远不变的。一般情况下，组织存在着一个四阶段的生命周期：第一阶段是诞生；第二阶段是青年阶段，其特征是全面的扩张和成长；第三阶段为壮年阶段，是一个由成长逐渐转为稳定的阶段；第四阶段是成熟阶段，组织在这个阶段中相当稳定，最终也许还会向衰落转化。在生命周期的不同阶段，组织都应当做出相应的调整。一般来说，随着组织的成长，它将变得更大、更机械、更分权，计划的工作量将越大，专业化程度也将更高。

5.2.2　旅游组织结构设计的基本原则

组织结构设计是否合理有效，对于组织成功与否举足轻重。因此，在设计组织结构时，必须遵循以下基本原则。

（1）恰当的集权与分权原则

法约尔认为，采用集权与分权的管理方法并无一定的标准也无好坏之分，应视企业规模而定。一个大的旅游企业集团，从最高管理层到基层，必然有较多的中间层次，因此从上到下的工作指令和从下到上的信息反馈在经过若干中间层次时，往往会有意或无意地加入了这些层次的意见，以致产生一些偏差。该原则要求在设计管理层次，实行分级管理时，把集权和分权正确地结合起来。一般来说，凡是关系到组织全局的一些重要权力，如旅游企业战略决策与经营计划的制定，旅游企业资源的统筹安排，职工收入分配方案，主要规章制度的建立、修改或废除等，均应集中于企业最高管理层，以保证整个企业的生产经营活动正常、有序地进行。而属于履行企业日常管理中的职权问题，则应逐级分散授予中层或基层去管理。这样做不仅可以充分调动各级管理组织的积极性，还可以使企业高层领导人摆脱许多日常行政事务，集中精力研究和解决全局性、战略性的问题。

（2）权责对等原则

法约尔认为，人们对负责任的恐惧心理和对权力爱好的心情是相等的。因此,行使权力者就必须承担相应的责任。即在委以一个人某些责任的同时,必须赋以其完成这些工作所必须的权力,权责必须相对等,这是管理组织原则中非常重要的一项。权力是完成任务的必要工具,如果没有一定的职权,就无法尽到责任去完成任务;如果有权无责,会助长瞎指挥、滥用权力和官僚主义。只有做到权责对等,才能调动各级管理者的积极性,把责任落到实处,保证组织任务的完成。在实践中,若责大于权时,要求及时适当授予职权;若权大于责时,也应要求收回授权或增加职责,从而保持权责大体平衡和对等。例如,要求一位旅行社市场部经理履行某些责任,那就要授给他以充分的权力使他履行责任。如果这些权力是授给他的,但该经理不能承担相等的责任,那么就收回这些权力,或者将派给他的职务做某些变动,或者把这位经理做相应的调动。

(3)分工协作原则

所谓"分工"就是按照管理的专业化程度和工作效率的要求,把组织的任务、目标分成各个层次、各个部门以及各个人的任务目标,明确与其相适应的工作及完成任务的手段、方式和方法。分工是提高工作效率的有效手段。旅游企业内存在各种不同的工作,其中有大量简单重复的工作。因此,对各项工作进行较细的分工,将大大提高工作效率。

协作是与分工密切相关的一个概念,它是指明部门与部门之间以及部门内部的协调关系和配合方法。旅游组织作为一个系统,各部门都是其子系统,各部门不可能脱离其他部门而单独运行,必须经常与其他部门相互协调,实现本部门目标,同时保证整个组织的目标实现。可见,分工与协作是相辅相成的,只有分工没有协作,分工就失去意义;而没有分工就谈不上协作。因此,在进行组织结构设计时,要同时考虑这两方面的问题。

(4)目标统一、指令一致原则

组织结构的设计和组织形式的选择必须有利于组织目标的实现。旅游组织是由它的特定目标决定的,组织中的每一部分应该都与既定的组织目标有关,否则它就没有存在的意义。因此,旅游组织结构设计要以事为中心,因事设立机构岗位,做到人与事高度配合,即事事有人做,而非"人人有事做"。

指令一致就是要求按一致性目标任务设置组织机构,其目的是使组织的各层次及各层次上所有机构都在统一指令系统之下,追求同一目标,使组织在运行中能够步调一致,精干高效。指令统一原则要求各级管理机构在业务行政上都必须实行领导人负责制,下级领导对上级领导负责,副职对正职负责,以避免分散指挥和无人负责的现象。为了保持各级管理机构在自己的职权范围内正常有效地运转,避免出现分散指挥的现象,在一般情况下,各级管理机构都不应实行越级指挥。如果下级部门的领导确实不能胜任工作的话,应该把调整下级领导作为最终的解决办法。

5.2.3　旅游组织结构设计程序

遵循上述原则,旅游企业组织管理制度的设计程序是:

第一,围绕旅游企业目标的完成进行业务流程的总体设计,并使流程达到最优化。这是组织管理制度设计的出发点。

第二,按照优化业务流程设计服务岗位,根据服务岗位数量和专业化分工的原则来设计管理岗位,管理岗位是组织结构的基本单位,可用组织机构图来表示。

第三,对各岗位定职、定员、定编。要对每个岗位进行工作目标与工作任务分析,规定每个岗位的工作目标、工作职责、作业程序,用职位说明书将其固定下来。按照岗位上工作量的需要确定相应数量的人员编制,尤其要确定岗位所需要的人员的素质与特点,因为它直接影响着工作效率与事业发展。

第四,规定各种岗位人员的职务工资和奖励级差。应根据该岗位在业务流程中的重要程度、任务量轻重、劳动强度大、技术复杂程度、工作难易程度、环境条件差异、政策水平高低、风险程度大小等八个指标来考虑劳动报酬的差别。通过严密的组织结构设计,整个旅游企业应达到如下标准。

①直接的、明确的权力和职责路线。

②顺利而连续的工作流程与全部经营管理活动的自然结合。

③组织中各个阶层的向上、向下和横向传递信息迅速而协调。

④每一职位具有合理的工作职能和评价标准。

⑤组织中的每一个人都能胜任工作、都有良好的士气和高度的工作满足感。

5.2.4　旅游组织结构的类型

旅游组织结构是指表现旅游组织各部分排列顺序、空间位置、聚集状态、联系方式以及各要素之间相互关系的一种模式。组织结构是随着生产力和社会等环境的发展而不断变化的。旅游企业常见的组织结构的基本形式有直线制、职能制、直线职能制、项目型、矩阵型等组织结构。

（1）直线制组织结构

直线制是一种最早也是最简单的组织形式。它的特点是旅游企业各级、各部门从上到下实行垂直领导,下属部门只接受一个上级的指令,各级主管负责人对所属部门的一切问题负责。企业不另设职能机构,可设职能人员协助主管领导工作,一切管理职能基本上都由主管领导自己执行。从最高层领导到基层一线人员,通过一条纵向的直线的指挥链连接起来,上下级之间关系是直线关系,即命令与服从关系。直线结构的组织方式使得管理人员任务比较繁重,重大决策都集中于高层管理人员。这种组织结构形式通常适用于小型旅游企业。直线制结构的主要优点如下。

①组织结构设置简单,权责明晰,信息沟通快。

②组织便于统一指挥、集中管理。

③管理成本低。

直线制结构的主要缺点如下。

①缺乏横向的协调关系。

②权力过于集中,易于造成滥用职权。

③随着组织规模扩大,高层管理人员管理幅度过宽,易于造成决策失误。

直线制组织结构要求行政负责人通晓多种知识和技能,亲自处理各种业务。这在业务比较复杂、企业规模比较大的情况下,把所有管理职能都集中到最高管理人员一人身上,显然是难以胜任的。因此,直线制只适用于规模较小,生产技术比较简单的旅游企业,对规模大、经营管理比较复杂的企业并不适宜。

(2)职能制组织结构

直线制组织结构形式不可能无限制地扩展,例如饭店生意做得很成功,发展分店时就很难采用直线制组织结构。这时需要有专门的人员来研究推出新产品,聘请专门的市场营销人员进行市场推广,财务工作也需要聘请一些人专门打理。所以随着组织规模的扩大,原来那种单纯的直线制的方式无法再维系机构的运作,这就需要借助各方面的人才来打理事业。由财务人才构成财务部门;由新产品、新项目开发人才构成新产品、新项目开发部门;由营销人才构成营销部门;由生产人才构成生产部门。他们的活动集中在某一个特定的部门,显然这是一种专业化分工的方式,是一种按照职能来划分部门的方式,这种形式就叫职能制组织结构。一般来说,这种结构比较适合中型旅游企业。

职能制组织结构是在各级直线指挥人员或行政领导人员之下,按专业分工设置相应的职能机构,这些职能机构受上一级直线指挥人员的领导,并在各自的业务范围内有权向下级直线指挥人员下达命令。如在旅游公司总经理下面设立职能机构和人员,协助总经理从事职能管理工作。这种结构要求总经理把相应的管理职责和权力交给相关的职能机构,各职能机构就有权在自己业务范围内向下级行政单位发号施令。因此,下级行政负责人除了接受上级行政管理人员指挥外,还必须接受上级各职能机构的领导。

职能制组织结构的主要优点如下。

①职能部门分工细密,专业分工明确,可以避免人力和物资资源的重复配置。

②便于发挥职能专长,激发组织成员发挥技术专长和能力。

③减轻了各级行政领导人员的工作负担。

职能制组织结构的主要缺点如下。

①日形成多头领导,容易造成管理上的混乱,不利于划分各级行政领导人员和职能部门的责任权限。

②各职能部门之间的协调较为困难。

③不利于在管理队伍中培养全面的管理人才,因为每个人都力图向专业的纵

深方向发展自己。

（3）直线职能制组织结构

我们可以将旅游组织内部分为两大类部门：一类称为业务部门，另一类称为职能部门。业务部门按直线层级的形式进行组织，实行垂直指挥。职能部门按分工和专业化的原则执行某一类管理职能。职能部门和各业务部门实行横向联系，以自身的职能管理为各部门服务。企业的业务由业务部门负责，其管理者在自己的职责范围内有对业务的决策权和指挥权。职能部门拟定的计划、方案以及有关指令，统一由直线指挥人员或行政领导下达，职能部门只能对业务部门提供建议和相关管理职能的业务指导，不直接指挥和命令业务部门。

下一级直线指挥人员或行政领导人只会接受上级直线指挥人员的命令。因此，直线职能制组织结构是综合了直线制和职能制两种类型组织特点而形成的组织结构形式。它的产生使组织管理大大向前迈进了一步，这种结构是当前国内各类旅游企业中最常见的一种组织结构。这种结构既保持了直线型集中统一指挥的优点，又吸收了职能型专业管理的长处，具有较高的稳定性，在外部环境变化不大的情况下，易于发挥组织的集团效率。

直线职能制组织结构的主要缺点如下。

①权力集中于最高管理层，下级缺乏必要的自主权。

②各部门之间横向联系较差，容易产生脱节矛盾。

③各参谋部门与指挥部门之间的目标不易统一，容易产生矛盾。

④信息传递路线较长，反映较为迟钝，适应环境变化较难。

（4）项目型组织结构

采用项目型组织结构的组织是按项目来设置的。组织采用项目经理负责制的结构，专职的项目经理对项目组拥有完全的项目权力和行政权力。企业中所有人都是按项目划分，每个项目就如同一个微型公司那样运作，完成每个项目目标所需的所有资源完全分配给这个项目，专门为这个项目服务，这种组织结构适用于拥有多个相似项目的单位或组织以及长期的、大型的、重要的、复杂的项目。项目型组织结构的优点是以任务为中心，目标为导向，是最有利于开展项目的组织结构形式。

项目型组织结构的缺点是一个项目配一套人马，工作、设备、人员都存在重复设置的现象，资源使用效率低；每个项目中专业人员都可能是单枪匹马地奋斗，不像职能型组织，同专业的人员集中在一个部门，技术上可以相互支持；某个项目完成后要等下一个项目到来。情况轻的是一段时间内资源闲置，情况重的是要解雇职员。

（5）矩阵型组织结构

矩阵型组织结构又称规划—目标结构，是职能型组织结构与项目型组织结构的混合，既有项目型组织结构注重项目和客户的特点，也保留了职能型组织结构的职能特点。它是把依据职能划分的部门和按产品(项目或服务)划分的部门结合起来组成一个矩阵,使同一名员工既同原职能部门保持组织与业务上的联系,又参加产品或项目小组的工作。为了保证完成一定的目标,每个项目小组都设负责人(或称项目经理),项目小组是由一群具有不同背景、不同技能、不同知识、分别选自不同部门的人员所组成的,每一个项目组由项目经理负责,项目组成员业务上向项目经理汇报,行政上向职能经理汇报。

矩阵型组织结构的主要优点如下。

①项目目标显而易见,责任明晰,客户直接与项目经理沟通,对客户反应迅速。

②在跨职能环境中,有利于培养有能力的项目经理或项目管理人员,也有利于发挥各方面专业人员的综合优势。

③最大限度地利用公司资源,职能专业知识可供所有的项目使用,由项目与职能部门分担资金成本。

④可以得到职能经理的更多支持,更好的协调,可广泛征求意见,解决问题。

⑤加强了不同部门之间的配合和信息交流。

矩阵型组织结构的主要缺点如下。

①在资源管理方面存在复杂性。

②稳定性差和权责不清。这主要是因为项目组的成员均是不同部门抽调来的,容易产生临时感觉,常常会对工作产生不利的影响。

③双重领导可能使执行人员无所适从,容易产生责权不清、管理混乱的现象(如在人员绩效评定和奖惩方面常常会因为这种双重领导受到影响)。

矩阵型组织结构适用于横向协作和攻关项目,特别适用于开发、管理项目为主的组织。例如,大型的酒店管理公司、跨国集团公司等。

5.2.5　旅游组织变革

组织变革是指各类组织对于管理理念、工作方式、组织结构、人员配备、组织文化等多方面进行不断地调整、改进和革新的过程。由于组织面对的是动态的、变化不定的大环境,为了组织的生存和发展,为了适应环境的变化,为了更有效地利用资源,最大限度地实现组织目标,组织必须不断地进行变革。和其他类型的国内企业一样,旅游企业的组织结构也在经历着变革。

组织变革具有必然性,当一个组织出现不完善或效率低下时,组织就应进行调整和变革。为了使组织的变革富有成效,必须按一定的步骤实施组织变革。组织变革一般说来可以分为四个步骤。

(1)确定问题

当旅游组织出现无效率时,首先应确定问题的本质是什么,然后才能解决问题。管理人员应分析组织无效率是否由于组织本身引起的,是暂时、偶然的现象,还是经常的现象。若确定是由于组织本身引起的无效率,就应进行组织诊断,确定问题的实质。

（2）组织诊断

当问题确定后,组织可采用一些专门方法来进行诊断。常用的方法有:

①组织问卷。组织问卷可根据问题的性质设计,对组织结构、人员安排、工作责任、沟通交往、职权关系等内容进行调查,了解问题的实质所在。

②职位说明书。通过职位说明书了解各职位的工作、权限、职资以及组织关系。

③组织图。通过组织图了解组织的职权关系。

④组织手册。通过组织手册,了解组织的目标、政策、职权关系等。

通过上述方法,对旅游组织进行诊断,分析问题产生的根本原团,选用适当的方式对组织进行变革。

（3）实施变革

针对问题及原因应考虑各种可行的变革方案,并对各种方案进行分析、评估,然后确定变革方案,实施变革。在实施变革中,还应认真分析各种变革的力量和变革的阻力,创造变革的气氛,充分发动群众,让大家了解认识改革的必要,使每个人投入改革的实践。

变革的实施可从以下几方面进行。

①以机构设置为中心的变革。这种改变是指组织的基本组成部分或组织的总体设计的改变。组织的基本组成部分的改变包括分权程度的改变、管理幅度的改变、协调方法的改变等;组织总体设计的改革是选择或设计一种新的组织结构形式。

②以技术为中心的变革。这种改变包括设备的改变、工作流程的改变等,从而导致组织结构和组织关系的改变。

③以人为中心的变革。这是通过改变组织成员的态度、个人行为、群体行为、人员的培训来改变整个组织的功能。

选择哪种变革方法,应根据诊断出的问题的性质有针对性地选择。现实中的改革往往采用综合的方法,针对问题选择重点,相辅相成,配套进行。

（4）变革效果的评估

根据变革实施后的结果进行评估。如果变革的效果达到预期效果,这一步骤不会引起任何新的行动;如果没有达到预期效果,就会导致变革的再次进行。

5.3　旅游组织人员配备

组织结构的实施和运行最终要通过人员配备来实现。人员配置是对人员进行恰当而有效的选择、考评和培养,其目的是通过合适的人员去充实组织结构中所规定的各项职务,以保证组织活动的正常进行,进而实现组织的既定目标。而组织设计为系统的运行提供了基本的框架,框架能否发挥作用,还需要人来操作。为了合理地配备人员,必须分析每个职务(职位)应当做些什么工作以及这些工作适合什么样条件的人员来做。职务工作内容的确定,应该既要考虑工作效率的要求,同时又要兼顾工作人员能从中体验的内在工作满足(这是调动人的积极性的一个重要因素),以便在工作任务和工作人员双方面要求的相互平衡中,确定出一项职务工作合理的广度与深度。

5.3.1 旅游组织人员配置的任务

人力资源配置是为每个岗位配置适当的人。也就是说,首先要满足组织的需要;同时,也要考虑满足组织成员个人的特点、爱好和需要,合适的人安排在合适的岗位上。因此,人力资源配置的任务可以从组织和个人两个方面来考虑。

(1)旅游组织的需要

旅游组织主要有以下几个方面。

①通过人力资源配置使旅游组织系统正常运转。旅游组织系统要能有效地运转,必须使机构中每个工作岗位都有合适的人去占据,即实现旅游组织目标的每项活动都必须有合格的人去完成。这是人力资源配置的基本任务。

②为旅游组织发展准备干部力量。旅游组织是一个动态系统,它处在不断发展变化的社会环境中。旅游组织的目标、旅游组织的内容需要经常根据环境的变化做适当的调整,由目标和活动决定的组织机构也会随之发生相应的变化。因此,在旅游组织配置人力资源时,不仅要考虑目前机构人员的配备,还要考虑机构可能发生的变化,为组织以后的发展变化以及新任务提供工作人员,特别是管理干部。由于管理干部的成长往往需要较长时间,因此,旅游组织通常需要在使用的同时或通过使用来培训未来的管理干部。

③建立企业文化,维持成员对旅游组织的忠诚。对旅游组织来说,人才流动虽然有可能给旅游组织形成人才竞争的环境,给旅游组织新的活力,但也给员工带来一定的不稳定性。出现离职问题,特别是优秀人才的外流,往往使旅游组织几年的培训费用付之东流,而且破坏组织的人事发展计划,甚至影响组织的发展过程中的干部需要。因此,要通过人力资源的配置,建立企业文化,培养忠诚员工,留住优秀人才。

(2)员工的需要

旅游组织成员是否真心实意、自觉自愿积极地为旅游组织努力工作,要受到许多因素影响。从人力资源角配置考虑,应注意以下两方面。

①通过人力资源配置,使每个人的知识和能力得到公正的评价、承认和运用。

②通过人力资源配置,使每个人的知识和能力不断发展、素质不断提高。

知识与技能的提高,不仅可以满足员工较高层次的心理需要,而且往往还是职务晋升的重要条件,因此,要通过人力资源配置,使每个人都能看到职业发展的希望,这是一种非常好的激励。

5.3.2　旅游组织人员配置的原则

(1)因事择人的原则

所谓因事择人,是指应以职位和工作的实际要求为标准来选拔符合标准的各类人员,选择人的目的在于使其担当一定的职务,并能按照要求从事与该职务相对应的工作。要使工作圆满完成并卓有成效,首先要求在保证工作效率的前提条件下安排和设置职位;其次,要求占据职位的人应具备相应职位的知识和能力。因此,因事择人是实现人事匹配的基本要求,也是旅游组织中人员配备的首要原则。

(2)公开竞争的原则

旅游组织若想提高管理水平,就应在选拔岗位人员的过程中鼓励公开竞争。实行公开竞争时,空缺的职务是对任何人都开放的,它不仅要求候选人能够胜任空缺职务,而且要求他能比别人更有效地实现该职务的要求。只有进行公开竞争,旅游组织才有可能选到最合适的人选。公开竞争无论对旅游组织内部或外部都应一视同仁,机会均等。

(3)量才录用的原则

人员配置必须同新的劳动分工与协作关系相适应。随着科技的发展,计算机的应用,客观上要求新的职位和与之协作关系要配备相应的人员,不同的人具有不同的能力和素质,只有根据人的特点来安排工作,才能使人的潜力得到最充分的发挥,使人的工作热情得到最大限度的激发。

(4)人事动态平衡原则

所谓人事动态平衡,是指处于动态环境中的旅游组织是在不断变革和发展的,旅游组织对其成员的要求也是在不断变动的。当然,工作中人的能力和知识也是在不断地提高和丰富,因此,人与事的配合需要进行不断地协调平衡。人事动态平衡,就是要使那些能力发展充分的人去担当更为重要的工作,同时,也要使能力平平、不符合职务需要的人得到识别及合理的调整,最终实现人与工作的动态平衡。

5.3.3　旅游组织人员配置的方法

(1)确定人员需要量

旅游企业在一定时期内应该占用的人力资源总数取决于经营、管理、服务等方面的工作量与各类人员的工作效率。它的配置是在旅游组织设计的基础上,根据实际设计出职务数量(是指每种类型的职务需要多少数量的人)和类型(是指每种类型的职务需要什么样的人)为依据。由于旅游企业人员复杂、工作各异,很难综合反映他们的工作量和劳动效率。因此,必须根据不同的工作性质,采用不同的方法分别确定各类人员的编制和配备。其常用的方法有:

①效率定员法。按劳动定额计算定员方法,如客房部服务员按每人每天清扫12间客房的定额来计算客房总服务员人数。

②设备定员法。根据完成一定的生产任务所必须开动的设备台数和班次计算编制定员的方法,如按一辆旅游车的团队客人配备一名导游员。

③岗位定员法。它是按岗位定员标准、工作班次和岗位数计算人力资源配置的方法。如饭店的总台、楼层服务台等岗位可按每天的早、中、晚班三次配置服务员人数。

④比例定员法。它是以服务对象的人数为基础,按定员标准比例来计算编制配备的方法。如餐饮部大厅服务员的数量以每餐就餐客人的数量和桌数的比例配备。

⑤职责定员法。它是按既定的旅游组织机构和它的职责范围,以及机构内部的业务分工和岗位职责来确定人力资源配备的方法。这种方法适用于旅游企业管理人员和工种技术人员的定员。如餐饮部经理、主管、康乐部经理、电脑技术员等。

(2)选配人员

职务设计和分析指出了旅游组织中需要具备哪些素质的人。为了保证担任职务的人员具备职务要求的知识和技能,必须对旅游组织内外的候选人进行筛选,做出最恰当的选择。把不合适的人安排在不合适的岗位上,无论对个人还是对旅游组织,都会带来灾难性的后果。所以,必须研究和使用适合人才市场环境与本企业实际要求的一系列科学的测试、评估和选聘方法。

5.4 旅游组织文化管理

5.4.1 旅游组织文化概述

(1)旅游组织文化的含义

综合国内外的研究,对组织文化大致有两种看法。第一种是狭义的,认为组织文化是意识范畴的,仅仅包括组织的思想、意识、习惯、感情领域。第二种是广义的,认为组织文化是指组织在创业和发展的过程中所形成的物质文明和精神文明的总和,包括组织管理中的硬件与软件,外显文化和隐形文化(或表层文化和深层文化)。简单地说,旅游组织文化是旅游组织在长期发展过程中形成的旅游企业成员共同具有的特定价值、信念、情感、态度和道德规范的总和。它是旅游企业理念形态文化、物质形态文化和制度形态文化的复合本。

(2)旅游组织文化的结构

　　旅游组织文化的结构划分有多种观点,我们把组织文化划分为三个层次,即精神层、制度层和物质层。

　　①精神层。精神层主要是指旅游组织的领导和成员共同信守的基本信念、价值标准、职业道德和精神风貌。精神层是旅游组织文化的核心和灵魂。它包括六个方面:组织最高目标、组织哲学、组织精神、组织风气、组织道德、组织宗旨。

　　②制度层。制度层是旅游组织文化的中间层次,主要是指对组织和成员的行为产生规范性、约束性影响的部分,它集中体现了旅游组织文化的物质层和精神层对成员和组织行为的要求。制度层规定了组织成员在共同的活动中应当遵守的行为准则,它主要包括一般制度、特殊制度和组织风俗。

　　③物质层。物质层是旅游组织文化的表层部分,它是组织创造的物质文化,是形成旅游组织文化精神层和制度层的条件。如组织名称、标志、组织外貌、徽、旗、歌、服等。

　　旅游组织文化的三个层次是紧密联系的,物质层是旅游组织文化的外在表现和载体,是制度层和精神层的物质基础;制度层则约束和规范着物质层及精神层的建设,没有严格的规章制度,旅游组织文化建设无从谈起;精神层是形成物质层和制度层的思想基础,也是旅游组织文化的核心和灵魂。

5.4.2　旅游组织文化的功能与作用

　　(1)旅游组织文化的功能

　　旅游组织文化作为一种亚文化现象具有很多特定的功能。其主要功能有以下几点。

　　①整合功能。旅游组织文化通过培育组织成员的认同感和归属感,建立起成员与组织之间的相互信任和依存关系,使个人的行为、思想、感情、信念、习惯以及沟通方式与整个组织有机地整合在一起,形成相对稳固的文化氛围,凝聚成一种无形的合力,以此激发出组织成员的主观能动性,并为组织的共同目标而努力。

　　②适应功能。旅游组织文化能从根本上改变员工的旧有价值观念,建立起新的价值观念,使之适应组织外部环境的变化要求。一旦旅游组织文化所提倡的价值观念和行为规范被成员接受和认同,成员就会自觉不自觉地做出符合组织要求的行为选择,倘若违反则会感到内疚、不安或自责,从而自动修正自己的行为。因此,旅游组织文化具有某种程度的强制性和改造性,其效用是帮助组织指导员工的日常活动,使其能快速地适应外部环境因素的变化。

　　③导向功能。旅游组织文化作为团体共同价值观,与组织成员必须强行遵守的、以文字形式表述的规章制度不同,它只是一种软性的理智约束,它是通过组织的共同价值观不断地向个人价值观渗透和内化,使组织自动生成一套自我调控机制,从而引导组织的行为和活动。众所周知,人们的思想、观念经常是制约生产力发展的突出因素。而旅游组织文化管理恰恰是通过确立组织科学的经营之道,制

定具有特色的经营战略,并把这些观念、目标、战略贯彻到员工的工作中去,使之形成组织共同的价值观、组织精神和行为方式。这些组织精神和价值取向,能够从思想观念和心理上增强组织员工的共同理想和信念,并促使员工调整自己的行为和活动,最终实现组织的目标。

④发展功能。组织在不断的发展过程中所形成的文化沉淀,通过无数次的辐射、反馈和强化,会随着实践的发展而不断地更新和优化,推动旅游组织文化从一个高度向另一个高度迈进。

⑤持续功能。旅游组织文化的形成是一个复杂的过程,往往会受到政治的、社会的、人文的和自然环境等诸多因素的影响。因此,它的形成需要经过长期的倡导和培育。正如任何文化都有历史继承性一样,旅游组织文化一经形成,便会具有持续性,并不会因为组织战略或领导层的人事变动而立即消失。

(2)旅游组织文化的作用

旅游组织要实行有效的管理,关键在于它的内聚力、向心力和持久力,而组织文化对此正有着不容忽视的重要影响。具体来说,旅游组织文化在组织管理中有如下几方面作用。

①旅游组织文化的规范作用。旅游组织文化的一个重要特征就是根据组织整体利益的需要,提供一整套行为准则,通过一系列的形式来规范组织全体成员的行为,使之心往一处想,劲往一处使,自觉地维护共同的整体利益。这是组织利益共同体存在的可靠保证。每个组织为了保证其经济目标的实现和生产、经营活动的一致性,需要一定的行为准则来统一成员的信念、价值和行为,并以此作为价值取舍的标准,它起着调节员工活动关系的作用。组织的生存离不开这种行为规范的约束。旅游组织文化对人的规范作用是通过观念、心理和氛围等文化要素的作用,包括形成的组织共同价值观、信仰、道德、习俗、礼仪和规章制度等来实现的。

②旅游组织文化的凝聚作用。旅游组织文化能够培育职工的组织共同体意识,旅游组织文化告诉成员其组织的利益、形象和前途,与职工有着密切的联系。这种对组织共同体的同一性的认识是组织凝聚力的来源,它能在组织共同体内部造成一种和谐、公平、友好的气氛,促进全体职工的团结、信任、理解和相互支持,使之形成群体的向心力。

③旅游组织文化的激励作用。所谓激励,是指科学地运用各种方法,激发员工的工作动机,调动员工的积极性、主动性和创造性,使组织充满生机和活力。以"组织精神"为中心的旅游组织文化体现了管理要以人为中心的思想,培育旅游组织文化对调动广大职工的积极性有着重要的激励作用。旅游组织文化强调以人为中心的管理方法,其核心是要创造出共同的价值观念。优秀的旅游组织文化就是要创造一种人人受重视、受尊重的文化氛围。良好的文化氛围,往往能产生激励机制,使每个成员所做出的贡献都会及时得到其他员工及领导的赞赏和奖励,

由此产生及时的激励。旅游组织文化通过满足员工自我尊重、自我实现的需要来激励员工自觉地、积极地为组织目标而奋斗。

④旅游组织文化的创新作用。创新是旅游组织文化的精髓,其已成为旅游企业发展的灵魂、前进的动力、活力的源泉,应把创新作为组织生存和发展的基本定位。组织要生存和发展,要在竞争中获胜,就要树立自己的风格和特色,与其他组织加以区别,就要创新。

以上旅游组织文化管理的四大作用不是孤立、相互割裂的,在许多情况下,它们都是综合地发挥其作用。这种共同的作用,就是旅游组织文化管理的作用。旅游组织文化既是组织的灵魂,又是组织发展的动力。它的根本作用就在于始终推动着组织向着既定的目标执着坚定地前进。

5.4.3　旅游组织文化建设

（1）旅游组织文化建设的基本原则

①旅游组织文化建设要坚持目标原则。坚持目标原则即旅游组织文化建设要有一个方向和目标。坚持目标原则是一个涉及把职工的思想与行为朝什么方向和目标去凝聚、去激励和去校正的大问题。组织必须根据自己的实际,确定文化建设的方向和目标,并细化为阶段性目标,以便有计划地实施。

②旅游组织文化建设要坚持主体原则.坚持主体原则,一要体现组织作为经营管理主体的原则,也就是要坚持市场主体的原则,以有利于组织主体意识的培育和形成。二要体现国情与民族特点的主体性,即体现我国民族文化传统的主体性和体现中国特色社会主义的主体意识。否则,旅游组织文化建设就没有根基。

③旅游组织文化建设要坚持价值原则。所谓坚持价值原则,就是指旅游组织文化建设要坚持组织的价值观念和价值取向标准。组织的价值观是旅游组织文化建设的核心问题。

④旅游组织文化建设要坚持创新原则。旅游组织必须紧密结合自己的个性和特点以及面临的具体内外环境及其特点来创新。只有这样,旅游组织文化才具有生命力,体现的才是自己组织的旅游组织文化,也才真正是活着的旅游组织文化。

⑤旅游组织文化建设要坚持职工参与原则。组织文化作为一种"无形规则"存在于员工的意识中,其离开员工根本无法独立存在,"以人为本"是形成良好组织文化的基础。优秀的旅游组织总是将人的价值放在首位,尊重员工、尊重人的思想,让每一位员工参与组织管理与文化建设,使领导者听到不同的声音,接受新的思想所带来的冲击,这样的旅游组织才能保持活力,也才能不断激发人的创造力。

⑥旅游组织文化建设要坚持点面结合的原则。旅游组织文化建设要坚持点面结合的原则,即在旅游组织文化建设中要注意抓典型的示范和推动作用,包括

典型事例、典型人物、典型集体等。

（2）旅游组织文化建设的途径

旅游组织文化的建设是一个长期的过程，同时也是组织发展过程中的一项艰巨、细致的系统工程。

①诊断—总结现有旅游组织文化状况。在掌握现有旅游组织文化状况的翔实资料的基础上，应对现有旅游组织文化进行诊断，特别对组织中已有的价值观、组织精神、道德风尚、组织制度等因素进行评价，判断出哪些是恰当的，哪些是不恰当的，哪些是符合时代要求的，哪些是将为时代所淘汰的。

②确立—构建组织价值观及整个旅游组织文化体系。通过诊断，可以确立未来的组织价值观，并围绕所确立的价值观建立相应的组织目标、组织制度、组织道德、旅游组织文化礼仪等，从而将旅游组织文化的整个体系构建出来。为了便于广大员工记忆、流传和推广，还应该把组织价值观及组织精神用简明扼要、精练确切的语言表述出来。

③强化—大力推进旅游组织文化建设。旅游组织文化确立后，应马上进入旅游组织文化建设的强化阶段。在这一阶段，组织应通过各种途径、利用各种方式宣传和强化员工的旅游组织文化意识，力求使组织新文化、新观念家喻户晓，深入人心。

④调整—积极完善旅游组织文化体系。旅游组织文化建设到达该阶段，应有计划、有针对性地对旅游组织文化进行评价，看看它起了哪些作用，尚存在哪些不足，然后结合实际对其进行调整、丰富和补充，以便使旅游组织文化体系日趋成熟，日渐完善。

⑤发展—实现组织生产、经营的突破。组织发展的最终目的是要在经营上获胜，在市场中争雄。旅游组织文化建设在不断经历调整、完善后，渐渐步入发展的良性循环，从而推动组织生产经营顺利地发展。

（3）旅游组织文化建设的内容

①提炼核心价值观。建设旅游组织文化的首要问题是核心价值观的选择。核心价值观的提炼并非主观有意决定，只有在认真分析研究各种相关因素的基础上，才能确定既体现组织特征，又为全体组织员工和社会所接受的价值观。价值观的形成是一个累积过程，这不仅需要很长的时间，而且需要给予不断的强化。员工好的行为只有经过强化和肯定才能再现，进而形成习惯稳定下来，从而使指导这种行为的价值观念转化为行为主体的价值观念。

②领导者。在旅游组织文化的建设中，领导者是建设旅游组织文化的关键。组织领导者起着创造者、培育者、倡导者、指导者、示范者、激励者等的作用。优秀的组织家往往在旅游组织文化建设中走在前列。领导者高超的领导艺术以及对新的旅游组织文化的身体力行是一种无声的号召，对下属成员起着重要的示范作用。因此，要建设和维护组织的共同价值观，领导者本身就应是这种价值观的化

身,他们必须通过自己的行动向全体成员灌输组织的价值观念。

③员工素质。组织的健康发展,除了要有优秀的领导,还必须要有优秀的员工,员工素质是建设旅游组织文化的重点。旅游组织文化强调以人为本,以德为先,建设一支高素质的员工队伍是组织发展的根本。员工素质的提高,除了组织重视并采取切实可行的措施加强员工的培训以外,关键还取决于员工对自身素质的提高有没有一种外在的压力和内在的动力。如果员工个人的积极性不高,即使组织花费再大,效果也不一定很好。因此,组织要形成一套有助于员工素质提高的激励机制和约束机制。

④团结协作精神。团队是围绕着一个共同目标组成的,为了完成一项团队任务,每位成员都担当着举足轻重的角色,组织就是许多围绕共同任务组成的工作团体。要搞好团队建设,核心是加强团队精神建设。组织领导者要在组织内部营造一种开放坦诚的沟通气氛,使员工之间能充分沟通意见,每个员工不仅能自由发表个人意见,还能倾听、接受其他员工的意见,消除隔阂,增进了解,使得员工之间、员工与组织之间产生一体感,大家愿意团结协作,同心同德,齐心协力,共同完成组织的经营目标。

第6章 旅游企业管理

旅游企业是完全市场化的现代企业,须采用现代企业管理制度对企业进行内部管理,对企业的生产全过程进行有效的决策、计划、组织、指挥、控制、协调,使各种资源要素得以合理配置,以实现企业预定的目标。本章主要论述现代旅游的概念、旅游企业管理的定义、旅游企业管理的属性与特点。

6.1 旅游企业的概念

6.1.1 旅游企业的概念

企业是从事生产、流通、服务等经济活动,以生产或服务满足社会需要,实行自主经营、独立核算、依法设立的一种营利性的经济组织。企业主要指独立的营利性组织,并可进一步分为公司和非公司企业,后者如合伙制企业、个人独资企业等,其是社会生产力和商品经济发展到一定阶段的产物。现代企业有多种不同的类型,有的是从事物质资料生产的企业,如制造业、与采掘相关的企业;有的是从事商品流通的企业,如商业、贸易企业;有的是从事金融和保险业务的企业,如银行、保险公司;还有许多从事信息、咨询和劳务服务的企业,如旅游企业等。

旅游企业是以旅游资源为依托,以有形的空间设备、资源和无形的服务效用为手段,在旅游消费服务领域中进行独立经营核算的经济实体,属于工商类企业,是第三产业的组成部分。

6.1.2 旅游企业的性质

旅游企业具有一般企业的共性:旅游企业作为企业,要生产产品,有原材料采购、加工到商品出售的过程,也需要建立广大的生产销售网络。消费者的需求是旅游企业产品设计与生产的基本依据;有正常的组织机构保障,建立了包括计划、财务、人力资源、环境卫生、安全及监督等系统的管理及规章制度;有成规模的旅游资源、游乐及接待设施设备和旅游人才资源。

旅游企业又有独特性,其对资源基础设施和环境的依赖性很强且需要不断地更新甚至超前性地建设;旅游业是多个部门合作,关联性非常强的行业,旅游企业与外部企业关联性强,且竞争激烈;旅游企业经背与市场息息相关,受多因素制约,且大部分企业的经营有明显的季节性;另外,旅游企业经营过程中,先进设备和劳务服务并存,工艺技术性较强。

旅游企业发展趋势表现在:旅游企业集团化势在必行;旅游产品趋向多样化、高端化、生态化、特色化、个性化、休闲化、乡村化;旅游企业的经营将趋向国际化与全球化;旅游企业营销将趋向网络化;旅游企业的服务将趋向优质化;旅游企业的发展呈可持续化。

6.1.3　旅游企业分类

旅游企业涉及吃、住、行、游、购、娱、休、学、商、情等方面的产品与服务,根据不同标准可分为多种类型。

①按投资主体划分,旅游企业可以分为国有、集体、私营、联营、有限责任、股份合作、股份有限、其他内资、外商投资、中国港澳台投资等多种类型。

②按隶属关系分,旅游企业可以分为行业内直属企业与行业外从事旅游经营的企业,行业内直属企业主要是国家或地方旅游局直接管理的企业,而行业外从事旅游经营的企业,包括许多行业为进行多元化经营而投资建设的各种旅游企业,这些旅游企业也需要按照旅游行业的规范进行统一管理,如旅游企业、旅游景区评定星级等。

③按与旅游活动的密切程度可划分为直接旅游企业、间接旅游企业、旅游配套企业三大类。直接旅游企业是直接和专门经营旅游业务的企业,如旅行社、旅游景区、酒店宾馆、旅游汽车公司等,它们是旅游企业的主体。间接旅游企业是指那些除了为旅游者服务外,同时也为社会其他部门和人员服务的企业,如友谊商店、歌舞厅、影剧院、公共交通运输等企业。旅游配套企业是为旅游企业提供配套产品和服务的相关企业,如装饰公司、食品饮料和旅游商品的生产企业、建筑企业,以及为旅游企业提供设备和供应服务的其他企业等。

④按旅游企业的经营规模来划分,可以分为大型旅游企业、中型及小型旅游企业等。

6.2　旅游企业管理的概念

6.2.1　旅游企业管理的基本含义

(1)旅游企业管理的定义

依据管理学的原理,结合旅游企业实际,旅游企业管理定义可表达为旅游企业管理者遵循市场理论与实际,运用各种管理手段,对旅游企业的生产全过程进行有效的决策、计划、组织、指挥、控制、协调,使各种资源要素得以合理配置,以实现企业预定的目标。

(2)旅游企业管理的资源

旅游企业管理的资源具有广泛性和一定的特殊性。除了一般企业所具有的人、财、物、信息、资金、技术等方面外,在旅游资源、游客资源和人力资源等方面还具有一定的特殊性要求。

旅游资源是旅游业发展的前提,是旅游业的基础。旅游资源主要包括自然风景旅游资源和人文景观旅游资源。自然风景旅游资源包括高山、峡谷、森林、火山、江河、湖泊、海滩、温泉、野生动植物、气候等,可归纳为地貌、水文、气候、生物四大类。人文景观旅游资源包括历史文化古迹、古建筑、民族风情、现代建设新成就、饮食、购物、文化艺术和体育娱乐等,可归纳为人文景物、文化传统、民情风俗、体育娱乐四大类。旅游企业对旅游资源的开发与利用,形成一系列的旅游产品,从而创造出综合价值。旅游企业在运用旅游资源时应遵循其规律,处理好开发利用与保护的关系,在开发利用中保护,在保护开发中利用。

游客资源是旅游产品现实和潜在的消费者。旅游企业的游客资源与一般企业消费者显著的差别在于其消费与生产的同一性。游客购买的旅游产品,当他离开时带走的主要是经历而不是实物产品,旅游产品被游客在旅游目的地就地消费了。没有一定规模的客源就没有旅游业的发展,加强旅游企业产品的预定和预售,以及营销推广与过程服务工作十分重要。

人力资源是能为旅游企业创造价值的员工的总和。旅游企业是为旅游者提供精神产品为主的企业,且以员工的劳务服务产品为主。旅游行业是一综合性很强的服务业,旅游业的发展不仅要有优良的旅游资源,而且要有综合素质优良的服务人员,只有两者结合,才能为游客提供物有所值的精神服务。旅游企业管理要着重做好员工的管理,应用现代管理机制激励员工工作热情与奉献精神,树立良好的旅游形象,不断为游客提供优良的旅游产品与服务。

(3)旅游企业管理的功能系统

旅游企业管理的功能系统是旅游企业正常运转的保障,该系统由三个子系统组成,即基础支撑子系统、核心运转子系统和系统反馈子系统。

基础支撑子系统是旅游企业经营活动的基础,它为核心运转子系统提供行动的具体方案,是由决策、计划、组织、指挥、控制与协调等一系列活动组成。核心运转子系统是旅游企业运行的主体,也是体现旅游企业经营活动的实质性的过程,是对基础支撑子系统的执行与落实,该子系统是旅游企业创造实质效益的源头,是企业生存的保障。系统反馈子系统是及时反馈企业运行各环节的信息,以不断完善企业运行质量及效果,是保障旅游企业有效运行的重要环节。

6.2.2 旅游企业管理的内容

国外一些学者将企业管理基本要素概括为"7个M",人事(Men):包括职工的招聘、培训、考核、奖惩、晋升、任免等。资金(Money):包括资金投入、预算编制、成本核算、财务分析等。方法(Method):包括生产计划、质量管理、工艺研究等。机器(Machine):包括机器配制、厂房布局、设备维修、折旧核算等。材料

（Material）：包括材料采购、运输、储存验收等。市场（Market）：包括市场需求、生产方向、产品价格、销售策略等。精神（Morale）：包括职工的兴趣、爱好、志向、情绪。这七个要素的英文字都是以 M 开头的，故有"现代企业科学管理 7 个 M"之称。企业家们认为这 7 个 M 都是很重要的，缺一不可。

旅游企业管理也是一个复杂的系统工程，其内容涉及诸多方面，具体表现为以下几个方面。

（1）旅游企业战略与计划管理

旅游企业战略包括企业战略环境分析，其分为政策分析、行业态势与行业内外竞争状况分析等；旅游企业战略类型比较与核心竞争力把握，旅游企业战略策划与规划、资源配置与战略目标。旅游企业计划管理包括旅游企业状况调查与分析，旅游企业计划制定，旅游企业计划指标体系建立，旅游企业计划执行。

（2）旅游企业组织构建

旅游企业组织构建包括旅游企业组织设计制度及原则；旅游企业标识及风格的确立；旅游企业架构、管理层级与责权体系确定；旅游企业的市场与功能定位；旅游企业文化与价值体系构建；旅游企业的选址；旅游企业筹建项目管理；旅游企业设备设施安排。

（3）旅游企业营销管理

旅游企业市场调研与分析，包括对市场环境、行业内外竞争状况、消费者行为等方面分析；旅游企业营销计划的策划；旅游企业形象设计与品牌的树立；旅游企业与顾客的关系管理。

（4）旅游企业质量管理

其包括旅游企业业务流程及服务标准的设计；旅游企业质量管理计划与管理体系的建立；旅游企业服务信息系统的建立。

（5）旅游企业人力资源管理

其包括旅游企业人员招聘系统管理；员工职业生涯设计；员工的绩效考核与薪酬设计；企业人力资源的培训与再利用。

（6）旅游企业效益与风险危机管理

其包括旅游企业财务管理；旅游企业项目投资风险管理；旅游企业投入与产出机制管理；旅游企业效益的评估机制建立；旅游企业安全防护制度建设；旅游企业危机系统管理等。

6.2.3　旅游企业管理的基本属性

从旅游企业管理的学科性质看，它属于一级学科工商管理学的范畴，同时也是二级学科企业管理和旅游管理的交叉而产生的边缘学科。它是以旅游企业为研究对象，研究旅游企业管理活动过程中的各种要素与相互关系的一门学科。旅游企业管理是经营和管理各种旅游产品的企业，具体包括旅行社管理、风景区管理、娱乐业管理、饭店管理、旅游交通企业管理、游船企业管理等。

旅游企业管理的基本性质也具有与生产力、社会化大生产相关的自然属性和与生产关系、社会制度相关的社会属性。

(1)旅游企业管理的自然属性

旅游企业管理的自然属性是指旅游企业管理过程中在不同的社会制度和意识形态中所表现出来的共性,反映出旅游企业管理的一般规律性。

旅游企业是一个开放的系统,它与环境有着密切的相互关系,同时,企业内部各环节、各部门也是一个有机的整体,共同完成对顾客的服务。旅游企业在一定时间内,其供给—接待能力是一定的,而客人的需求却是一个不断波动的数,这就行成了淡旺季的差异性。

文化是旅游业的核心与灵魂,旅游企业不同于别的企业,其有浓厚的文化色彩。旅游企业服务的对象是人。旅游者购买旅游产品的目的是为了其发展与享受精神层次需要,旅游企业也就成了游客探求和感受异地文化的一个组成部分;旅游企业生产和销售的是无形产品,其使用价值不仅表现在物质形态上,也表现在文化环境和氛围上;旅游企业都处于某个特定环境的地域,其传递着特定的地域文化。旅游企业文化性的表现形式是无形产品,其使用价值不仅表现在物质形态上,也表现在文化环境和氛围上;旅游企业都处于某个特定环境的地域,其传递着特定的地域文化。旅游企业文化性的表现形式是多方面的,现代旅游企业都通过硬件建设和软件设计来体现,还有旅游节事活动也能体现旅游企业文化。

(2)旅游企业管理的社会属性

现代旅游企业管理的社会属性主要表现在以下方面:政府加强宏观调控,许多国家和政府都制定了长期、中期以至年度的旅游经济发展计划,对一些垄断性的旅游资源直接纳入国家直接控制范围。政府主导型的旅游业在全球是一种成功的管理模式;旅游企业管理的目标趋向多元化,要考虑社会、生态与经济多重效益;旅游职业经理阶层出现,为应对多元需求,一批受过良好职业培训的经理阶层应运而生,使旅游企业的所有权与经营权发生了分离。在社会主义条件下管理的社会属性与资本主义社会存在着根本的不同。社会主义条件下,管理的社会属性应当体现为任何企业、任何个人在实行管理时都要从全社会、全体人民的利益出发,并且自觉地让局部利益服从全局利益,个人利益服从集体利益。任何层次的管理者都应当真正成为人民的公仆,而人民则应当真正成为各个社会组织的主人。

6.2.4　旅游企业管理的意义

旅游企业是构成旅游业的主体,加强旅游企业管理对促进旅游业发展具有十分重要的意义。旅游企业的整体状况影响着旅游业的发展水平,这需要提高旅游企业投入产出效益水平,必须加强对旅游企业的管理;提升旅游企业的经营管理水平,能增收创汇,拉动内需,刺激地区及国家经济发展;另外,改善当地就业状况,提高从业人员素质,传播文化,扩大地区乃至国家的旅游形象也需要加强对旅游企业的管理。

6.3　旅游企业管理的基本内容

本节介绍的旅游企业管理的基本内容包括旅游景点管理(包括乡村旅游及休闲农业园区)、旅行社管理、饭店业管理及其他相关企业管理。

6.3.1　旅游景区(点)管理

旅游景点是旅游业的核心部分,其为旅游者提供观赏娱乐功能,是吸引旅游者从居住地来到旅游目的地的根本性因素。旅游景区管理主要包括旅游景区资源环境与开发管理、旅游景区形象管理、景区及安全管理、景区的营销管理、旅游景区的游客管理、旅游景区人力资源管理及旅游景区财务管理等。

旅游景区资源环境与开发管理是景区管理的核心内容,没有一个优质的资源与环境,旅游业就难以持续发展。开发利用必须与对资源环境的保护相结合,但保护并不等于不开发利用,在开发利用中保护,在保护中开发利用。景区开发利用不能过度,不能超容接纳游客,特别是一些环境容量敏感的生态型景区,要做好科学规划,适度开发利用。对一些以文物及遗迹为主的景区,更是要加强对资源的保护,一旦产生对文物及遗迹的损坏,就是不可逆转的。景区资源环境与开发管理是景区管理的重中之重,必须持续高度重视。对一些严重破坏行为要诉诸法律。

景区服务质量及安全管理也是很重要的。景区服务质量是景区旅游业发展的关键因素。现代服务业已提出了全方位的服务质量要求,旅游业是综合性的服务业,景区服务质量不仅是实物服务,更多层面是在精神上为游客提供优质的服务,为游客提供物有所值的服务。近年来游客投诉不断上升一方面是景区服务质量下降或没有达标,另一方面是游客品位随社会进步而有所提升。这就要求景区提供更高质量的服务。景区服务质量包括诸多方面,如景区整体环境的优良级别、景区旅游资源的划分等级、景区设备与设施的完善程度、景区导游服务系统的水平高低及景区人性化服务的级别等。景区服务质量的提升必须要上述各方面的提高才能产生总体效果。景区安全管理是景区正常运行的保障,没有安全就没有游客。诸多例子表明,安全出了问题就意味着景区停业,甚至永久关门。安全管理是景区管理最基本的工作。这里所指的安全,主要包括人身安全及财产安全。产生安全问题的原因主要是自然原因及人为原因,自然原因指自然灾害。人为原因是多方面的,有人的故意行为或工作疏忽而引起的。对自然灾害要加强日常监控与预报,对人为原因要加强对人的管理,只有做好预防才能做好安全管理工作。

近年来全国各地一些知名景区(点)每逢节假日游客爆满,出现严重的拥挤现象及旅游质量的严重下降受到人们的关注,从而引起传统旅游市场的滑坡,出国旅游人数越来越多,入境游客数也呈下降趋势,这是值得旅游界重视的问题。如何控制高峰期进入人数,如何提升旅游服务质量,是今后旅游景区质量管理的重要环节。

景区的营销管理是景区管理工作的基本内容,对知名度不高的中小景区来说,没有营销就没有发展。做好景区营销管理,必须抓好市场定位及开拓、品牌宣传等工作,营销管理必须首先做好市场定位。进行市场定位是非常重要的,只有进行市场定位,锁定目标消费群体,才能获得较大的发展空间。它是建立在市场调查的基础上。旅游景区的调查,应收集周边人群的旅游消费习性、地域环境、交通情况以及早期进入此市场的先行者,即竞争对手的情况(包括其旅游项目特色、经营策略、消费人群与价格、其合作伙伴)。只有对这些资料进行调查分析,才能制定有效的经营策略与市场定位。通过市场定位,找到机会市场,这样旅游景区特别是中小景区的发展空间才大,才能获得较宽松的发展环境。待景区发展步入成熟期、稳定发展期后,要做针对性的大区域范围的消费者市场定位及相应的营销策划,只有这样景区营销才能紧跟发展的需要,否则会落后被动,失去机会,影响景区的发展。

品牌的宣传是营销工作的重要环节。在竞争激烈的旅游市场,品牌形象的建设已成为经营策略的重点,如何通过品牌形象的建设,培育市场、培育忠诚的消费者,是品牌建设的核心。主要通过以下手段来实施品牌宣传。

区域广告宣传:中小景区的主要客源是在其景区附近的人群。在广告宣传上,可选择区域性的媒体,集中优势,重点突破。

软文宣传:这就要求中小景区与媒体建立起良好的关系,通过媒体这一平台,把中小景区的游乐项目的优势、核心的业务,运用系列化的图文结合,向消费者灌输,从而引起其注意,进而产生游玩的欲望,以拉动消费市场。

户外广告宣传:户外的墙体广告,目前在一些城市在政策上是限制的,但失去这一宣传载体,并不是说户外的广告宣传就没有载体,可以选择车体广告、候车亭广告等这一宣传载体。在选择这一类宣传载体时,也需考虑是否有针对性。一般来说,要考虑其客源量、地域性。在景区营销策略上,一般实行事件营销、优惠促销。事件营销因为其特殊性,常常能吸引公众的注意力。而优惠促销则是一种比较普遍的营销手段,如实行折扣优惠,这种方式较常用,但操作的效果不是很明显。针对目标消费群体,运用有效地市场开拓与营销手段,才能进一步扩大市场份额。营销手段除了上述手段,还有公关促销、节庆活动、专题活动、公益活动、利用旅游宣传册促销、利用旅游录像带和光盘促销、联合营销、网络营销、体验营销等。当然,提升服务质量才是营销实施的关键,否则难以实现目标。市场开拓是营销工作的必要环节。一般景区的市场目标主要是开拓两个市场,一是针对旅行社。作为景区来说,旅行社是主要客户来源,因此,景区在市场开拓上应把重点放在与旅行社合作渠道的建设上。如果能与各旅行社建立合作关系,其市场份额也得到了保证。二是针对散客。随着旅游意识的提升,散客也日益成为一个庞大的市场。为抓住这一客源,景区必须靠营销活动,才能带动这一消费群体。游客管理就是景区经营者以游客为管理对象,对游客在景区内活动全过程的组织管理,以保证景区的旅游活动能长期稳定地发展。其目的是为了规范与引导游客行为,以减少对旅游目的地的环境资源破坏;提高旅游体验质量,增加游客满意度;协调环境保护与游客需求关系。主要包括景区游客行为管理、景区游客安全管理、景区游客服务管理。要做好游客管理就需要建立健全服务设施,给游客提供准确、详细的信息,做好导游工作,对游客不文明行为给予引导,并限制或实行游客分流管理,预防和处理游客安全问题。

旅游景区人力资游、管理的内容主要包括职务分析与设计、人力资源规划、员工招聘与选拔、绩效考评、薪酬管理、员工激励、培训与开发、职业生涯规划、人力资惯、会计与劳动关系管理。人力资源管理的主要环节为员工招聘与录用、员工的教育培训、员工的沟通与激励、员工绩效评估。旅游景区人力资源管理的措施主要有宏观与微观手段。

宏观手段主要有:分析人力资源现状;确定人力资源发展的指导方针和战略目标;调整人力资源结构,包括专业结构、层次结构、数量结构、年龄结构等;加大培养力度,全面提高人力资源的素质;实现人力资源的合理配置,加强人力资源的合理利用的制度的建设;制定工作规范,实行科学管理;发展企业文化,建设精神文明。

微观手段主要有:重视人力资源的组织机构,成立人力资源部,进行全方位开发;加强人力资源管理队伍的建设;制定人力资源计划及管理政策;重视员工补充或更新;加强员工的教育、培训、发展;做好激励管理;做好员工福利管理;做好员工的考核评价管理。

旅游景区财务管理主要包括筹资管理、投资管理、利润(股利)分配管理、销售管理与成本管理。筹集资金是景区资金运动的前提,也是景区发展壮大的重要因素;投资管理也就是把景区筹集的资金投入使用;利润分配管理就是把景区红利按投资比率分配给投资人受益;销售管理就是管理各销售途径的收支状况;成本管理主要注重成本高低的控制。做好景区财务管理工作要做好以下工作:景区财务预测、景区财务决策、景区财务预算、景区财务控制与财务分析。总体上要针对财务管理、财务工作制定财务制度,依据国家有关法律、法规及财务制度,并结合景区具体情况制定财务制度,按规范严格管理。

6.3.2 旅行社管理

旅行社也是一个典型的中介服务型产业,它是从事招保、接待旅行者,组织旅游活动的企业。旅行社的功能包括设计并销售旅游产品、旅游中介服务、旅游信息咨询和反馈等。

旅行社管理包括旅行社的营销管理;旅行社的发团管理;旅行社的接团管理;旅行社人力资源管理;旅行社财务管理;旅行社质量管理;旅行社风险管理。旅行社营销管理包括旅行社产品的开发、价格管理、销售管理、促销管理。其营销管理、人力资源管理、财务管理、质量及风险管理的基本内容类似于景区管理,这里不作介绍。旅行社接团管理包括接团过程的管理、散客的接待、旅行社售后服务等。接团管理要注重各个环节,从游客报名入团到结束旅游行程这一整个过程都要精心安排,尽量让游客满意,感受到物有所值。散客接待也是旅行社业务的重要工作,散客游的比例越来越高,其消费水平也不断提升,做好散客接待管理已是业界共识。散客接待工作也应与团队接待工作一样,全方位地做好服务,不断提升服务质量。旅行社售后服务非常重要,往往被忽视。做好售后的反馈及解决投诉问题是售后服务的主要工作,要不断地提出有针对性及个性化的售后服务,做好售后服务是赢得声誉的重要途径,也是赢得回头客的关键手段。

6.3.3 饭店业管理

饭店业管理包括饭店营销管理、饭店人力资源管理、饭店服务质量管理、饭店设备与物资管理、饭店收益成本控制管理、饭店信息管理。其管理方法较多,基本可概括为制度管理法、经济管理法、行政管理法、教育管理法、定量管理法、走动管理法、感情管理法、表单管理法。饭店管理有其旅游业管理的共性,也有特别之处。

定量管理法也就是严格按照工作的任务数量来管理,既可精确化,又可提高服务质量;走动管理法又称为现场管理法,要求管理者深入现场,加强巡视检查,调节饭店业务经营活动中各方面关系的方法;感情管理法是由饭店无形服务而产生的一种投入感情服务的一种方法;表单管理法是通过表单的制作及传递来达到管理的方法。

饭店业管理中要特别注意以下几方面:

饭店的特点是有形设施和无形服务两部分构成的。无形服务重在服务员的仪表仪容、仪态,服务员的礼节、礼貌、礼仪,服务员的服务态度,服务员的服务技巧,服务的程序、标准。

饭店消费是高消费,高消费产品是讲究气氛的产品。气氛是客人对饭店的一种感受,是一种无形的特点。气氛取决于设施条件和外貌、饭店的员工与客人、饭店中人们从事的活动、音乐和娱乐等活动。

饭店业是高职业化产品。饭店的每一项服务的每一个动作及服务程序,都是经过严格的培训并作为规范来执行的,要求服务员不断加强职业化培训,才能完成服务任务。

　　饭店服务的质量具有不稳定性。饭店产品的质量在很大程度上取决于服务人员为客人提供面对面的服务,服务员的情绪波动很大,所以饭店产品的质量不容易稳定,同一项服务,不同的人会有不同的服务质量的个性需求。

第7章 旅游者管理

作为旅游活动的主体,旅游者具有不同的旅游需求。在旅游过程中,不同的旅游者有不同的旅游行为和旅游消费行为,也会产生不同的身心感受,获得不同的满足感。游客管理是提高旅游者旅游体验质量,培养引导旅游者,塑造高质量旅游目的地的重要途径。

7.1 旅游需求

7.1.1 旅游需求的概念及产生

7.1.1.1 旅游需求的概念

旅游需求是指为实现特定的偏好或欲望,在某一特定时期内,在核心旅游产品的各种可能价格和在这些价格水平上,潜在旅游者愿意并能购买的数量关系。然而很多地方都混淆了旅游需求和旅游需求量的概念,在此,有必要对旅游需求和旅游需求量作一个区分。旅游需求只是反映了人们主观上对旅游产品的购买欲望大小和需求的强度,并不是人们实际购买的旅游产品数量。而旅游需求量是对旅游需求的种种度量,它是指人们在一定时间内愿意按照一定价格而购买某种核心旅游产品的数量。

7.1.1.2 旅游需求的产生

旅游需求的产生既有主观方面的作用,也有客观条件的影响,从主观上看,旅游需求是由人们的生理和心理因素所决定的;从客观上讲,旅游需求是科学技术进步、生产力提高和社会经济发展的必然产物。

(1)旅游需求产生的客观因素

①旅游产品的吸引力。旅游产品的吸引力是指旅游产品吸引旅游者的能力,它是激发人们的旅游需求和吸引旅游者的重要前提条件。一个旅游地的旅游资源越丰富,旅游吸引力就越强,激发旅游者需求的能力就越强。

②支付能力。旅游支付能力是形成旅游需求的基本条件,在旅游消费还没有成为日常性消费的时候,旅游支付能力是指个人或家庭的全部收入中扣除全部纳税和必需的日常生活和社会消费后所剩下的可能用于旅游消费的那部分收入。收入水平就意味着支付能力,可自由支配收入的水平就决定着一个人的旅游支付

能力,即可自由支配收入越高,旅游支付能力就越强。旅游支付能力不仅影响着人们的旅游消费水平和旅游消费构成,而且还影响到旅游者对旅游目的地及旅游方式的选择等等。

③闲暇时间。旅游需要时间,人们闲暇时间的增多是产生旅游需求的必要条件。闲暇时间就是人们在日常工作、学习、生活之余以及必需的社会活动之外,可以自由支配的时间。闲暇时间并非完全用于旅游,较长距离的旅游需要有较长而且比较集中的闲暇时间才能实现。闲暇时间的长短影响旅游地域范围和旅游者的旅游方式,从而影响旅游需求实现程度。

④交通运输条件。现代科学技术的进步,为人们提供了方便快捷的现代化的交通运输条件,大大缩短了旅游的空间距离,促进了旅游需求的产生和国际国内旅游的迅速发展。各种大型民航飞机、高速空调客车、高速列车等运输工具的应用,促使旅游者在旅游活动中的空间移动更加舒适、方便和安全,有效地刺激了人们的旅游需求。

⑤其他客观因素。影响旅游需求的产生,除了以上的几个因素外,还有其他很多客观因素,例如人们的性别、年龄、职业、受教育程度、家庭结构等。

(2)旅游需求产生的主观因素

旅游需求产生的主观因素,实质上是人们在各种外在因素和条件综合作用下,所反映出来的从生理和心理上对旅游的一种渴望。它包括生理性因素和心理因素。

①生理因素。人们的生理需要不仅是人们的先天性需要,也是维持人的生命所必不可少的基本因素。随着生活水平的提高,人们的生理需要由主要追求食物、安全、穿着等方面的满足发展到对新鲜空气、良好的环境、健康的体质等方面的追求,同时也促使人们产生了休闲、度假、疗养、健身等旅游需求和动机。因此,从生理因素看,旅游需求的产生和发展实质上是人们不断追求生活质量提高的结果,是基于人体生理需要而产生的原动力。

②心理因素。人们的心理需要是人们在与自然、社会、他人之间的相互交流过程中所反映出来的主要心理状态,其表现为人们的一种高层次的需要。例如,人们通过学习、工作、社交等活动,促使人们产生了扩大视野、见识世界、探亲访友等的旅游需要和动机。因此,从心理因素看,旅游需求的产生实质上是人们对自然和社会文化环境的一种反映和自我适应的过程。

③旅游动机。旅游动机是旅游需求产生的主观条件之一。旅游动机是自主的、能动的主观愿望,是形成旅游需求的首要的主观条件。旅游动机除了受个人的经济能力和闲暇时间的影响外,还要受个人的兴趣、爱好、专业、对生活的态度、对环境的知觉、受教育程度、个人生活的社会环境和背景等等各方面因素的影响。

7.1.2　旅游需求的特点

旅游需求是人类需求的重要组成部分,是人们消费需求的一种特殊需求。因此,旅游需求具有不同于人类其他需求的重要特征。

（1）高层次性

人类需求具有多样性,通常由低级到高级的顺序将需求分为生理的需求、安全的需求、社交的需求、自尊的需求和自我实现的需求。随着人们生活水平的提高,人们在满足了低层次需求后就会追求更高层次的需求。

研究旅游心理学的专家往往把旅游视为追求心理满足的活动,尤其是在现代工业化社会的快节奏状况下,由于人们对原始的大自然的迫切需求,各种追求新、异、奇、美为主的旅游需求就成为人们更高层次的心理需求。

（2）多样性

由于人们的个性差异、生活条件的不同、经济收入的差别和人们所处的社会环境的影响,使人们的需求呈多样性,因而旅游需求也表现为一种多样性的需求。例如,为了缓解紧张的工作压力,有的人愿意选择攀岩、漂流、蹦极等冒险性的旅游项目,有的却喜欢观赏自然风光、欣赏人文景观等旅游项目,还有的钟情于疗养、温泉、健身、医疗等康体保健的旅游项目。正是由于旅游需求的多样性就要求旅游产品也具有多样性。

（3）主导性

旅游需求是在外部刺激影响下,经过人的心理作用而产生的。旅游需求的产生虽然受旅游产品吸引力作用,受经济、社会、政治、文化及环境等各种因素的影响,但最根本的还是由人的心理所决定。人们的价值观、生活方式、生活习惯、消费特点等都会直接决定和影响旅游需求的产生,因而旅游需求是一种主导性的需求。尤其是在现代,随着经济的发展,随着人们的支付能力的提高,使得旅游需求迅速成为人们积极追求的一种主动性消费需求。

（4）敏感性

旅游需求对社会、政治、经济以及旅游风尚的变化敏感度很强,如果旅游目的地的社会政治状况良好,则为旅游的发展提供了很好的社会旅游环境,旅游需求会明显增加。若目的地的政治不稳定或社会动乱,不论其旅游产品如何低廉,对游客吸引力都不会大,旅游需求明显减少。例如,我国每年推出的专题旅游年,加上一系列的促销活动,引发了新的旅游需求热;而"9·11"事件发生后,美国的旅游需求量明显减少。

（5）季节性

旅游需求具有较强的季节性,主要是与旅游目的地的自然气候,同时也与客源地的气候条件、假期分布以及旅游者的闲暇时间有关。由于旅游者的闲暇时间大多集中在某段时间,如我国的春节、"十一"黄金周,尤其是寒暑假最为集中,这也就使得旅游需求在这段时间大量集中。

7.1.3　旅游需求的发展变化

旅游需求是伴随着社会经济的发展而发展和变化的。旅游需求的变化具体体现在三个方面：旅游需求量的增加、旅游需求质的提升和旅游需求多样化。

（1）旅游需求量的增加

旅游需求量的大小与社会发展水平、社会富裕程度成正比。生产技术的提高，使得人们收入水平提高和闲暇时间增多，这是旅游需求量增加的一个因素；另外，信息技术的发展，使得人们视野更加开阔，对于自然、文化、历史的探索欲望更加强烈，并希望有更多的受教育和跟外界深入交流的机会。

（2）旅游需求质的提升

随着旅游者对旅游需求量的增加，他们对旅游产品质量要求也随之提高。现在的旅游者越来越注重体验过程，他们开始追求一种回归自然、参与性强的旅游活动，并且希望在旅游过程中增长知识、陶冶情操，体验大自然所带来的轻松、自由和快乐的感觉。

（3）旅游需求多样化

随着旅游需求的发展，旅游需求开始由过去单一的观光、娱乐等形式向休闲化、个性化和参与性转变。主要转变体现在以下几个方面。

①休闲旅游需求。近年来，休闲度假的旅游需求在大幅度上涨，农家乐、度假村成为城市大多数居民周末放松和休息的好去处。

②个性化的旅游需求趋势越来越明显，许多旅游者开始自主地选择旅游路线和消费方式。

③自驾车旅游需求。随着越来越多的家庭拥有私家车，自驾车旅游需求也变得越来越普遍。自驾车旅游，既满足了旅游者休息旅游的需求，又带来了亲朋知己聚会和驾车的乐趣。

7.2　旅游者行为及其特征

不同的国家和民族在历史传统、文化背景、社会制度、民族特点等方面存在着差异，这就导致了不同民族和国家的旅游者具有不同的旅游行为。

7.2.1　旅游者的概念

对旅游者的定义，不同的学科背景、研究视角、研究目的和研究主体都会得出不同的结论。这里主要介绍国际国内对旅游者的定义。

7.2.1.1　国际上的定义

（1）国际旅游者

1976 年，联合国统计委员会召开了由世界旅游组织以及其他国际组织代表参加的会议，明确了游客、旅游者和短途旅游者的技术性定义，成为当今世界大多数国家使用的旅游者定义：一个游览者离开常住地到另一个国家旅行，至少停留一夜但不超过 1 年，主要目的不是在所访问的地区从事获取经济利益的活动。具体内容如下。

下列几类不属于游客：

①为移民或获得一个职业而进入其他国家的人。

②以外交官或军事人员身份访问该国的人。

③上述人员的随从。

④避难者、流浪者或边境往来工作人员。

⑤逗留时间超过一年的人。

下列几类属于游客：

①出于娱乐、医疗、宗教、探亲、体育运动、会议、学习或过境的目的而访问他国的人。

②中途停留在该国的外国轮船上或飞机上的乘客。

③逗留时间不到 1 年的外国商业或企业人员，包括安装机器设备的技术人员。

④国际团体雇佣不超过 1 年或回国短暂停留的侨民。

(2)国内旅游者

世界旅游组织定义为：国内旅游者指在本国某一目的地旅行超过 24 小时而少于 1 年的人，其目的是休闲、度假、运动、商务、会议、学习、探亲访友、健康或宗教。国内短途旅游者指基于以上任意目的并在目的地逗留不足 24 小时的人。

7.2.1.2　我国对旅游者的定义

国家旅游局对此进行了统计，并制定了相关的统计指标定义。

(1)游客

任何一个因为休闲、娱乐、观光、度假、探亲访友、就医疗养、购物、参加会议或从事经济、文化体育、宗教活动，离开常住国（常住地）到其他国家（地方），连续逗留时间不超过 12 个月，并且在其他国家（或地方）的主要目的不是通过所从事的活动获得报酬的人。游客不包括因工作或学习在两地有规律往返的人。游客按出游地分为国际游客（即海外游客）和国内游客；按出游时间分为旅游者（过夜客）和一日游游客（不过夜游客）。

(2)海外旅游者

海外旅游者是指来华旅游入境的海外游客中，在我国旅游住宿设施内至少停留一夜的外国人、华侨、港澳台同胞。

(3)海外一日游游客

海外一日游游客是指来华旅游入境的海外游客中，未在我国旅游住宿设施内过夜的外国人、华侨、港澳台同胞。海外一日游游客包括乘游船、游艇、火车、汽车来华旅游，在车（船）上过夜的游客和机、车、船上的乘务人员，但不包括在境外

(内)居住而在境内(外)工作当天往返的港澳台同胞和周边国家的边民。

(4)国内旅游者

国内旅游者是指我国大陆居民离开常住地到境内其他地方,并在旅游住宿设施内至少停留一夜,最长不超过 6 个月的国内游客。国内游客包括在我国境内常住 1 年以上的外国人、华侨、港澳台同胞,但不包括到各地巡视工作的部以上领导、驻外地办事机构的临时工作人员、调遣的武装人员、到外地学习的学生、到基层锻炼的干部、到境内其他地区定居的人员和无固定居住地的无业游民。

5.国内一日游游客

国内一日游游客是指我国大陆居民离开常住地 10 千米以上,出游时间超过 6 小时、不足 24 小时,并未在境内其他地方的旅游住宿设施内过夜的国内游客。

7.2.2　旅游行为的概念和特征

7.2.2.1　旅游行为的概念

旅游行为是指旅游者对旅游目的地的选择,以及以旅游为目的的空间移动、游乐活动及与之相关的生活行为。

(1)旅游决策行为

旅游决策行为是指旅游者根据所收集的各种信息,根据自己的主观偏好对旅游地的选择以及对旅游活动进行设计、规划和相关事项做出决定的心理过程。它包括对旅游目的地、交通工具及组织形式的选择、旅游内容和时间的安排、旅游花费的预算等。其中,信息收集的方式和对目的地的选择是旅游者最重要的决策行为。

(2)旅游空间行为

旅游空间行为是指旅游者奔赴旅游地和到达旅游地进行游玩的过程中一系列行为的总和。旅游空间行为是以决策行为为基础的,空间行为中的许多特征是由决策行为的原则所决定的。保继刚根据涉及的空间大小把旅游空间划分为大、中、小三个尺度,提出了各尺度空间行为所涉及的空间大小以及旅游者所表现出来的空间行为特征。

7.2.2.2　旅游行为的特征

由于旅游需求、旅游动机、旅游者个性心理特征不一样,不同的旅游者所表现出来的旅游行为特征也就有所差异。例如,在大学生出游目的中,女生在调节精神、观赏风景、娱乐购物以及开眼界、长见识上的比率明显要高于男生,而男生的求知需求和喜爱体育娱乐活动的比率又要稍高于女生。

对旅游行为特征的研究中,斯坦利.C.帕洛格的研究比较经典。

帕洛格根据心理类型将旅游者划分为五类:自我中心型、近自我中心型、中间型、近多中心型、多中心型，他们在旅游活动中具有各不相同的行为表现。"自我中心型"的人，以自己的理想为中心，只注意自己生活范围内狭小的事情。这种人思想慎微、多忧多虑、不爱冒险，行为上表现为喜安逸，好轻松，活动量小，喜欢熟悉的气氛和活动。"多中心型"的人对各种事物都有广泛的兴趣，性格外向，行为自信，喜欢冒险，希望自己一生有所造诣，旅游时虽然也需要旅游业为其提供某些最基本的旅游服务，如交通和住宿，但更倾向于自主性和灵活性，其中某些人还尽量少用或不用旅游企业的服务。"中间型"的人则介于"自我中心型"和"多中心型"之间，旅游行为上不那么极端。从人数比例来看，中间型的人数占绝大多数，而"自我中心型"和"多中心型"的人数比例则很小，在两个极端和"中间型"之间还可以划分出"近自我中心型"和"近多中心型"类型的人是"中间型"向两个极端的过渡型，从而使不同类型的人数分布呈现中间大两头小的正态分布。

7.2.3　影响旅游行为的因素

不同旅游者的旅游行为是不同的，但是就旅游者这个群体而言他们在旅游行为的选择上还是有一定规律可循的。由于旅游决策行为是一切旅游行为的基础，所以，在此主要从旅游决策方面来讨论影响旅游行为的基本因素。影响旅游决策行为的主要因素有感知环境、最大效益原则、旅游偏好。

7.2.3.1　感知环境

感知环境是人们把进行旅游决策时收集到的各种信息摄入脑中，形成对环境的整体印象。感知环境包括旅游地的旅游环境和客源地到旅游地的距离两方面。感知环境强烈的地方，易引起旅游决策行为。相反，没有被旅游者摄入脑中、感知环境薄弱的旅游地，即使有较高的旅游价值，往往也不能引起旅游者的兴趣。

感知的旅游环境包括旅游地的知名度、性质，旅游地资源、内容及组合状况，旅游地的环境质量、基础设施等很多方面的内容。例如，外国旅游者到我国来旅游，往往会选择北京、上海、广州、西安等知名度高的城市，因为这些城市不仅在城市功能、城市规模、现代化水平等方面都达到很高的程度，而且是历史文化名城，具有独特的风土人情和文化习俗，是中国传统文化的完美体现。当人们在对旅游资源内容、丰富程度、环境质量与基础服务设施完善程度相当的两个旅游地选择时，往往会选择知名度高的那个旅游地。

感知距离是感知环境的另一重要方面。距离可分为客观距离和感知距离，客观距离以里程来衡量，而感知距离用克服距离所消耗的时间、资金和精力给人的感受来衡量。客观距离是感知距离的基础，但感知距离还受到交通条件的影响。旅途遥远，交通不便，感知距离就增加；反之减少。现在越来越多的旅游者喜欢出国或出省旅游，就是因为随着交通工具的发达，客源地和旅游地航线的开辟和高速铁路的开通，使得客源地和目的地的感知距离大大缩短。

7.2.3.2　最大收益原则

当人们在旅游决策时往往考虑如何在资金和闲暇时间限制下获取最大的旅游效益,这种效益受感知环境限制。最大效益原则主要表现在以下两个方面。

(1)最小的旅游时间比

往返于旅游地与客源地之间所耗费时间与旅游者在旅游地所耗费时间的比值称为旅游时间比。旅游时间比越小,用在交通工具上的时间就相对要少,反之在旅游地停留的时间就越多,所带来的旅游效益就越大,因此人们在做出到某一旅游地旅游的决策时总是追求最小旅游时间比。在两个类型相同、所供个人游玩时间近似,但到居民地的所花的时间不同的旅游地中选择时,人们肯定会选择最近的旅游地旅游。例如,美国旅游者选择夏威夷比选择塔希提度假的可能性更大,虽然旅游者在两个海岛上都可以参加基本相同的活动,获得同样的乐趣,但是,塔希提远得多,人们都会选择近的旅游地。

(2)最大的信息收集量

人们外出旅游的目的主要是希望通过旅游获得环境信息,增强对异地环境的了解,同时使自己的心情获得最大的放松。对最大信息量的追求使人们在选择旅游地时有以下两个趋向。

①选择最有名的旅游地旅游。知名度大的旅游地往往比知名度小的旅游地有更大的稀缺性,人们通过旅游消除稀缺性越大,获得的信息量也越大。

②选择自然环境和文化环境与居住地差异较大的旅游地旅游。差异是旅游地吸引力的最重要的特征,环境差异越大越能引起旅游者的兴趣。这从人们对目的地的选择行为可以得到证明。例如,我国南方的居民对冰雪景观的追求。南方地区受其气候的影响,很少见到大片的冰雪景观,这里的居民在冬季外出旅游时就会选择跟南方景观有很大差异的北方地区。又如,在体验不同的文化和生活方式方面,我国去到欧洲和美洲的游客比去亚洲其他国家旅游的游客有较浓厚的兴趣。

7.2.3.3　旅游偏好

不同的旅游者的个性特征是不尽相同的,这些个性特征在选择旅游地的时候就显现出来了,我们把这种个性特征差异对旅游行为的影响称为旅游偏好。对旅游偏好的研究可以从年龄、职业、学历、性别等方面去探讨。

(1)年龄

人的兴趣爱好、气质等个性都是随着年龄和生活经历在不断变化的。少年儿童天真活泼,他们有极强的好奇心,对新鲜事物充满热情,特别喜欢游乐场所和动物园。青年人求新、求知、求享受等倾向强,具有较高的冒险精神,因而对冒险性强、刺激性强和体能消耗大的旅游活动感兴趣。中年人有较多的生活经验,处事稳重,对与自身专业爱好及享受方面的旅游活动感兴趣。老年人沉着老练,喜清静之地。

（2）职业

旅游者的身份有工人、农民、学生、干部、军人等。不同的职业环境影响到旅游者的个性形成和发展,产生不同的旅游兴趣。如教师、干部对风景名胜区较感兴趣,退休人员较喜欢保健、森林、疗养等。因此,旅游的偏好往往与个人的职业有密切的关系。

（3）学历

不同的学历反映着旅游者受教育程度的差异,同时也影响着旅游者个性、感知范围和感知深度等。一般来说,旅游者的旅游愿望与对外部世界的了解是成正相关的,旅游行为的层次与学历也是成正相关的。学历高的人基于理性的认识丰富,其旅游的目的性较强,对较有内涵的旅游地较青睐而低学历的人易受大众媒介影响,旅游的目的性也相对较弱,喜欢娱乐和消遣性的旅游活动。

（4）性别

由于男女在生理上和心理上都有不同,导致男女性在旅游行为上也存在较大差异。如男子的主动性、冒险性使其偏好于刺激的旅游活动,因而男性对文物古迹、探险类旅游目的地的偏好则比女性高;而女性由于其被动性、求实性,使其在旅游行为上显得矜持些,女性对山水风光、民俗风情、田园风光和海滨沙滩等类旅游目的地类型的偏好比男性高。

7.2.4 旅游行为过程

旅游行为过程包括旅游出发之前的旅游信息收集到从旅游地回到居住地之后的与旅游活动有关的所有行为。旅游者旅游行为过程可概括为旅游前的旅游决策阶段、旅游途中目的地游览阶段和旅游后返回家园三个阶段。

7.2.4.1 旅游决策阶段

旅游决策是旅游者对各种旅游信息、机会或备选旅游方案进行整理、评估、筛选,直至最终做出决策的过程。旅游者通常需要确定旅游目的地、旅游方式、旅游最佳出行时间,在此期间会受到诸如旅游者的经济条件、个人爱好、对目的地了解程度、朋友建议等众多主客观因素的影响。

旅游决策过程一般包括以下三个步骤:

第一是认识需要,旅游者在此阶段了解自己的旅游需求。

第二是信息搜集,旅游者需要从多种渠道搜集旅游信息资料。这些渠道包括各种新闻媒介、旅行社、导游子册、亲朋好友、有经验的旅游者等,其中旅游者的亲朋好友以及有经验的旅游者会对旅游者的旅游决策起到很大的影响,然后是互联网,由于其信息全面,成为越来越多旅游者搜索资料必不可少的工具。

第三是评价对比。旅游者对收集到的信息进行比较和判断,首先就是确定旅游目的地,然后再结合自己的闲暇时间等安排旅游方式和旅游日程,即对旅游线路、游览日期、游览时间进行选择并做出决策,还要根据自己的经济能力选择交通工具和住宿。旅游者对目的地选择是最重要的决策行为,主要受出游的花费与时间限制、旅游价格、消费者偏好、旅游产品、信息与广告、旅游城市化及新旅游目的地的出现等因素的影响,其中旅游产品的多样性和差异性是最具有吸引力的。

7.2.4.2 目的地游览阶段

在目的地旅行游览是整个旅游活动过程的主体和核心部分,包括旅游者从居住地出发前往目的地一直到从目的地返回居住地这一段时间的旅游行为。旅游期间,旅游者首先经历的是前往目的地的旅行。到达目的地后,以宾馆饭店为基地,游客们穿梭于各个景点、景区之间,观赏自然风光、人文景观,参加各种游乐活动,接触不同人群,了解当地的风土人情,全身心地投入各种旅游体验中,直至旅程结束。

(1)旅游观赏

旅游观赏是指旅游者在旅游目的地通过视听感官对外部世界中所展示的美的形态和意味进行欣赏体验的过程,旨在从中获得愉快的感受。旅游观赏是旅游审美活动的主要形式之一,是对旅游景观所包含的美景要素的具体感受和把握的过程。

旅游观赏有日常生活中的其他一般观赏所没有的一些特征,主要体现在以下方面。

①异地观赏。日常生活中的许多可供观赏的物象,与旅游观赏的物象在本质上没有什么不同,但由于旅游观赏是一种异地感官体验,从而带有一种新鲜、奇特、特殊的感觉。

②实地观赏。旅游者在目的地的观赏是一种身临其境、获得全身心审美愉悦体验的实地实景观赏,这份感受是全面的、终生难忘的,与在家中坐在电视机前观赏旅游纪录片、网上虚拟旅游或与亲朋好友一起欣赏照片时的感觉截然不同。

③非功利性观赏。旅游者一旦进入旅游观赏中,无论观赏对象是自然的山川胜景还是世俗的人间万象,他都会摆脱功利性的束缚,扬弃欣赏对象物中的功利性成分,专注于吸取对象物中美的汁液,以获得纯粹的审美愉悦。

(2)旅游交往

在旅游过程中,旅游者会接触到各种不同的人群——本国的旅伴和旅游经营者,目的地的居民和旅游经营者,其他国家或地区的游客,以及自己远在异国他乡的亲朋好友等,彼此通过相互接触交往,产生影响并相互作用。旅游交往起始于旅游购买之时,终止于旅程的结束。

旅游交往有别于日常交往,其主要特征表现在:

①异地暂时性。旅游交往是一种异地暂时性的个人间非正式交往。旅游交往多属于邂逅式交往,彼此间缺乏相互了解的基础,且接触时间短,无法深入了解对方,也缺少进一步交流的机会。但是有的旅游者却把旅游交往视为外出旅游的一个新目的,不断地返回某个既定的目的地,原因是他们已与当地居民结下了友谊,由游客变成了当地居民的朋友。这是旅游交往追求的最高境界。

②非约束性。旅游交往是自愿平等的,没有组织规范的严格约束旅游者在旅游过程中角色发生了变化,由日常生活中的普通人变成了"旅游者"于是便具有与普通人不同的心态,会全然不顾年龄、社会地位和长幼之分,皆以旅游者的身份进行旅游体验的交流。

旅游交往方式一般分为五种,即潜在性交往、示意、互动、互助和竞争。潜在性交往没有发生现实的接触,通常是旅游者在未出发之前对旅游服务提供者和当地居民太多的一种猜测。示意是以向交往伙伴做出某种姿态而不介入对方的活动。示意可以是向同行的人提议、启发、试探和商量,也可能是向旅游经营商提出的各种旅游咨询。示意虽然已经有了现实的交往对象,但还不是真正意义上的交往。互动是在旅游活动过程中最为重要的一项交往方式,是人与人最直接的交流沟通。通过互动式的交往,可以沟通不同国家、不同地区、不同民族、不同文化背景下的旅游者,以增进理解。互助不仅体现在旅游活动需要依赖他人提供的以物质设备、设施形式表现的产品,而且还体现在旅游过程中旅游者与旅游者、旅游者与旅游企业员工之间、旅游者与当地居民之间的互相帮助、理解与支持。旅游过程中的竞争主要表现在旅游者之间争夺优质低价的旅游产品,旅游者与旅游经营人员之间的经济利益之争,旅游者与当地居民对资源使用的竞争。

旅游活动的本质是一个经历的体验过程,旅游者需要在旅游观赏、旅游参与、旅游交往和旅游消费中获得体验。愉快有效的交往是旅游者获得所期望的旅游体验的前提。在旅游者与当地的旅游企业和居民的旅游交往过程中,旅游者能够充分地体验到旅游地的本土文化和风俗习惯。在旅游者之间的旅游交往,旅游者还可以沟通不同地区、不同国家、不同民族、不同文化背景下的人们的思想感情,增进相互理解。这些使旅游活动产生丰富的体验。

(3)旅游参与

在旅游过程中,不同的旅游者会有不同的参与热情、能力和表现。有的旅游者只是走马观花,而有的旅游者却深入当地社会,渴望通过各种活动体验异地文化。有的旅游者会不顾自己的年龄、社会地位和长幼之分的约束,忘我地融入旅游环境中,达到人与自然的交融,这种情况被 Y.特纳(Yictor Turner)称为"康牟尼塔(communita)激情",如初见到大海的人们会惊叫着投身大海。更多的旅游者喜爱参与式旅游活动,体现了旅游产品发展的方向。

有的旅游者喜欢以模仿等形式参与或体验地方生活,如学几句当地简单的礼貌语和日常用语,或者穿上农民或少数民族的服装。旅游是脱离了日常生活内容和方式而在异地的暂时性行为,旅游者通过模仿体验他人的生活,以实现旅游愉悦。例如在北京故宫、颐和园参观时,旅游者就喜欢穿着仿制的宫廷服装留影,感受古装带来的愉悦;在西藏,旅游者就会用刚学会的藏语"扎西德勒"与他人打招呼;在少数民族地区,旅游者不仅穿上少数民族服装,还学当地人一起跳舞娱乐,表现出对当地风土民情的浓厚兴趣。

(4)旅游消费

旅游者的消费行为是旅游过程中最显著的行为特征之一,旅游消费在量上等于旅游者在旅游过程中支出的总和。旅游消费和日常消费相比,具有以下特点。

①旅游消费行为主要是一种心理体验过程。当旅游消费过程结束后,体验记忆会长期保留在消费者的头脑中,消费者愿意为体验付费,因为这个过程是美好、难得、不可复制、不可转让、瞬间即逝的。

②旅游消费获得的多是消费对象暂时的观赏、使用和享受权利。一般的日常消费获得的多是物品的所有权和使用权,而旅游消费不能获得消费对象的所有权。旅游者对旅游产品不同组成部分的消费行为也不完全一样,例如在对旅游资源进行消费时,所获得的是对旅游资源的暂时观赏权,除此之外,其他旅游产品都是以服务的形式提供的,在对此消费时,所获得的是对旅游设施和服务的使用和享受权利。

③旅游消费中包含较多的冲动型购买。旅游者在旅游过程中的消费不像居家消费时那样理智,因为旅游过程中见到的多是新奇、陌生的地方特产、工艺品以及其他旅游纪念品,较容易激发旅游者的购买欲。

④旅游消费有较高的价格弹性。一方面,旅游消费是一种追求发展和享受的高层次消费,必然随着收入水平、旅游价格的变动而变化;另一方面,从消费项目的结构上看,多数项目的性质和地位处于对核心旅游消费的追加地位,表现出其从属地位和弹性支出,如娱乐、购物消费。当然,旅游消费中有些项目的价格弹性呈刚性,是旅游者的必需消费,如交通、住宿、饮食、旅游景点等消费。

7.2.4.3　返回家园阶段

当旅游者结束了旅游目的地全部游览活动,返回居住地之后,旅游者的角色也由一个旅游者转回到了普通居民。返回家园后,旅游者虽然开始了常规的日常生活,但是却进入对旅游回忆的兴奋中。旅游过程中所发生的一切在一段时间内仍然萦绕在旅游者的心头,使旅游者的心情难以平静,在向亲戚朋友炫耀或诉说那些令人高兴而又难忘的经历或者不愉快的经历的过程中,继续享受着旅游的快乐或发泄不满。只有当返回家园后,旅游者在精神上也恢复了日常生活的秩序,旅游活动的全部过程才算真正结束。

旅游者对旅游活动满意度的评价是这一阶段最重要的内容。旅游者会把旅游的实际感知与期望进行比较,包括比较所经历的各个旅游环节和目的地整体的服务。当感知超过期望,旅游者对本次旅游就感到满意,他会对目的地作口碑宣传。当感知不如期望,旅游者的满意度下降,甚至不满意,他一定会对目的地进行反面宣传,损害目的地形象。所以,旅游企业和旅游目的地要重视返回家园后阶段游客评价的管理工作。

7.3 旅游体验与旅游者消费

7.3.1 旅游体验

随着旅游需求的变化,旅游体验成为旅游者的核心需求。旅游体验是能够带给旅游者趣味、知识、转变和美的享受的一种特定的心理体验过程。由于旅游者对旅游目的地的选择、个人特征、审美素质的差异以及旅游者在旅游过程中的参与程度不同,使不同的人即使经历相同的旅游过程,他所获得的旅游体验也会不同。

7.3.1.1 旅游体验的概念

当旅游者离家踏上出游的旅途后,便开始了旅游体验。旅游体验是一个过程,即旅游者通过与外部世界取得联系从而改变其心理水平并调整其心理结构的过程。这种体验是旅游者的内在心理活动与旅游客体所呈现的表面形态和深刻含义之间相互交流和相互作用的结果,是借助于观赏、交往、模仿和消费等活动方式实现的一个时序过程。旅游从本质上来讲就是人们离开惯常环境,到其他地方去寻求某种体验活动,体验是旅游者的核心需求。

旅游者的旅游体验除了受自身心理和生理因素影响外,往往还要受到一些旅游者无法控制的外界因素的影响,比如旅游地的气候、交通、环境等。但是他们常常都是带着愉悦身心及获得趣味、美感和知识的强烈愿望参与到旅游活动中的,他们总是能尽力克服障碍,达到预期的满足感。

7.3.1.2 旅游体验的特点和类型

(1)旅游体验的特点

旅游是一种在异地的暂时活动,其内容、环境与日常工作、生活有很大的不同,这就注定旅游体验有别于一般的体验,是一种带有愉悦性、真实性、综合性和价值性的综合体验。

①愉悦性。旅游体验的愉悦性主要包括审美愉悦体验和世俗愉悦体验。旅游体验最主要的是审美愉悦体验,这种体验是超功利的,审美愉悦来自旅游者用全部的情感和理智对景观进行无意识、直接、瞬间的分析、判断和评价。审美活动是一种外向活动和内向活动同时进行的活动,旅游者首先感受到的是审美对象的

外部形态和特征,然后通过对外部世界的感知,使内在情感达到调整、梳理、和谐,产生愉快的情感感受,这就是旅游审美愉悦的体验过程。而世俗愉悦体验主要建立在对感知对象的功利性认识基础上,通过视听感觉以外的其他感官来获得。如亲人团聚的天伦之乐、品味美食时的感官之乐、获得知识的顿悟之乐、参加娱乐节目的激奋之乐等都属于世俗人生的愉悦情感。

②真实性。旅游体验是一种实实在在的切身直接体验,是任何间接的手段所无法获得的亲身感受。人们可以在网络上驰骋于世界各地,但是,不同地区的气候、自然环境、民俗风情、人与人之间的情感交流是任何人工都无法模拟的,高科技手段制造的虚拟旅游永远无法取代旅游者在旅游过程中的真实环境体验。

③综合性。旅游体验是一种内容和形式都很丰富的综合性体验过程,主要是由于人类生存和发展条件的复杂性、旅游者个体心理的复杂性以及旅游者追求目标的多重性所决定的。

④价值性。旅游体验既能满足人们的生理需求,又能让游客们真切地感受到环境氛围,留下深刻的印象,也满足了人们的精神需求,因此它的价值远远超过了旅游活动的价格。例如,在环境优美的海滨度假地品尝海鲜,人们饱了口福的同时,也对如此独特的用餐环境留下了极其深刻的体验,这种体验所获得的价值已经远远超过了菜肴本身的价格。

(2)旅游体验的类型

旅游体验按功能划分为五种类型,即审美体验、娱乐体验、教育体验、逃避体验以及冒险或刺激体验。

①审美体验。审美体验是旅游者通过对旅游地的自然风光和风土人情的直接观察所获得的美的享受和身心的放松与快乐。审美体验能使旅游者回归自然,感悟人生,热爱生活。与其他体验相比,在审美体验中,旅游者更多是被动地参与。

②娱乐体验。娱乐体验是旅游者从娱乐活动的参与中获得惊喜、刺激、兴奋、宣泄等体验。现在社会体力劳动的繁重程度正在逐渐减轻,但是精神压力在不断加重,越来越多的人希望参与娱乐活动,旅游产品中也出现了以娱乐为主题的,诸如登山运动、冰雪运动、节庆狂欢等丰富多彩的娱乐旅游产品。

③教育体验。教育体验是指人们为了获得某种知识、技能而主动地参与到一项活动之中,在事件发生的过程中获得知识,如考古旅游、文化旅游以及其他专项或专题旅游等。

④逃避体验。旅游是暂时的、异地的一种活动,旅游者可以暂时离开自己非常熟悉的生活和工作的地方,逃避繁杂的生活和工作所带来的压力、逃避复杂的人际关系、逃避严寒酷暑,享受自然、体验浪漫、消除疲劳、缓解压力,以获得全身心的放松。

⑤冒险或刺激体验。这是一种旅游者积极主动参与、全身心投入的体验活

动,主要是一些探险旅游者和体育爱好者参与的旅游活动,如登山、潜水、极限运动、赌场博彩等旅游项目。他们认为只有这种体验才更刺激、更有乐趣、更能挑战自我,也更具有冒险性。

7.3.1.3 旅游体验的参与原则

在旅游中,体验的前提就是参与。如果仅仅是走马观花似的游览,而不亲自参与到旅游活动中,并在参与中思索和体会,就得不到真正的体验。旅游体验的参与有以下几个原则。

（1）明确主题性

主题明确是旅游者获得更多体验的首要因素,只有旅游目的地的主题明确,才能打动旅游者前往旅游消费,进而给旅游者留下深刻的体验。而主题明确的纪念品更是能勾起旅游消费者对旅游过程的回味,延长记忆,加强体验,进而起到强化主题的作用。

（2）提高参与性

旅游者的参与不仅是指参与到旅游产品的生产过程、消费过程,而且也指旅游者参与企业的管理过程。由于旅游产品所具有的生产和消费的同时性,旅游者自始至终都直接参与到产品的生产和消费系统中。让旅游者更多参与到旅游活动甚至旅游管理活动中,旅游者才会全身心投入,才有丰富多彩的旅游体验。如旅游活动中的互动节目、设计一些旅游者自助项目、让旅游者自主设计组合旅游线路和项目、旅游者参与旅行社对导游服务质量的跟踪调查评价等,都能增强体验性。

（3）增强体验性

旅游消费是一种体验性消费,旅游服务是体验性服务,旅游产品的核心就是游客的旅游体验。因此,对于一次旅游活动,如何增强其体验性就显得尤为重要。例如,近几年才兴起的红色旅游,就是通过当年的情景再现、氛围的烘托和塑造,带游客回到过去的场景中来增强红色旅游体验性。

（4）强调文化性

随着旅游者知识文化水平的提高,他们对旅游的文化性的要求也随之提高。这就要求旅游企业在开发经营旅游时要关注旅游产品的文化性,深入挖掘旅游产品的文化内涵,不断注入新的文化内容,提升文化层次,塑造新的文化主题,这样才能使游客获得更深刻的体验。例如,加大节庆活动的文化含量,融入传统文化、民族风情等,使得游客在不知不觉中由感性认识上升到理性认识,得到深刻的内心感受与刺激,既获取了知识、丰富了阅历,又提高了自身文化修养。

7.3.1.4　旅游体验的实现方式

（1）优化产品组合

为了适应和满足不同层次、不同类型、不同需求的旅游者,需要优化旅游产品组合,提高旅游者的参与性,增强旅游体验的效果。目前,就观光旅游、度假旅游和专项旅游这三大类产品而言,应对其结构适当进行调整和平衡,使度假旅游和专项旅游比重上升,观光旅游比重相对下降,形成一个协调发展的格局。另外还要加强三大类产品的优化组合,发展"观光＋度假""观光＋专项""度假＋专项"等组合型产品,建设旅游精品库,以适应多样化的市场需求。

（2）增加互动的体验过程

因为旅游产品具有生产和消费的同时性,就使得旅游者和旅游经营者之间相互依赖的程度很高。在旅游过程中,旅游经营者和旅游者之间的交流和互动在很大程度上决定了游客的旅游体验。因此,增加彼此之间的互动体验过程,才能够让游客获得更大的体验满意度。

（3）制造更多的体验成分

随着旅游者越来越注重感受、注重旅游体验和求异,旅游企业应该从生活和情景出发,为旅游产品创造更多的体验成分,让游客感到情感的愉悦和满足。当旅游过程结束以后,这种体验会长久地保留在旅游者心中。

（4）提高旅游服务质量

以服务为导向的旅游业,旅游经营者的服务质量直接影响着旅游者是否能获得好的体验。旅游者的服务消费和旅游企业员工的服务生产是面对面的,所以旅游企业必须提高员工的素质,提高员工的旅游服务技巧。如果旅游企业员工没有良好的职业态度,对游客粗心大意或是有不礼貌的态度和行为,都将会对旅游产品产生不良影响,会破坏游客的体验。因此,提高旅游企业的服务质量是提升旅游体验质量的关键部分和很重要的工作内容。

7.3.2　旅游者消费

旅游消费是从旅游者的角度来讲的,表现为旅游者在旅游活动中的各种花费。

7.3.2.1　旅游者消费的概念和特点

旅游者消费是指旅游者在旅行游览过程中,为了满足自身发展和享受的需要,而进行的各种物质产品和精神产品消费的总和,是对多种形式的产品和服务的综合性消费。消费内容包括食、住、行、游、购、娱乐方面的消费。

消费是对产品和服务的消费,但旅游消费和其他产品消费方式不同的是旅游消费过程和生产过程是同时进行的,而且旅游者消费主要是为了满足旅游者个人精神需求的一种较高层次的消费活动。因此,它具有与其他消费不同的特点。

（1）综合性

旅游者消费是一个连续的动态过程,是一个集食、住、行、游、购、娱于一体的综合性消费。从旅游消费对象上来看,旅游者消费的对象是核心旅游产品,它是由旅游资源、旅游设施、旅游服务等多种要素构成的,其中既包括有形的以商品形式存在的物质产品和无形的以文化形式存在的精神产品,还包括以此为依托的消费性服务在内。因此,旅游消费对象是多种要素、多类项目的综合体。从参与实现旅游消费的部门看,许多经济部门和非经济部门都参与了旅游消费的实现过程,经济部门包括餐饮业、旅馆业、交通业、商业;非经济部门包括环保、文物等。因此,旅游消费是众多部门共同作用的结果。另外,在旅游过程中,旅游者消费不仅追求满足高层次的精神需求,也要满足基本生存的需要、自我实现的需要等等。总之,旅游者消费具有综合性。

（2）伸缩性

消费的伸缩性就是人们所需消费品数量和品种之间的差异,以及这些差异随着影响消费诸因素的变化而变化,表现出扩大和收缩的性质。旅游者消费作为一种个人的高层次消费,其伸缩性是由旅游需求层次、需求弹性和闲暇时间等方面的因素决定的,具体表现如下。

①旅游者消费需求数量大且具有层次性。随着社会经济的发展、人们消费水平的提高和闲暇时间的增多,人们的旅游需求数量也在不断增多,从潜在的旅游者逐步向现实的旅游者发展,而且旅游者消费层次也从低档消费向高档消费转变。旅游目的地数量不断扩展,出游率也在不断提高,旅游消费在不断增加。

②旅游者消费具有较大的弹性,旅游者消费是为了满足人们享受和发展需要的高层次消费。这种消费的弹性较大,会受很多因素的直接或间接影响。

③旅游消费具有季节性,这是因为受到旅游需求的季节性的影响,旅游者消费的需求也集中在某些特定的季节。

（3）互补性和替代性

旅游者消费的互补性是由于旅游消费对象的各个部分具有互补的性质,一项旅游消费的实现必然伴随着很多其他项目旅游消费的产生。一个旅游者去旅游目的地旅游,首先就得支付从居住地到目的地的交通费,到了旅游目的地以后,不仅要支付购买核心旅游产品的费用,还必须支付餐饮费、住宿费等。旅游者消费的替代性是指旅游消费对象的每一构成部分之间的相互替代的性质。旅游者在选定了某个消费对象后,就势必要放弃其他消费对象。例如,旅游者一旦选择了飞机作为前往目的地的交通工具,就不会再选择火车或轮船。这种替代性同时也加剧了旅游业的竞争。

（4）暂时性和异地性

旅游活动具有暂时性和异地性,也就决定了旅游者消费也具有暂时性和异地性。旅游者消费的对象,不管是形成旅游产品的旅游吸引物、旅游设施和设备,还是在旅游过程中为旅游者提供的各种服务,都是不能转移的,需要旅游者亲自到旅游目的地去消费。而且旅游产品中的旅游服务的时间性更强,只有当旅游者消费这些服务的时候,服务才是产品。随着旅游活动的结束,旅游者消费也就终止,旅游产品的使用权也就消失。

7.3.2.2　旅游者消费的结构

旅游者消费的结构是指旅游者在旅游过程中所消费的各种类型的旅游产品及消费资料的比例关系。

(1)旅游者消费的结构分类

旅游者消费结构可以从不同的角度进行划分。

①按旅游者消费需求层次划分:

生存需要消费,指满足旅游者在旅游活动中基本生存需要的消费,如餐饮、住宿、交通等的消费,也是必不可少的基本旅游消费;

享受需要消费,指满足旅游者旅游活动中对游览娱乐等精神享受的消费,是旅游活动的主要内容;

发展需要消费,是旅游消费中较高层次的消费,指满足旅游者在旅游活动中对求知、科考、学习等有关增长知识和智力发展需要的消费。

②按旅游者消费内容划分:

基本旅游消费,是进行一次旅游活动所必需的且基本稳定的消费,如旅游住宿、旅游餐饮、旅游交通和景区游览等方面的消费;

非基本旅游消费,是指与旅游者个性消费特点相联系,并具有较大需求弹性和变化性的消费,如旅游购物、医疗保健、长途通讯等方面的消费。

③按旅游者消费形态划分:

物质消费,旅游者在旅游过程中所消耗的物质产品,如食物、饮料、日用品、购买的纪念品等等;

精神消费,是指供旅游者观赏、娱乐的文物古迹、民俗风情、风景名胜以及旅游者所享受到的一切服务等精神产品。

(2)旅游者消费结构的影响因素

旅游消费属于人类高级享受和发展需要的消费,有很多因素会影响旅游消费结构,除了旅游目的地的环境、气候、旅游资源、服务质量等因素的影响外,还有旅游者的个人收入水平、年龄、性别、职业、受教育程度和兴趣爱好等。概括起来,主要因素有以下几方面。

①旅游者的收入水平。收入水平是购买旅游产品的前提,从而决定了旅游者的消费结构。旅游者的收入水平越高,可自由支配收入就越多,购买旅游产品的经济基础就越好,才能充分地满足旅游需求,从而促使旅游者消费从低层次向高

层次发展。例如,旅游者中收入较高者,在旅游时往往住高级宾馆,吃美味大餐,乘飞机坐头等舱,在购物、游览等各方面的花费也都比较高;而低收入水平的旅游者,如年轻的背包族,他们外出一般都住青年旅馆、吃快餐盒饭、坐火车硬座,甚至有的自备帐篷、徒步旅行等等。

②旅游者的构成。旅游者的构成包括旅游者的年龄、性别、文化、职业、风俗习惯、兴趣爱好等,这些都在不同程度地影响旅游者消费结构的变化。例如,青年人在饮食、住宿方面消费较低,而游览娱乐性项目的开支较多;女性的购物消费在全部旅游消费中所占比重较大而政府官员、商人、会议旅游者则要求现代化的旅游设施体系,还有高质量的饮食和服务。

③旅游产品的结构。旅游产品的结构决定着旅游者消费结构,决定着旅游者的消费水平和消费数量。向旅游者提供的住宿、餐饮、交通、游览娱乐和购物等各类旅游产品的生产部门是否协调发展,旅游产品的内部结构是否比例恰当,都是影响旅游者消费结构的因素。如果向旅游者提供产品和服务的各相关产业部门的结构不合理,没有形成一个相互协调发展的产业,就会导致旅游产品的结构失调,不仅不能满足旅游者的消费需求,反而破坏旅游产品的整体性。例如,旅游目的地的旅游资源缺乏吸引力,旅游设施不足,旅游活动项目单调、枯燥,这些情况都会限制旅游消费。

④旅游产品的质量。旅游产品的质量高低必然影响到旅游者消费的数量、结构和旅游者消费的满意程度。旅游产品的质量包括三个方面的内容:一是向旅游者提供称心如意、物美价廉的旅游产品,即提供的旅游产品要达到适销、适量、适时、适价的要求;二是旅游服务效率,对每一项旅游服务都要求做到熟练敏感,为旅游者节约时间,提供方便;三是旅游服务态度,即在旅游服务过程中要礼貌、热情、主动、周到。只有提高旅游产品质量,使旅游者获得物质与精神上的充分满足,提高他们的消费水平,才能使旅游者消费结构逐步得到完善。

⑤旅游产品的价格。由于旅游产品的需求弹性大,当旅游产品的价格上涨而其他条件不变,人们就会把旅游消费转向其他替代商品的消费,使客源量受到很大的影响。反之,当旅游产品价格下降,或者价格不变而增加了旅游产品内容时,人们又会将其他商品的消费转向旅游。因此,旅游产品价格的变化不仅影响着旅游者消费结构和消费量的变化,还影响着旅游需求量的变化。

⑥旅游者的心理因素。旅游者的消费习惯、购买经验、周围环境等都会不同程度地影响着旅游者消费选择、旅游者消费行为,进而影响着旅游者消费结构。尤其是旅游者的从众心理对旅游者的支出影响很大,如现在兴起的文化、休闲旅游热。

7.3.2.3　旅游者消费的功能

（1）经济发展功能

旅游者消费的经济发展功能主要表现在两个方面。

第一，旅游者消费能促进旅游地经济的快速发展。旅游业作为先导产业，其主体旅游者的消费可作为最终消费推动经济增长。因此，各旅游目的地地方政府都将旅游业作为支柱产业或主导产业，将旅游者消费作为地区旅游经济发展的原始动力。旅游者消费刺激旅游地经济的发展，主要体现在提高旅游地居民的收入、解决旅游地就业问题、改善他们的生活质量、带动与其相关的一系列产业的快速发展，加快旅游地经济增长速度。

第二，旅游者消费还促进旅游客源地的经济增长。旅游者发生了旅游消费后，为了追求更高层次的旅游消费，就会想办法不断提高自己的收入水平，从而促进旅游客源地的经济增长。

（2）愉悦身心的功能

旅游者消费很重要的一个功能就是使旅游消费者感到身心愉悦，达到最大的满意度。在旅游过程中，旅游者对旅游产品和服务的消费，可以使旅游者获得物质上和精神上的最佳感受。这种满足感尤其体现在旅游者精神方面的需求，旅游者在发生旅游消费后缓解了生活与工作中的强大压力、拥有了轻松愉悦的心情。当旅游者消费得到最大满足后，往往能使得游客对旅游地流连忘返，这是旅游者再次进行旅游消费的基础。

（3）实现旅游产品价值的功能

旅游者消费是实现旅游产品和服务价值的唯一途径。只有通过旅游者消费行为，旅游产品和服务的价值才能得到实现。旅游消费能够促进旅游产品在数量、质量和多样性上更加符合旅游者消费需求，从而确保旅游业的持续发展。

（4）特殊功能

旅游者消费除了以上的功能之外，一些为社会、经济、文化、科研、修学、宗教、保健等某一专门目的而进行的专项旅游活动消费还具有特殊的功能。如学术、会议商务考察旅游，最重要的就是它的学习功能，能使人学习到更多的知识，开阔视野；我国现在比较流行的温泉旅游，它最大的功能就是医疗、保健；河南篙山的武术文化旅游的主要功能则是文化体验、体育锻炼。

7.4　游客管理原理与技巧

游客管理是指旅游管理部门或机构通过运用科技、教育、经济、行政、法律等各种手段组织和管理游客的行为过程。通过对游客容量、行为、体验、安全等的调控和管理来强化旅游资源和环境的吸引力，提高游客体验质量，实现旅游资源的永续利用和旅游目的地经济效益的最大化。

7.4.1　游客购买行为管理原理

游客购买行为是指游客购买和使用旅游产品或服务过程中的各种活动,旅游者在现实的购买活动中,受个人特点、社会因素和环境因素的影响,表现出复杂多样的购买行为。游客的购物行为主要是为了满足购物过程中的精神需求和文化享受,因此具有以下大三个特点。

①即时性。游客购物行为是在旅游过程中发生的,从见到商品、产生购物欲望到购买产品的整个过程往往只有几分钟或者几十分钟。

②风险性。主要表现在对产品掌握的信息有限、没有全面的售后服务等。

③模仿性。当游客对产品是否购买还不确定的情况下,有一个人购买,就很容易形成模仿行为,游客不断寻找新的商品,很难培育游客的忠诚度。

根据游客的购买行为特点,旅游营销人员应针对不同的特点制定不同的营销手段。如针对它的即时性和模仿性,通常采用传统的促销手段,尤其是主题促销,推出特色产品对旅游者吸引很大;针对它的风险性的特性,就采用口碑营销,口碑传播具有很高的说服力,旅游者是通过亲朋好友的口头称颂而得知旅游产品的,购买性也比较大;针对回头客少的特点,就应该采用创新促销和整合促销,将旅游地的所有旅游产品根据旅游者的需要重新组合。随着信息化时代的到来,旅游业与互联网联系也日益紧密,网络营销成了各个旅游企业最主要的营销手段之一。网络营销就是以互联网为主要手段开展的营销活动。网络营销可以使旅游者完全通过互联网上的平台安排自己的全部行程,完成从设计旅游行程、获取详细的旅游资讯、享受线上预订服务、电子地图查询等。例如,南海旅游网将南海旅游企业纳入网络化营销,企业可在该网上建立自己的企业级旅游营销系统,发布、编辑、更新企业信息,进行网上交易活动。网络营销投资少,持续时间长,并且营销效果可以通过技术手段进行有效的跟踪、量化和分析,帮助客户及时有效地整合营销方案,优化资源配置。

7.4.2　游客期望管理

游客期望是指游客在以往旅游相关经验、各种信息渠道(广告、口碑、宣传促销等)以及自身心理偏好共同作用下,所形成的对本次旅游的预期。游客的旅游期望与旅游后实际感知的服务质量之差,就形成游客对旅游服务质量的评价。因为游客期望是经过间接方式获得的信息产生的,与实际体验有一定的差距。因此,游客期望往往会影响到游客的满意度和忠诚度。当实际感知与游客期望相差很大时,游客的失望感油然而生,满意度和忠诚度就明显下降。在遇到游客期望与实际感知发生冲突时,游客不会因为旅游目的地的条件与期望之间的矛盾而放弃旅游,他们会被迫调整,以缩小游客期望与体验之间的差异,来获得尽量大的满足感。通常他们会根据具体情况改变旅游线路、旅游活动等等,重新建立起一个游客期望,以从其他的旅游活动中获得新的满足感。游客期望影响到游客对旅游地的忠诚度。所以,提高对游客期望的管理水平,是提高游客满意感的重要措施。

(1)旅游营销宣传手段

旅游营销宣传对游客的旅游期望有很大影响。旅游企业往往倾向于拔高宣传旅游产品与众不同的特色、富有人情味的服务细节设计、超值的享受等,尽力提高旅游宣传的效果,从而吸引潜在旅游者或促进旅游者购买。这些无疑提高了游客的期望。但如果旅游企业整体服务质量的可靠性不强,游客往往很失望,出现不满和改购,给企业带来很大损失。所以,旅游企业在营销宣传中,应把握适当的度,既要考虑吸引力提高,又要考虑对游客满意度的影响,尽力做到恰到好处。

(2)提高旅游产品的附加价值

产品附加值是一种能够使消费者在消费产品时获得"额外"身心满足的效用。提高产品附加值可以增加产品的整体价值,有助于激发消费者产生购买欲望和购买行为,同时也是增强旅游体验、提高旅游满意度的一种十分有效的手段。提高旅游产品的附加价值有很多途径,如营业促销性途径、增加旅游服务项目等。

(3)注重服务细节

细节决定成败,旅游企业在对游客提供旅游服务的过程中,任何服务细节的差错都会影响游客对整体服务质量的满意。例如,韩国釜山海云台海水浴场有很长的沙滩,他们在进入沙滩的每个入口处都修建了洗脚池,方便游客返回时洗掉沙子。因为有了洗脚池,使很多不想下海的游客也纷纷脱了鞋子,尽情地享受釜山的沙滩和海水。这无疑加深了游客对釜山的印象。从沙滩回来上车时,旅游服务人员手持旅游车上配备的高压喷气枪站在车门前,帮助游客吹掉沾在鞋子上的沙粒。洗脚池和喷气枪,看似小事,却体现了细致服务的现念,提高了游客对感知服务质量的评价。

7.4.3　游客排队管理

游客到达旅游服务场所,如果要求服务的游客数量超过服务机构(服务台、服务员)的服务能力,即在旅游业服务能力全部利用的情况下,到达的游客不能立即得到旅游服务,而只能等待的情况就是游客等待现象。等待是游客在接受旅游服务过程中所经历的一个较常见的现象,尤其是旅游高峰时期则非常普遍,但游客可能会产生抱怨情绪,影响旅游服务质量,因为服务时间是旅游服务质量的标志。排队管理指的是管理者如何控制和管理游客得到服务所需要的等待时间,从而提高服务质量。

在旅游过程中,需要进行排队管理的地方主要有旅游交通集散地、旅游餐饮、各景点的售票点、旅游娱乐场所等人流量集中地。尤其是在公共假日和旅游季节,当太多的游客都需要旅游服务的时候,就会出现等待现象,需要用排队管理减少游客等待过程中产生的不满情绪和游客终止消费的行为。

（1）提高旅游企业的服务能力

当面临旅游高峰期的时候，旅游企业一方面应该提高服务接待能力，如增加一些接待设施和服务人员，对原有服务设施设备进行更新升级，加强服务人员的培训，适当扩展原有的服务供应能力等，而且管理者还要根据实际情况做出具体的人员和设备的调配。例如，火车站可以相应地增加几班列车，在景区售票处可以多增加几个窗口，景区内应该隔不多远就建立一个厕所，满足大量游客的需要。另一方面应该在确保排队的秩序后，加强和游客的沟通，并且准备告知游客需要等待的具体时间。还要安抚好不良情绪的游客，及时分散过量的游客。

（2）利用科技手段提高旅游企业管理能力

现代科技既是保护和开发旅游资源，加大旅游产品的科技文化含量的工具，又是提高旅游企业管理水平的重要手段。利用互联网平台，结合数据库技术、多媒体技术等多种高科技手段来提高旅游企业管理能力成为信息化社会必然的选择。例如，南岳衡山国家首批重点风景名胜区，近年来，为提高旅游企业服务能力水平，方便客人观光游览，提高旅游景区品位，开始实行景区电子门禁系统。整个门禁系统包括门票生成管理系统、电子门票初始化系统、电子监控系统、售票系统、验票系统、信息统计及查询系统。该系统的实施不仅提高了售票验票的速度，而且杜绝了假票、过期门票等类似问题的发生。由此可见，利用高科技手段提高旅游企业管理能力，可以很好地缓解游客的排队现象。

（3）分散游客注意力，减少游客相对等待时间

游客在排队过程中，因为长时间等待容易造成游客的不满情绪，进一步就会影响到旅游者对整个旅游过程的满意度。服务专家大卫·梅斯特曾提供了几类排队信息，无所事事的时间比有事可做的时间感觉漫长，不公平的等待要比公平的等待感觉要漫长，不确定时间的等待显得要长；服务越有价值，游客越值得等待。因此，旅游企业可以安排一个舒适的环境或者安排一些其他事情来分散游客的注意力，如在排队处安装电视机，放一些有吸引力的节目，或旅游宣传片，这样既宣传了旅游产品，也缓解了游客的情绪。不仅如此，旅游管理者还应该维持好队伍的秩序，保持公平的等待。而游客则要尽量避免参加游人过多的项目，在排队过程中也要遵守秩序，做好长时间等待的心理准备，或者干一些其他的事情来填充等待时间。

（4）免费开放排队地点附近的景点

排队参观的景点往往是知名度较大的景点，其周围可能有一些名气较小的"陪衬"景点，因"屏蔽效应"的作用，这些景点门庭冷落。免费开放排队地点附近的景点，可以缓解热点景点的压力，分流部分游客，缩短排队等待时间。

7.4.4 游客非生态行为管理

游客非生态行为是指游客在旅游目的地的旅游过程中所表现出来的有可能

损坏旅游地环境和旅游产品质量等不文明行为,如随地吐痰、乱丢垃圾、乱刻乱画、越位游览、违章拍照、危害动物、践踏草地等。游客的这些不文明旅游行为可能导致旅游景区环境污染、景观质量下降、破坏环境气氛,最终会导致旅游景区整体吸引力下降、旅游价值降低。因为我国旅游者素质普遍不高而旅游消费教育管理又长期滞后,我国游客不文明行为随着旅游者的增多而增多。而且现在这些非生态行为也随出国游带到了国外,有损我国国家的文明形象。游客非生态行为对旅游者、旅游景区都会造成危害,因此要采取有效的措施来控制这种旅游行为的发生。

①政府环保部门、社会环保组织、旅游管理部门要加强引导和管理,应加强环境保护重要性的宣传,提高公众的环保意识,尤其是应该让游客知道这种不文明行为带来的负面影响的严重性。

②旅游景区采取有效的管理、防范措施。例如合理放置美观有趣的垃圾箱,使游客便于、乐于负责任地处理废弃物。

③明确导游的环保职责,带队导游要向游客明确说明禁止的不良行为,对游客的行为起到直接的示范、监督、制约作用。在旅游过程中,导游不仅要完成组织协调、解说等传统职责,同时还应负有监督游客不文明行为的职责。

④加强对旅游景区内居民的环保教育,引导居民积极参加景区环保活动,充分发挥其示范作用与监督作用。

7.4.5　游客忠诚度管理

游客忠诚是指游客在对某旅游目的地或旅游产品作了一定的认知或尝试之后对其质量高度满意,并产生一种高度的信任感与义务宣传的责任感,且在未来作旅游决策时将该旅游目的地或旅游产品作为首要选择,旅游地的旅游产品类型、周边相同旅游地的替代性和吸引力、旅游地的感知距离、游客对旅游地的满意程度、游客旅游体验质量的高低等很多因素都影响旅游目的地的游客忠诚度。根据这些影响因素,提出一些措施来提高游客对旅游地的忠诚度。

(1)提高旅游产品的独特性

通过增加旅游活动内容或者旅游产品创新,提高旅游地旅游产品的独特性,以降低周边其他相同类型的旅游目的地对其替代性影响。

(2)加大宣传力度,提高服务质量

通过大量的正面宣传,改变游客的情感及态度,此时游客虽然不会立即前去旅游,但对目的地的形象会产生好感,从而在情感和态度上产生依赖。

(3)加强与游客的沟通及交流

了解游客的真实需求,例如游客是为了回归自然,还是追求一种新的生活体验,是求新、求异,还是求知、求美、求乐,并努力创造游客所需要的服务与产品。

（4）增强服务意识，不断完善与提高服务质量

只有旅游企业所提供的服务超出游客的期望值时，才能为游客忠诚度的培养打下良好的基础，以获得持久的竞争能力。

（5）培养员工忠诚，营造积极个性化的服务环境

提高员工的忠诚度，在旅游服务过程中及时、有效地为游客解决不同的问题，营造一个个性化的服务环境。

总之，为游客创造一次高质量的"旅游体验"，以提高游客的满意度，只有当顾客满意水平非常高时，顾客忠诚现象才会出现，才可以改变游客的态度与情感。

第8章　旅游服务质量管理

通过本章学习,了解旅游服务质量管理的含义及意义,掌握全面质量管理的含义及 PDCA 工作程序,熟悉旅游服务质量体系,熟悉旅游服务质量标准,熟悉旅游服务质量控制的内容、方法及工具。

8.1　服务质量管理概述

8.1.1　服务质量管理

8.1.1.1　质量管理理论的发展

服务质量管理的概念来源于工业的质量管理概念。质量管理开始于工业企业,进入 20 世纪 70 年代,随着人们认识水平的不断深化,特别是在世界范围内推行质量管理的实践活动,促进了质量管理的发展。质量管理理论发展至今,经过了三个发展阶段。

(1)检验质量管理阶段

从 20 世纪初到 30 年代末,人们对质量管理的了解还限于对产品的质量检验。其显著特点是由检验员对产品进行全数检验,事后把关。20 世纪初,美国的泰罗首先把质量检验作为一道专门的工序,从加工制造中分离出来,成为科学管理的一项重要内容。这一时期的质量管理称为"检验员的质量管理"。它的产生促进了产品质量的提高和经济效益的增长,但属于事后把关缺乏颈防、控制作用,而且质量仅仅是产品的质量。

(2)统计质量控制阶段

统计质量控制阶段的显著特点是运用数理统计和概率论找出产品质量规律,防止不合格产品的产生。这一阶段是从第二次世界大战开始的,由于战争的需要,美国军工生产部门广泛应用数理统计方法进行生产过程中的工序控制,以保证武器弹药的质量。战后,统计质量控制被日本、西欧一些国家广泛用于民品生产。统计质量控制过分强调统计方法的应用,忽视组织管理工作,质量的概念仍局限于产品本身的质量,在一定程度上限制了它的普及和推广以及作用的充分发挥。

(3)全面质量管理阶段

全面质量管理阶段始于 20 世纪 50 年代末 60 年代初,是科技和现代化工业发展的必然产物。第二次世界大战以后,随着科技的进步和市场竞争趋于激烈,影响产品质量的因素越来越复杂,产品更新换代的速度大大加快,用系统的观点分析、研究、解决质量问题已成为客观要求。1961 年,美国通用电器公司的费根堡姆的《全面质量管理》一书的出版,标志着质量管理进入了全面质量管理的阶段。

8.1.1.2　全面质量管理的基本内容

(1)全面质量管理的定义

国际化标准组织(ISO)给全面质量管理所下的定义是一个组织以质量为中心,建立在全员参与上的一种管理。其目的是通过顾客、本组织成员和社会受益来达到长期成功。

(2)全面质量管理的具体内容

①全面质量管理是要求全员参加的质量管理。要求全体职工树立质量第一的思想,各部门各个层次的人员都要有明确的质量责任、任务和权限,做到各司其职,各负其责,形成一个群众性的质量管理活动,尤其是要开展质量管理小组活动,充分发挥广大职工的聪明才智和当家做主的主人翁精神,把质量管理提高到一个新水平。

②全面质量管理的范围是产品或服务质量的产生、形成和实现的全过程。包括从产品的研究、设计、生产(作业)、服务等到全部有关过程的质量管理。任何一个产品或服务的质量,都有一个产生、形成和实现的过程,把产品或服务质量有关的全过程各个环节加以管理,形成一个综合性的质量体系。做到以预防为主,防检结合,不断改进,做到一切为用户服务,以达到用户满意为目的。

③全面质量管理的要求是全企业的质量管理。可从两个方面来理解,首先从组织管理角度来看,全企业的含义就是要求企业各个管理层次都有明确的质量管理活动内容。上层质量管理侧重于质量决策,制定企业的质量方针、目标、政策和计划,并统一组织和协调各部门、各环节的质量管理活动;中层的质量管理则要实施领导层(上层)的输量决策,运用一定的方法,找出本部门的关键或必须解决的事项,再确定本部门的目标和对策,更好地执行各自的质量职能,对基层工作进行具体的业务管理;基层管理则要求每个职工都要严格地按标准及有关规章制度进行生产和工作。这样一个企业就组成了一个完整的质量管理体系。再从质量、职能上来看,产品或服务质量职能,是分散在全企业的有关部门的。要保证和改善产品或服务质量,就需将分散在企业各部门的质量职能充分发挥出来,都对产品或服务质量负责,都参加质量管理,各部门之间互相协调,齐心协力地把质量工作做好,形成全企业的质量管理。

④全面质量管理要采取多种多样的管理方法。广泛运用科学技术的新成果,要尊重客观事实,尽量用数据说话,坚持实事求是,科学分析,树立科学的工作作风,把质量管理建立在科学的基础之上。以上四个方面的要求,可归纳为"三全一

多样都是围绕着"有效地利用人力、物力、财力、信息等到资源,生产出符合规定要求和用户期望的产品或优质的服务这一企业目标。这是我们推行全面质量管理的出发点和落脚点。

（3）全面质量管理的基本要求

①以人为主体。影响服务质量特性的诸因素中,人的因素是首要因素,实行全面质量管理的关键在于发动全体员工广泛参与,不断提高企业全体人员的素质。使人人都了解企业质量方针和目标,参与质量管理。正如国家标准 GB/Tl9004.2—IS09004—2（质量管理和质量体系要素第二部分:服务指南）指出的那样"任何组织中最重要的资源是该组织中的每一个成员。这对一个服务组织尤为重要,组织的每一个成员的行为和业绩都直接影响服务质量"。全面质量管理同传统质量管理只注重发挥少数专家的作用和片面强调对人的活动加以严格限制的做法是有本质区别的。

②系统管理思想。系统是由若干相互联系、相互影响、相互制约的诸因素组成的有机整体。全面质量管理应使企业的质量管理活动形成一个闭环管理系统,对影响质量特性的各种因素包括人、设施、材料、能力、环境等方面进行综合治理。全员、全方位、全过程都开展质量管理、建立和健全质量体系。《服务指南》为服务质量的系统管理提供了一个指导性的依据。

③满足顾客和社会的需要。顾客是质量体系的焦点满足顾客和社会的需要是全面质量管理的基本出发点,离开了满足顾客和社会需要,全面质量管理就失去了意义。当前,特别应注意当顾客的需要与社会的需要发生矛盾时,应首先满足社会的需要。例如,商业活动中顾客要求开假发票等,都是与公共道德和职业标准相违背的,必须严加禁止,这是符合企业的长远利益需要的。

④预防为主。预防为主的管理是《服务指南》一再强调的观点,也是全面质量管理与传统质量管理的重要区别点。"预防为主"就是要变"事后把关"为事前预防,把管结果变为"管过程"和"管因素",使质量问题消失在质的形成过程中,做到防患于未然。正如《服务指南》所强调的那样质量体系应该强调预防性活动以避免发生问题,同时在一旦发生故障时,不丧失做出反应和加以纠正的能力。

全面质量管理认为,一个企业的服务质量和管理水平不能永远停留在原有的水平上。随着社会经济的发展和人们需求观念的变化,质量管理水平将循着保持、改进和飞跃的轨迹螺旋上升。企业的管理者必须具有强烈的"问题意识"和"改进意识"将规范性服务同针对性服务相结合,不断提高产品和服务质量。

（4）全面质量管理的基本工作程序——PDCA 循环

①PDCA 循环的含义:PDCA 是计划（plan）、执行（do）、检查（check）和处理（action）的第一个字母组成的,PDCA 循环就是在全面质量管理中按照计划、执行、检查、处理的顺序进行质量管理,并且循环不止地进行下去的科学程序。它是美国质量管理专家戴明博士首先提出的,因此又被称为戴明环。PDCA 循环是全

面质量管理所应遵循的科学程序。全面质量管理活动的全部过程,就是质量计划的制定和组织实现的过程,这个过程就是按照 PDCA 循环,不停顿地周而复始地运转的。ISO9001 标准要求按照这种方法来进行质量管理活动,不断地改进与解决质量问题,实施持续改进,不断增强组织满足质量要求的能力。

②PDCA 循环的基本程序。PDCA 循环的基本程序可分为四个阶段、八大步骤,具体如下。

a.计划阶段。共有四个步骤:

第一步,分析现状,找出存在问题。

第二步,分析产生问题的原因。

第三步,从众多原因中,抓住主要原因(主要矛盾)。

第四步,针对主要原因制定对策(计划)。

b.实施阶段。这阶段只有一个步骤:

第五步,接第一阶段的计划要求,执行各项规定的措施。

c.检查阶段。这一阶段也只有一个步骤:

第六步,检查实施后的情况。

d.总结处理阶段。这一阶段共有两个步骤:第七步,总结经验和教训;第八步,处理遗留问题。

(5)PDCA 循环的特点。

①循环过程。PDCA 循环一定要按顺序进行,它靠组织的力量来推动,像车轮一样向前进,周而复始,不断循环。

②大环套小环。企业每个部门直至个人的工作,均有一个 PDCA 循环,类似行星轮系,一个公司或组织的整体运行的体系与其内部各子体系的关系是大环带小环的有机逻辑组合体,通过小环的循环推动大循环。

8.1.2 旅游服务质量管理

(1)旅游服务质量

旅游服务质量是指旅游服务满足旅游者旅游消费所具备的属性和特性,它包括满足旅游者的物质消费和精神消费两个方面。正如其他一切商品也提供自己的特殊使用价值一样,旅游服务是旅游经营部门为旅游者提供的商品的使用价值,其由有形形态和无形形态两部分构成,它不仅是物,而且是活动。

由于旅游业的服务质量,一般都在旅游直接经营部门为旅游者提供旅游服务的过程中集中地得到反映,因此,旅游服务活动的质量综合反映了旅游业的管理水平。据此,旅游服务质量的含义既包括服务设备、设施的质量,也包括服务劳动的质量,即服务技巧和服务态度。

(2)旅游服务质量管理

旅游服务质量管理以提高服务质量为宗旨,综合运用现代管理手段和方法,通过建立完善的服务质量标准和体系,不断提高旅游服务质量的管理活动。其质量管理工作主要包括以下几个方面。

①服务质量标准管理。没有规矩,不成方圆;没有标准,不成规范。旅游服务质量标准管理既是确定服务质量的奋斗目标,又是规定服务质量的准则和依据。其管理工作包括制定旅游系统各企业、各部门、各环节具体服务的质量标准;明确服务质量标准的客观依据;贯彻实施质量标准和检查评定服务质量等级;发现与纠正服务质量标准管理中存在的问题。

②服务质量人员管理。旅游服务质量的标准、程序和服务操作等都是由企业职工创造的。人是服务质量管理中最积极、最活跃的因素,是提高服务质量的关键。其管理工作以调动全体人员,特别是服务人员的主动性、积极性为基本出发点。要大力加强人员培训,提高人员素质,动员全体职工都来参与服务质量管理,培养和树立强烈的服务意识,开展职业道德、服务技能、语言技巧、礼节礼貌、着装仪表和服务操作等教育、培训工作,使全体人员都能熟悉和掌握服务质量标准和操作方法,并按照质量标准的要求为客人提供各项服务。

③服务质量过程管理。围绕客人从事旅游活动全过程及其在不同旅游企业所需要的各种服务,自始至终从事质量管理活动。服务质量管理过程包括服务准备、客源组织、迎接客人、现场服务、后勤保障、告别客人和善后工作等各个环节的服务质量。它是全员、全过程、全方位的。每一个环节的服务质量管理都应以服务质量标准为依据,形成标准化、规范化的服务操作,以保证各项服务所提供的使用价值达到规定的质量标准。

④服务质量保障管理。旅游服务质量都是以设施、设备、环境和服务用品等质量为基础的。各旅游企业的后勤保障工作如何,直接影响服务质量能否达到规定的标准。服务质量保障管理必须建立健全后勤保障系统,牢固树立后台为前台服务的思想。将设施设备质量、服务用品质量、实物产品质量和环境质量同无形服务质量结合起来。在后勤保障服务中要首先坚持质量标准,保证设施完备完好,服务环境美观舒适,服务用品齐全规范,确保前台服务供应。

⑤旅游服务心理管理。旅游服务质量高低最终取决于客人的满意程度,它受心理因素影响较大。而企业职工的服务心理又直接影响服务操作和服务质量。为此,要做好管理心理学和服务心理学教育培训工作,研究客人的心理需求、心理变化,将心理学、行为科学、社会学和美学知识运用于旅游服务质量管理之中,针对服务人员的心理,调动员工积极性,针对客人的消费心理和需求变化,坚持服务质量标准,有针对性地提供服务,使客人获得物质和心理满足。

(3)旅游服务质量管理过程

旅游服务质量管理是全过程的管理,可分为以下四个阶段。

第一阶段:旅游服务预备管理

这一阶段主要指旅游企业在直接接待旅游者旅游活动之前,各种准备工作的服务质量管理。包括旅游企业经营之前各项准备工作的质量管理,如旅游饭店的建设设计、外观风格和内部装潢;旅游设备、设施的选择购置;旅游点的选定、开发和可行性研究;旅游路线的设计;服务项目的安排。除此之外,还包括每一服务项目准备工作的质量管理,如旅游饭店接待客人到来之前各项准备工作的质量管理;旅游车船队在驾驶之前各项准备工作的质量管理;旅行社团队接待前的各项准备工作的质量管理。

第二阶段:旅游服务过程的质量管理

这一阶段主要指旅游企业在直接接待旅游者旅行游览过程中,各项服务工作的管理。包括旅行社全陪和地陪的游览向导服务、翻译讲解服务、生活安排服务、安全保证服务的管理;旅游饭店总服务台服务、客房服务、餐饮服务、物质供应服务等的管理;旅游车船队的客运服务、物品运输服务等的管理;旅游商店的商品供应服务、包装服务、代运服务。此外,还包括民航、铁路、公路、水路等社会交通运输部门为旅游者服务过程的管理,邮电通信、银行、海关、保险、医疗单位涉及旅游者服务过程的管理等。这一阶段是主要环节,影响服务质量目标的实现一般都在提供服务过程的阶段。

这个阶段要求控制四个因素的质量。

①服务人员、导游人员及管理人员等各类人员的素质。包括经营思想、服务思想、操作水平、仪表仪容,它直接涉及服务技巧和服务态度。

②旅游设施和设备的完好程度。设备和设施在使用过程中的完好程度是保证服务质量的关键,它直接关系到能不能在实际上充分满足旅游者的需要。

③各类物品的质量。包括旅游客房的物料、餐厅的食品、饮料;手工艺品、轻工业品、纪念品等的各种操作方法的规格化、规范化。即都要有统一的质量标准。

④环境的卫生、清洁和美化等。

第三阶段:对协作单位服务质量的管理

对于依靠外部提供的设施和物品,要在未提供之前与供应单位共同商量生产和提供优质的设施和物品,也就是要把质量管理工作做到协作单位去,这样既可避免由于外部质量管理不善对旅游业服务质量的影响,又可避免旅游业内部从业人员个人受惠于服务质量不好的经营单位,而不顾旅游者利益和旅游企业信誉的情况发生。

第四阶段:旅游服务后质量管理

这一阶段主要是指通过意见卡、留言簿、投诉信、座谈会,以及其他各种各样的方式,听取和吸收旅游者的意见,掌握旅游交通、住宿、餐饮、导游、购物等各项旅游服务的反馈信息,用以分析研究旅游服务质量的适应性,以便总结经验教训,克服薄弱环节,进一步提高服务质量。

8.2 旅游服务质量标准

为了满足顾客和社会明确或隐含的需要,必须将旅游服务的需要转化为定量或定性的具体特性项目及其指标来体现,并做出相应的规定,这需要建立旅游服务质量标准化体系。

8.2.1 服务质量标准

8.2.1.1 标准的概念

根据《中华人民共和国标准法》规定,标准是对重复性的事物和概念所做的统一规定,其以科学技术和实践经验的综合成果为基础,经有关方面协商一致,及主管机构批准,以特定形式发表,作为共同遵守的准则和依据。我国标准按适用领域和有效范围可分为国家标准、行业标准、地方标准和企业标准等级别。

(1)国家标准

国家标准是对需要在全国范围内统一的技术要求,由国务院标准化行政管理部门制定,如通用术语、代号、文件格式、制图方法和互换配合等通用要求;保障人体健康和人身财产安全的技术要求;通用试验、检验方法和通用管理技术要求等。国家标准 GB/f19004.2—ISO9004—2《质量管理和质量体系要素第二部分服务指南》即属国家标准。《服务指南》等同采用了国际标准 ISO9004—2,这意味着国家标准在技术内容和编写方法上完全对应国际标准,可以和国际惯例完全接轨。

(2)行业标准

行业标准是对没有国家标准而又需要在全国某个行业范围内统一的技术要求。由国务院有关行政主管部门制定,并报国家标准化主管部门备案。例如,1988 年版的《中华人民共和国旅游涉外饭店星级标准》即属行业标准。当然,该行业标准已由中华人民共和国国家标准 GB14308—936(旅游涉外饭店星级的划分及评定)所代替。

(3)地方标准

地方标准是对没有国家标准和行业标准而又需要在省、自治区、直辖市范围内统一的工业产品的安全、生产要求。由省、自治区、直辖市标准化行政主管部门制定,并报国务院标准化行政主管部门和国务院有关行政部门备案。

(4)企业标准

企业标准是指当没有国家标准和行业标准时,在企业内部适用的标准。国家鼓励企业制定自己的标准,企业的产品标准许报当地现有的标准化主管部门和有关行政主管部门备案。这里应注意的是下级标准不得与上级标准相抵触。

(5)强制性标准和推荐性标准

根据《中华人民共和国标准化法》,国家标准和行业标准按性质又可分为强制性标准和推荐性标准。强制性标准是保障人体健康、人身财产安全的标准和法律,行政法规规定强制执行的标准。其他标准均为推荐性标准。另外,省、自治区、直辖市标准化行政主管部门制定的工业产品的安全、卫生要求的地方标准,在本行政区域内是强制性标准。

8.2.1.2　服务业标准分类

服务业标准,按其性质可以分为三大类。

（1）工作标准

工作标准是对各部门、各类人员的基本职责、工作要求、工作程序、考核办法所做的规定,是衡量工作质量的依据和准则,是岗位责任制和职责条例的深化和发展,比岗位责任制和职责条例更具体、更科学,也便于掌握。

（2）技术标准

从事生产、商品流通、服务工作的共同技术依据,是对生产条件、生产对象、生产(服务)方法所做的规定。例如,菜点质量标准、卫生标准、环境质量标准、各种生产操作规程等。

（3）管理标准

管理标准指管理的规则、规章、程序及其他管理事项所规定的标准。它比管理制度更为严格,更具有约束力,能使各项管理工作更能达到合理化、规范化和离效化。例如,人力资源管理、安全保卫、全面质量管理等。

8.2.1.3　服务质量标准内容

服务标准化就是在服务过程中,通过对服务标准的制定和实施,以及标准化原则和方法的运用,达到服务质量标准化、服务方法规范化、服务过程程序化,以获得优质服务的过程。对旅游业来说,优质服务意味着经济效益的提高,也意味着顾客和社会的满意程度。

应该指出,这里所说的规范、程序都属于标准范畴,都是对重复性的事物和概念所做的统一规定。而所说的服务质量标准化、服务方法规范化、服务过程程序化也均属于标准化范畴。

服务工作自始至终都离不开标准,服务工作每个环节都应建立服务标准。只有建立一个完整的服务标准体系,全面质量管理才能真正得以实现。制定科学合理的标准体系,将能正确指导服务工作,对服务过程进行有效控制,最大限度地合理使用人力、物力、财力,使企业获得最佳效益。

（1）服务质量标准

服务标准主要是解决如何进行服务的问题。服务质量标准是指服务应达到的水准和要求的规定,即《服务指南》中的服务规范概念。服务质量标准的主要内容：

①服务要求。明确规定需经顾客评价的服务质量特性的工作要求。如食品类型、饮料等级、清洁卫生标准等。

②服务准备要求。明确规定供服务组织内部评价的保证服务质量特性实现的服务准备要求。如餐馆的服务人员数、提供服务的设施设备等。

③服务提供要求。服务提供要求可分为供内部评价与外部评价两部分。

A.外部评价。即明确规定供顾客和社会评价，以保证服务质量特性的服务提供要求。如餐馆的点菜速度、上菜速度、结账速度以及订菜、上菜的准确性和服务员的仪表等。

B.内部评价。即明确规定供企业内部评价，以保证服务质量特性的服务提供要求。如菜肴的烹制时间、烹制速度、清洁类型及速度等。

④验收标准。服务规范中必须有明确的服务特性验收条文，以使这些服务特性的定量和定性的指标和要求能够在执行中落到实处，这是服务规范的重要内容。常用的有下面两种。

A.标准摆件，即规定摆件的顺序、位置、方向、件数与种类。例如，西餐宴会规定摆件要从里摆到外，左叉右刀，服务盘放正中。距桌边 1 厘米，一个席位需 16 件餐具等。

B.标准份量，即规定每种用品或实物的数量定额。例如，拌番茄黄瓜洋葱色拉的标准份量：番茄为 150 克，黄瓜为 100 克，洋葱为 50 克，调料适当。

(2)服务提供规范

服务提供规范规定了提供某项服务的方法和手段。也就是我们所说的服务方法的规范化和服务过程的程序化，它是指导服务提供过程的标准和考核服务提供质量的依据。

①服务提供规范的主要内容。包括规定服务提供过程的程序；明确服务提供过程应用的方法；规定为满足服务规范所需要的资源要求，如设施设备、人员类型及数量，还要包括对提供方的要求；确定各项服务质量特性的验收标准。

②服务提供过程的程序。服务提供过程的程序简称服务程序。程序即事情进行的先后次序，它详细地说明了完成某种活动的准确方式，指导人们按顺序行动。程序的实质是对所要进行的行动规定顺序。这种顺序应符合服务规范的要求。服务程序是服务提供规范的重要组成部分，从某种意义上讲，制定服务提供规范就是编制一套服务提供程序。

在制定服务提供的规范时，应首先将整个服务过程分解成若干个服务工作阶段。例如，服务前、服务中和服务后三个阶段，然后再规定每个阶段的工作内容和要求。服务类型不同，其工作阶段内容和程序亦不相同，在制定服务程序时，应注意各个阶段之间的接口，即衔接、不要留下空白之处。同时，在编制程序之前应针对特定的服务画出流程图，这样会有助于工作阶段的划分和程序的编制。如旅游服务的工作阶段可分为：

向顾客宣传介绍旅游信息、接受旅游订单、安排旅游计划并制定有关规定、组织实施旅游、费用结算及服务评定。

③采购质量。由于各种服务类型都有采购过程，而所采购的产品和服务对于服务组织所提供的服务的质量、成本、效率和安全性都可能是关键的。因此，在服务提供规范中，必须保证采购的质量要求。

向顾客提供的设备要求。在服务提供的全过程中，必然有许多设施设备供顾客使用，这些设施设备是服务不可缺少的组成部分。它们对服务提供的质量有很大的影响。如饭店的消防、卫生设施、电器设备，商店的自动扶梯、空调设施，度假村的游乐设施等，只有在正常运转、适合顾客的使用目的时，才能为客人提供良好的服务。因此，服务组织应在服务提供规范中，确保提供给顾客使用的设施设备适合于达到特定服务项目的要求，安全可靠、省时省力。特别是一些新的设施设备，服务组织应向顾客提供使用说明书，这样既方便了顾客，又可减少因使用不当而造成设施设备的损坏，以保证设备的完好率。

④服务标识和可追溯性。可追溯性是指通过记载的标志追查某项目或活动以及同类项目或活动的历史、应用情况或场所的能力。它涉及产品和服务，即我们常说的对产品和服务的档案管理。可追溯性一般限于规定的历史时期或起始点，有三个方面的规范要求。

A.识别记录服务组织所采购的产品或服务的来源、时间及采购文件等，以保证所采购产品和服务的可追溯性。

B.识到和记录服务全过程的服务活动和人员责任，以保证各个阶段每一项服务的可追溯性。

C.识别和记录发生的不合格服务、顾客的投诉和索赔，以保证它们的可追溯性。

⑤满足对顾客财产保护的控制要求。在服务提供过程中，服务组织应对所负责的或接触到的财产负责。在搬运、储存、包装、交付的各个环节应实施有效的控制。这种控制应按规定的程序严格执行。旅游企业均有保护自己旅客的行李物品和财产的义务。

⑥质量控制规范。质量控制规范规定了控制和评价服务特性和服务提供特性的程序。制定质量控制规范的目的是未来有效地控制服务的全过程，以保证满足顾客和社会的需要。质量控制是服务全过程的一个重要组成部分，质量控制规范是过程质量控制的依据。

服务规范、服务提供规范和质量控制规范是一个有机的整体，是服务质量标准的主要内容。质量控制规范是为了有效地实施服务规范和服务提供规范，保证服务规范和服务提供规范中的要求能够实现。制定质量控制规范应以服务规范和服务提供规范为基础。

质量控制规范的设计应包括以下内容。

A.识别关键活动。识到关键活动即找出影响服务质量特性的关键性岗位或关键性活动,也就是我们常说的服务质量的控制点。服务工作和工业生产一样,也有一些关键的工序和关键的岗位,如果把它们加以控制,就抓住了服务质量的根本。这是符合抓住"关键的少数"管理原则的。确定控制点的原则是:

a.对服务质量影响大,起决定作用的岗位或活动。

b.经常出现不良服务的岗位或活动。

c.顾客反映大、意见多的岗位或活动。

例如,对于餐馆服务来说,膳食的配制和准备活动以及向顾客提供饭菜的及时性是关键性活动,也就是服务质量的控制点。而对于旅游列车来说,车边门是该项服务的关键岗位,对旅客的安全和重点服务乃至于整个列车的服务质量都起着重要的作用,可以确定为质量控制点。

B.确定可度量和监督的服务质量特性。在识别出服务质量控制点后,应对每个控制点本身及前后相关活动进行细致分析、确定出可度量和监督的服务质量持性,以保证该控制点达到服务规范和服务提供规范的要求。

a.可以度量的服务质量特性。例如,对某项活动的满意率、售票的等待时间和配制时间等,都是可测量的特性。

b.可以监督的服务质量特性。例如,铁路旅客列车的车边门控制点的质量特性。停开要求车停稳后再开门动关锁,要求车起动后,立即关门上锁。显然,包括可以测量的特性都是可以监督和控制的。

c.规定特性的评价方法并纳入质量控制规范中。例如,对客人的满意率和等待时间可采取某种规则的抽样调查方法,规定样本的规格大小、抽取时间、问卷形式等。

d.建立控制手段。有了活动特性的评价方法,对活动特性进行了测量,那么怎样才算达到了服务质量的要求呢?必须有一个规定的界限来衡量,并进行适当的控制。

C.注意事项。质量控制规范的注意事项主要包括以下内容。

a.质量控制规范是标准化管理的重要一环。在我国的服务行业中,由于质量管理水平较低,一般都忽视这项内容。为了提高服务质量控制水平,特别要重点强调质量控制规范设计。

b.明确检验方案和检验人员。在实施质量控制规定中,要明确规定用"三检制即"自检旅游企业中设置的质检部及质检人员等。

c.质量控制规范应能有效地控制每一个服务过程,始终满足服务规范和顾客的需要。

8.2.2　旅游服务质量标准的内容

旅游服务质量标准主要是解决如何进行旅游服务的问题。旅游服务质量是满足顾客和社会明确或隐含需要能力的特性总和。一般来讲,旅游服务质量标准的内容由以下几个方面构成。

8.2.2.1　设施设备质量标准

设施设备质量标准是按照企业的等级规格和不同接待对象,对设施设备的选择购置、使用保养、更新改造和经济技术分析的质量要求和规定。其是进行设施设备标准化管理的基本依据。

（1）设施设备的选购质量标准

设施设备的选购质量应遵循以下原则。

①技术上先进。尽可能采用适用于本企业的各种较先进的技术和设备,及时更新原有设备,让顾客"常来常新""常见常新",为向顾客提供最佳服务创造物质条件。

②经济上合理。通过定量分析,选择投资回收期短、设备寿命周期长、费用消耗低、经济效益好的设备。

③适应性。设备的选择应与大多数客人的需要相吻合,同时,设备的选择必须以企业的等级规格为基础。如饭店的设施设备要和国家制定的星级标准要求相适应,四、五星级的豪华饭店,设备必须豪华、舒适、完美,无可挑剔。一、二星级的设备档次则可适当降低。

④方便性与安全性。设施设备要能提高工作效率和服务质量,有利于职工的操作和最大限度减少职工的体力消耗。安全性是设备操作的基本要求,这不仅指必须自己备有必要的安全设备,而且一般设备也应具有安全可靠的特性。如电器的自我保护装置、家具饰物的防火阻燃性等。

（2）设施设备使用操作质量标准

即正确合理地使用设施设备,达到减轻损耗,保持良好的性能,延长使用寿命,安全运行,防止设备与人身事故,符合正常运行技术指标和操作规程。要针对设备设施特点,合理地制定安全运行技术指标和操作规程,便于掌握和使用。

（3）设施设备的维修保养质量标准

在掌握设施设备运行和故障规律的基础上,合理地制定设施设备检查维护保养和修理的周期和作业内容,以及应该达到的技术指标,包括设备完好率、故障率。凡在用设备的完好率应趋于100％,故障率应减少到最低限度。

（4）设施设备更新改造质量标准

在有计划、有重点地对原有设施设备进行更新改造中,经过技术经济论证后制定的改造和更新设施设备的规划目标、技术标准等。以此作为更新改造后验收检查的依据。

（5）设施设备技术经济指标

企业设施设备管理和使用的效果与其技术经济性能的发挥程度有着直接关

系。因此,应加强对设施设备管理状况和使用效果的技术经济指标的考核分析,以利于管好、用好各种设施设备,提高利用率和经济效益。如设施设备完好率、故障率、维修的经济性、有效工作度等。

8.2.2.2　产品质量标准

旅游业以提供物质产品的行业主要以饮食产品为主,通常包括三项内容:标准菜肴规格、标准烹饪方法、标准出料量。

(1)标准菜肴规格

标准菜肴规格是指事先规定好的向客人提供的菜肴的份量,包括菜肴的形状、口味、色泽、重量等指标。

(2)标准烹饪方法

标准烹饪方法通常以"标准烹饪法明细书"形式表述,它是指制作菜肴需要的各种原材料的份量,以及如何制作的详细规定。

(3)标准出料量

标准出料量是指单位重量的食品原材料,经过加工烹饪后能立即向客人提供的成品菜肴的重量。

8.2.2.3　商品质量标准

商品虽然是非流通企业制造,但经流通企业转移给用户使用,商品质量优劣是顾客和社会衡量商店服务质量的重要组成部分。分析顾客对商品不满意的诸因素中,因商品质量不符合消费者要求而造成的不满占 $50\%\sim70\%$。商品质量标准的主要内容有以下几方面。

(1)适用性

适用性是指在设计制造、流通转移所形成商品在规定条件下,完成规定功能的能力,符合用户要求的程度。

(2)安全性

商品在储存、运输和使用过程中,保证人身与环境免遭危害的程度。

(3)经济性

运输和使用过程中,保证人身与环境免遭危害设施需求,以及对人力要求等方面的特性总和。

(4)耐用性

商品在规定条件下和规定时间内,完成规定功能的能力。

(5)维修性

在规定条件下使用的商品,在规定的时间内,按规定程序和方法进行维修时,保持和恢复到能完成规定功能的能力。

（6）感观性

商品在外形、色泽、包装等方面,给接受者美感的程度在旅游商品提供的旅游纪念品和工艺品的规定中尤为重要。

（7）交货期

向用户提供规定质量、数量商品的时间,对贸易合同的符合程度。

（8）售后保证

商品售后为用户提供技术服务,使用培训咨询,发现质量不良的措施保证,如"三包一赔"及其他保证正常使用措施。

8.2.2.4　环境质量标准

环境质量不同于服务设施设备质量,主要指服务场所的美化,商品陈列的艺术性,环境卫生状况,设施设备摆放布局,灯光音响,色彩调节,温度、湿度与空气的清新程度,以及噪音的控制等。良好的服务环境能使旅游者轻松、愉快地置身于美的享受之中。

8.2.2.5　劳务质量标准

劳务即服务,劳务质量一般是指客人享用服务时获得的感受和满意程度,它是以设施、产品、环境质量为依托提供服务,达到适合满足宾客需要的最终表现。劳务质量标准的主要内容可分为以下几个方面。

（1）服务态度

服务态度是劳务质量的基础,是"宾客至上,服务第一"思想的具体体现,它反映了人与人之间的互相尊重和友好的关系,是一个企业乃至国家的文明程度和企业的服务水平。

（2）服务技术技巧

服务技术是指服务人员提供服务时表现出来的操作方法和作业技能。服务技术接服务人员的等级技术标准要求能熟练运用。

服务技巧是服务技术在不同场合、不同时间、对不同对象服务时,适应具体情况而灵活恰当地使用,使同样的人员技术取得更佳的服务效果,即我们常说的应变能力。要具备熟练的服务技巧,必须对业务要十分熟悉,对宾客的消费心理有比较清楚的了解,对接待艺术能运用自如。其中包括语言、动作、沟通、推销等多方面的艺术。

（3）服务效率

服务效率是服务工作时间概念,是向宾客提供某种服务的时限,是旅游服务质量特性重要的量化指标。服务效率标准包括以下三个方面。

①用工时定额表示的服务效率。如打扫单间客房的工时要求,宴会摆台工作,检修一台设备的工时要求等。

②用时限来表示的服务效率。如客人呼唤后在几分钟内服务员必须到达的时限,总台为客人办理入住登记手续不得超过 3 分钟,客人点菜后 15 分钟服务员必须为客人端上第一道菜等。

③有时间概念但靠感觉来衡量的服务效率。如报告设备坏了,多少分钟之内来人修理完毕,衣服多少小时内洗好送回(需加收 50% 服务费等)。

(4)礼节礼貌

礼节礼貌标准包括礼节、礼貌、仪表和仪态标准,礼节礼貌是劳务质量的重要条件。礼节是向他人表示敬意的某种仪式,礼貌是待人谦虚、恭敬的态度,礼节礼貌是服务人员通过一定的语言、行为和程式向客人表示欢迎、热情和感谢。

礼节礼貌表现在外表上就是旅游业的员工要讲究仪表和仪态。仪表仪态是指人的外表,包括容貌、姿态和风度等。礼节礼貌不仅反映了服务人员的职业道德和精神状态,而且会对服务质量产生重要影响。由于顾客缺少对具体服务项目的专业知识和直接接触的机会,所以当他们评价一项服务是否使自己满意时,在人际关系、服务态度方面比服务项目妙用方面有更高和更直接的评判能力。因此,旅游业人员要讲究礼节礼貌,注意发型服饰的美观大方,给客人一种乐意为其服务的形象;在语言上,要讲究语言艺术,注意语气语调,对客人的问题应对自如得体;在态度上不卑不亢,接待中始终以从内心发出的微笑迎送;在行动上要举止文明,彬彬有礼,坐、立、行、操作都有正确的姿势。

8.2.2.6 安全卫生标准

安全性标准既是服务质量高低的重要体现,又是旅游业文明程度的标志。

(1)安全标准

安全标准是旅游企业服务质量关键性的问题。设想一下,不管企业各方面工作如何好,只要安全一疏忽而出了问题,损害了宾客利益,宾客会满意吗。安全性是顾客和企业运行的首要问题。

①环境安全。宾客外出旅行游览,吃、住、行、游、购、娱,总有一种陌生的感觉。因此,旅游企业在环境上要创造一种安全气氛,如保安人员的设置、各岗位的员工忠于职守、安全设施设备的配置,包括旅游工作中的说话轻、走路轻、动作轻。

②防火防盗防事故。采取各种措施尽可能避免这类事故的发生。

③防止疾病。旅游企业中有不少企业居于公共场所。例如,饭店、餐馆、娱乐场所、汽车、轮船、飞机、旅游景点等,人来客往,传染疾病的机会很多,各企业要对传染病患者的进入进行禁止和控制,严格采用各种消毒制度,认真控制病源等多种方式,防止疾病传染,维护宾客和员工的身体健康。

④防止侵犯骚扰事件。尊重客人的隐私权,不让宾客受到无故的骚扰和侵犯。例如,无故进房,不适时的进房,外来无关人员对宾客的骚扰,餐厅及娱乐场所闹事对宾客的骚扰,电话骚扰等,都是应防止的。

（2）卫生质量标准

清洁卫生工作是旅游企业工作的重点之一，也是服务质量的重要内容。卫生状况不但影响企业的形象，而且直接影响宾客的健康，为企业和宾客所重视。清洁卫生包括环境、食品饮料、用品和个人卫生等四个方面，其清洁卫生质量标准可分为两个部分。

①视觉标准。即客人和员工凭视觉或嗅觉等感觉器官感受到的标准。我们所说的窗明几净，一尘不染，即属视觉标准。

②生化标准。生化标准是指防止生物性污染、化学性污染及放射性污染的标准。一个企业的清洁卫生质量光凭视觉标准来衡量是不够的。例如，一只光亮杯子是否清洁卫生呢？无法加以肯定，还必须用生化标准来衡量，往往由专业卫生防疫人员和企业作定期或突击性的抽样测试与检验。例如，餐饮茶水臭的消毒标准、空气卫生质量标准等。

8.2.2.7 服务提供和质量控制程序

服务提供程序和质量控制程序是为了实施旅游服务的质量标准，有关服务过程和质量控制的标准、程序和方法的明文规定。

（1）服务提供程序

服务提供过程的程序一般划分为三个阶段，即准备阶段、接待阶段和告别阶段程序。各旅游企业必须根据各项具体服务工作内容来确定其先后次序和规范，并做好检查和督导，才能使服务质量得到基本保证。

（2）质量控制程序

质量控制程序是以服务质量标准为依据，采用各种方式对企业服务"关键工序"和岗位的服务质量情况进行测定，使服务的全过程都处于受控状态，并判断实际质量与质量标准之间的差异，包括服务规范，作业程序的适用性，各项规章制度的适用性，检查考核方法的准确性，激励措施的有效性等。

质量控制程序和方法是全面提高旅游企业服务质量和职工队伍素质，确保服务始终满足服务规范和顾客的需要的重要手段。通过过程中的工作质量控制和事先预防为主来保证产品和服务的质量，这是建立质量控制程序和方法的重要性所在。这也是我国旅游行业需要迅速强化的质量管理方面。

8.3 旅游服务质量控制

8.3.1 旅游服务质量体系

（1）旅游服务质量体系的含义

服务质量体系就是为实施服务质量管理所需的组织结构、程序、过程和资源。

旅游服务质量体系是为了保证旅游服务满足顾客和社会明确或隐含需要的一个组织落实,有物质资源与人员能力保证,有具体工作职责、程序及活动内容的有机体。旅游业的服务质量管理工作,应该以保证和提高旅游服务质量为目标,把各部门、各环节的生产经营活动系统地组织起来,将质量管理活动标准化、制度化,在组织内部建立和健全服务质量体系。只有建立和健全服务质量体系,并使之有效运作,才能使旅游发展走上质量效益型的良性循环轨道。同时,旅游本身就是一大系统,是服务项目现代化和多样性的行业。它集交通运输、通信、旅游景点、饭店、餐馆、购物、娱乐等于一身。只有建立和健全了服务质量体系,才能真正为游客提供优质服务,使我国早日跻身于世界旅游大国行列。

人是服务的提供者和承受者,在服务质量体系中,人的因素最为复杂和活跃,它决定了服务提供和消费中的不确定因素的出现。因此,迄今为止,对服务企业质量管理的理论和方法的研究并不像制造企业那样深入和成熟。旅游服务质量体系的作用是使旅游业内部确信服务质量达到要求,并使顾客确信服务满足要求。旅游服务质量体系使旅游业实施服务质量管理的基础,又是服务质量管理的技术和手段。建立服务质量管理体系的最终目的是要服从于服务企业的质量方针和目标。

（2）旅游服务质量体系建立的步骤

旅游企业要向市场提供满足旅游者要求的产品。由于旅游者的需求和期望在不断的变化,加上竞争的压力和技术的发展,促使组织必须持续地改进产品、服务和过程。服务质量体系方法鼓励组织分析旅游者要求,规定相关的过程,并使其持续受控,保证和提高服务的质量。在市场经济活动中,服务质量仅由作为市场主体一方的旅游企业本身加以说明显然不够,需要除旅游者以外的第三方加以确认,并确立一定的通用标准。由于国际贸易发展的需要,由第三方进行质量认证的方法和标准逐步得以建立。质量管理科学和方法从产品质量管理发展到建立企业质量管理体系的新阶段以来,国际标准化组织通过充分协商和反复修改,提出了关于建立和实施质量管理体系的 ISO9000 系列国际标准,并被世界各国所采用。ISO9000 标准第三版的修改定案于 2000 年 12 月正式发布。我国国家标准化管理机构迅速完成 ISO9000 系列主要标准 2000 版的翻译定稿,等同采用为 GB19000—2000 系列标准,于 2001 年 6 月开始实施。按照 ISO9000—2000 国际标准,旅游企业建立服务质量管理体系的方法包括以下步骤。

①确定旅游者和其他相关利益者的需求和期望。

②建立组织的质量方针和质量目标。

③确定实现质量目标必需的过程和职责。

④确定和提供实现质量目标必需的资源。

⑤规定测量每个过程的有效性和效率的方法。

⑥应用这些测量方法确定每个过程的有效性和效率。

⑦确定防止不合格并消除产生原因的措施。

⑧建立和应用持续改进服务质量管理体系的过程。

采用上述方法的组织能对其过程能力和服务质量树立信心，为持续改进提供基础，从而促使旅游者和其他利益相关者满意并使组织成功。这些方法不仅可以用于建立服务质量管理体系，也适用于改进现有的服务质量管理体系。

（3）建立服务质量体系的具体内容

①质量体系的关键方面。质量体系是实施质量管理的组织结构、职责、程序、过程和资源。对于旅游服务组织质量体系来讲，有三个关键方面，即：

管理者的职责、人员和物质资源、质量体系结构。

这三个方面是相互依存、相互制约和协调的有机整体。人员、物质资源是基础，在明确管理者职责的条件下，运用科学和系统的质量体系结构来论证和提高企业的质量管理水平，达到赢利的经营目的。这三个方面的中心是满足顾客和社会需要。

②管理者的职责。管理者的职责是制定顾客满意的服务质量方针，成功地实施这个方针取决于管理者对质量管理体系的开发和有效运行，要建立一个服务质量体系必须由企业的一把手来承担责任和义务，这种责任和义务是企业内任何其他人不能代替的。管理者的职责有以下三个方面。

第一，制定和实施质量方针和目标。

A.质量方针。质量方针是由组织的最高管理者正式颁布的该组织的总的质量宗旨和质量方向。管理者应提出明确的质量方针，形成简练、准确的文件，并确保质量方针的传播、理解、实施和保持。

B.质量目标。在质量方针确定后，管理者应把质量方针转化为一系列能够实施的质量目标和活动，建立质量目标的目的在于满足顾客的社会需要，不断改进服务，并向顾客和社会说明企业在提供服务时的效率。例如，饭店总机服务时，铃声不能超过三次就应接k听电话等。

第二，建立质量体系结构。为了达到质量目标的要求，管理者必须建立和健全一个适合于本企业实际情况的质量体系结构。质量体系结构包括质量职责和职权、组织结构、人员和物质资源、工作程序四个部分。

第三，定期进行质量体系评审。为了确保服务组织现行的质量体系能在实施质量方针和目标中持续稳定和有效，必须定期地正式对质量体系进行评审。

③人员。服务组织质量体系正常的和有效的运作，预期质量目标的实现，离不开人员和物质资源作为基础。任何组织，无论是工业、农业、行政、事业，还是服务组织、人员都是最重要的资源。特别是对旅游企业来讲，每一个成员的行为和业绩都更直接地影响着服务的质量。为了提高员工队伍的整体素质，必须从人员的激励、人员的培训与开发、人员间的沟通联络三个方面进行努力以达到最佳的群体效率。

④物质资源。服务的运作过程离不开必要的物质资源,它是服务组织提供各种服务的基础。正如《服务指南》所指出的那样为了实施质量体系和达到质量目标,管理者应提供足够的和适当的资源。足够的资源是指为了完成企业全部服务工作和达到质量目标所必需的人力和物力资源,适当的资源是指应根据质量目标,相对于服务需要来提供必要的资源。不是追求高档次、高标准,而是考虑到经济合理,不是无谓地增加服务成本。上星级、上档次要看有无市场。

8.3.2　旅游服务质量控制

8.3.2.1　旅游服务质量控制的含义

所谓服务质量管理控制,就是为了充分发挥旅游服务功能确保质量标准,对服务质量管理过程中发生的问题、偏差所进行的监督和指导工作。旅游服务质量是由服务人员、服务对象和一定物质条件三种因素共同决定的。服务人员、服务对象即旅游者都是有思想、有感情的人。物质条件是由服务对象的要求和服务人员的操作来决定的。三者在服务现场中随时处于变化之中,由此必然带来服务质量的波动性。服务质量管理控制的目的就是要保持质量标准在实际操作的相对稳定性,为客人提供满意的服务。

8.3.2.2　旅游服务质量控制内容

旅游服务质量管理控制重点是做好三个方面的工作。

(1)事前质量管理控制

其主要工作包括拟定服务质量管理标准和贯彻"预防为主"方针两个方面。

①拟定服务质量管理标准。服务质量管理与控制都必须有客观标准。它是判断、评价质量管理好坏和进行质量管理控制的依据。旅游服务质量标准分为国家标准、行业标准、地方标准和企业标准四种。国家旅游局制定的《中国旅游服务质量等级标准》,目前处于试行阶段,经国家技术监督局认定和注册登记后,就成为国家和行业标准。地方政府旅游主管部门和旅游企业可以结合自身实际情况,在遵守和不违背旅游服务质量试行标准的基础上,制定自己的标准和实施办法。

②贯彻预防为主方针。在拟定服务质量标准的基础上,坚持"预防为主"的方针,把可能发生的质量问题、偏差尽可能消失在萌芽状况。这就要在服务人员的素质要求、设施、设备、物质供应、服务环境、服务程序安排、质量管理制度、安全事故防范、清洁卫生等各个方面事先做好充分的准备工作,保证旅游企业在有形服务和无形服务两个方面都没有影响服务质量的问题存在。因此,这一阶段服务质量管理控制的重点是做好质量问题的防患工作,以确保服务质量标准能够得到切实贯彻。

（2）服务过程质量控制

对接待服务过程中的实际操作、质量动态、存在问题和偏差所采取的控制措施。其基本目的是将实际达到服务质量水平同质量标准比较，保证质量标准在接待服务过程中切实得到贯彻实施。如果出现问题和偏差，应及时采取措施。旅游接待服务过程中的质量控制重点是做好三个方面的工作。

①层级控制。对接待服务过程中的质量问题所进行的逐级管理控制。逐级控制服务质量，主要包括三个层次。

A.总经理质量控制。重点是提出质量管理的方针政策、管理制度、重大措施、掌握企业质量管理动态，如宾客满意率、设备完好率、卫生达标率、质量事故率等，并针对存在问题、偏差，特别是带倾向性的问题，及时提出改进措施。

B.部门质量管理控制。重点是贯彻总经理的决策方针，结合本部门质量管理的实际问题，采取控制措施。其中企业质量管理办公室或质管处等专职质量管理部门的主要工作是协调各部门的关系，开展质量检查、评比、统计、计量等工作。

C.基层主管质量控制。重点是组织服务人员按照质量标准的要求提供具体服务，解决实际操作中存在的问题，纠正偏差。

②现场控制。对接待服务过程中发生的质量问题和偏差所采取的就地解决措施。旅游服务质量以活劳动消耗为主，其产品是无形的且显现时间短，大量服务质量方面的问题往往不容易层层向上反映，而应迅速就地控制解决。如着装仪表、礼节礼貌、语言动作、站立服务、微笑服务和清洁卫生等方面的问题和偏差都应以现场控制为主，及时解决。

③反馈控制。主要运用质量信息收集整理、统计、计量等手段，将服务质量管理动态、存在问题、数量根据和上级的有关政策、措施、要求等质量信息向上和向下反馈，以便加强沟通和联系，及时处理接待服务过程中的质量问题。

（3）事后质量控制

对接待服务后的质量问题所采取的控制措施。其主要工作：一是处理服务过程中的遗留问题。如设备维修、物品供应、环境质量、客人遗留物品、质量事故、客人投诉的遗留问题等；二是处理质量信息方面的问题，如原始记录收集汇总、质量信息统计、质量调查统计、旅客流量、质量标准贯彻的统计等；三是总结经验教训，发现问题，提出改进措施，事后服务质量控制的最终目的是不断总结提高，防患于未然，为今后的服务质量管理提供依据，使旅游服务质量管理工作实现良性循环。

8.3.2.3 旅游服务质量控制方法

旅游服务传递过程是一个复杂的系统，对旅游者感知的服务质量有很大的影响，对它进行有效的控制，可以全面地改善服务质量，提高旅游者的满意度。服务质量的过程控制可看成是一种反馈系统。在该系统中，把输出的服务结果与服务标准相比较，发现偏差，找出问题的症结所在，以便及时改进。旅游服务生产与消费的同时性,使服务过程的监控变得非常困难,管理者很难介入服务的过程对服务质量进行控制,这也自然会产生服务质量的波动。

（1）标准化服务

旅游企业是以提供服务进行赢利的经济实体,其中存在大量重复性的劳动,对它们进行标准化的设计可以保证服务质量的稳定。科学化、规范化、制度化、程序化是标准化服务的核心。例如,酒店客房的清扫过程可以通过一定的标准化程序设定,使每一间客房的品质保持一致。标准化服务不仅可以有效地降低企业的运营成本,而且使消费者的权益得到保证。

（2）全面质量管理小组

随着我国国民经济的发展,随着家务劳动社会化的时代潮流,旅游业将会呈现一派生机蓬勃的景象,人们对旅游的需求将不断地加强,对商品质量和服务质量的要求也将会更高。但是,要根据顾客的要求,有针对性地做好服务工作,企业的领导就必须发动企业的全体职工都参加管理。在企业内部成立多个不同形式的小组,开展质量管理活动。共同找问题,想办法,千方百计地提高服务质量,使服务工作做得更好。

质量管理小组的工作是旅游企业开展质量管理活动的一个很重要的组成部分。它是把全面质量管理的基本思想、基本观点、基本方法运用到企业的各种具体的工作中去的一种群众性活动。

从旅游企业开展质量管理小组活动的实践证明,它是开发职工智力,调动职工积极性的有效方法;是劳动、智慧、科学的结合;是提高企业经济效益和社会效益的重要手段;是企业不断推行现代化科学管理方法的有效途径。

①质量管理小组的定义。质量管理小组又称 QC 小组。QC 是英文词组 quality control 的缩写。质量管理小组最早是在日本发展起来的。日本在学习了美国质量管理理论的基础上,对工段长以上人员进行大规模的质量管理教育,一些企业由工段长和工人自动组织起来,进行学习、研究。经过几年的努力,他们逐步形成了一套比较完整的,并具有日本特色的质量管理小组活动的方法。从 1962 年起,正式向全国推广质量管理小组活动。这调动了广大职工参加质量管理的积极性,并且给企业带来了巨大的收益。

1997 年 3 月 30 日中国国家经贸委、财政部、中国科协、中华全国总工会、共青团申央、中国质量管理协会联合发出了《关于推进企业质量管理小组活动的意见》。其中指出,质量管理小组是“在生产或工作岗位上从事各种劳动的职工,围绕企业的经营战略、方针目标和现场存在的问题,以改进质量、降低消耗、提高人的素质和经济效益为目的组织起来,运用质量管理的理论和方法开展活动的小组”。这个概念包含以下四层意思。

第一,参加 QC 小组的人员可以是企业的全体职工,不管是高层领导,还是一般管理者、技术人员、工人、服务人员,都可以组织 QC 小组。

第二,QC 小组活动可以围绕企业的经营战略、方针目标和现场存在的问题来选题,活动内容广泛。

第三,QC 小组活动的目的是提高人的素质,发挥人的积极性和创造性,改进质量,降低消耗,提高经济效益。

第四,QC 小组活动强调运用质量管理的理论和方法开展活动,具有突出的科学性。

②质量管理小组的特点。QC 小组是企业中全员参与质量管理活动的一种有效的组织形式。QC 小组活动具有以下几个主要特点。

A.明显的自主性。QC 小组以职工自愿参加为基础,实行自主管理,自我教育,共同提高,充分发挥小组成员的聪明才智和积极性、创造性。

B.广泛的群众性。QC 小组是吸引广大职工群众积极参与质量管理的有效组织形式,不仅包括领导人员、技术人员、管理人员,而且更注重吸引在生产、服务工作第一线的操作人员参加。广大职工群众在 QC 小组活动中学技术、学管理,群策群力分析问题、解决问题。

C.高度的民主性。QC 小组的组长可以民主推选,QC 小组成员可以轮流担任课题小组长,人人都有发挥才智和锻炼成长的机会。内部讨论问题、解决问题时,小组成员不分职位与技术等级高低,各抒己见、互相启发、集思广益,高度发扬民主,以保证既定目标的实现。

D.严密的科学性。QC 小组在活动中遵循科学的工作程序,步步深入地分析问题,解决问题。在活动中坚持用数据说明事实,用科学的方法来分析与解决问题,而不是凭"想当然"或个人经验。

③QC 小组的组建程序和注册登记。因企业和行业特点不同,QC 小组组建的程序也各异,主要有以下三种情况。

A.自上而下的组建程序。一般说来,质量主管部门和管理人员比较了解质量问题,对全企业的质量活动会有整体的设想,通过他们与基层部门和领导协商,达成共识,然后根据需要选择课题及合适人选组成 QC 小组。这种组建程序对 QC 小组活动有指导性,容易抓住关键课题,密切结合生产实践,对企业和基层职工都会带来直接效益。

B.自下而上的组建程序。基层职工提出申请,由 QC 小组管理部门审核其选题和人员及开展活动的能力,然后予以批准组建 QC 小组。这类 QC 小组热情高,有很大的积极性,因此对他们应给予支持和帮助,其包括对组长和骨干进行培训,使小组活动健康地发展下去。这种组建程序常运用于由同一班组(或同科室)成员组成的现场型、服务型和一些管理型 QC 小组。

C.上下结合的组建程序。由上级部门推荐课题,经基层部门选择和认可,便可组成 QC 小组进行活动。这种组合使 QC 小组活动的目的明确,并结合上下部门各自的优势,对解决质量问题具有一定的攻关作用的质量管理小组活动的步骤。质量管理小组组成后,就要开展活动,活动是小组的生命力之所在。小组活动应遵从科学的程序和方法,以事实为依据,用数据说话,才能达到预期目标,取得有价值的成果。

第9章　旅游市场营销与策划

现代游客(消费者)对旅游产品的需求越来越广泛,越来越时尚化、生活化,而旅游企业的产品供给在一定时期内是固定成形的,把供求双方紧密联系在一起.这就是旅游市场营销与策划的核心任务,现代旅游市场营销与策划的手段多样,需要不断创新。

9.1　旅游市场营销综述

随着我国改革开放和社会主义市场经济的深入发展,人们生活水平的提高,城乡居民普遍开始关注和重视自己的生活质量,观光旅游、休闲度假的需求急剧增加,中国旅游业进入了一个前所未有的大发展时代,各地旅游开发蔚为壮观,纷纷把旅游业作为国民经济新的增长点和支柱产业来发展,旅游企业也如雨后春笋般兴起,它们纷纷展示自己的优势,加大宜传力度,极力吸引游客,形成了激烈的旅游市场营销竞争,面临这种现象,研究旅游市场营销十分必要。

9.1.1　旅游市场营销的含义

旅游市场营销是市场营销在旅游中的具体应用,通过分析、计划、执行、反馈和控制这样的系列过程,以旅游消费需求为导向,协调各种旅游经济活动,提供有效产品和服务,使游客满意。旅游市场营销的主体很广,包括所有旅游企业及宏观管理的旅游局。

9.1.2　开展旅游市场营销的必要性

(1)由旅游产品本身的特点决定

旅游产品主要是满足人们高层次的精神需求,因此,旅游产品的特色、质最、吸引力和价格都必须适合目标市场的需要。否则,人们就会改变购买决策或改变旅游目的地。而旅游产品的不可储存性和需求的易波动性使旅游业比其他行业更重视产品的销售。如果不进行有效的营销活动,就很难把旅游者吸引过来。

(2)由旅游产业内部及外部各行业之间紧密关联的特点决定

旅游产品是由饭店业、娱乐场所、景区(点)和交通部门以及其他的服务部门或企业所提供的各单项产品组合而成,缺少其中的任何一个部门的产品,都难以构成整体旅游产品。而在这个统一体中,各行业或部门都各自进行着垂直的经营活动,但他们之间又横向联合成一个水平的联合体,共同为旅游需求提供产品或服务,呈现出非常紧密的互补关系。因此,旅游业在经营过程中,必然要重视内部各行业或部门之间的协调,充分考虑各利益主体之间的分工和合作,以最大限度地发挥旅游业的整体效能。这正是旅游市场营销工作的主要内容之一。另外,旅游业与社会上多个行业或部门间也存在着依存关系,决定了旅游经营者需要通过营销协调消费者、地方政府与社会三者的利益关系。否则,难以做到旅游业的可持续发展。

9.1.3　我国旅游市场营销现状

目前我国大多数旅游企业已进入了稳步发展期,但在营销方面仍然存在许多问题。主要表现如下。

(1)盲目低价竞争

许多旅行社把降价作为主要竞争手段,为争夺客源抢占市场,甚至出现报价远低于成本的现象,如零团费、负团费。这种现象不仅不公平,而且违法。以这样的营销战略长期进行营销,只会影响旅游企业的形象,损害旅游企业自身利益,导致旅游业发展缓慢。

(2)追求短期营销效果,经营手段落后

很多旅游企业追求的是短期的销售目标,而不是长期的营销目标,缺少近、中、长期营销规划。不熟悉旅游产品、旅游价格、旅游销售渠道等促销因素与游客之间的关系,不能形成有针对性的旅游市场营销计划及营销战略,目光短视,对企业长远发展不利;许多旅游企业经营方式落后,难以做到规范化、智能化、信息化和全球一体化的经营战略。

(3)忽视售后服务,导致游客流失

目前绝大部分旅游企业没有一个较好的售后服务体系,导致游客流失。现代旅游者要求的是物质与精神的高度满足,旅游企业必须把游客视作"上帝"并为之服务,否则必将被市场所淘汰。

(4)忽视旅游形象

旅游企业在大力推销自身的特色形象,但都不能充分根据市场需求来科学设计有自身鲜明特色和吸引力的旅游形象,不能打造独特的旅游品牌,以致促销经费花了不少,游客却上不来,淡、旺季差异性极大。

(5)法律意识淡薄

一些旅游企业经营手段存在违法行为,如提供虚假旅游服务信息、假冒其他旅游企业品牌、诋毁其他旅游企业声誉及蒙骗或贿赂拉拢顾客等,严重扰乱了旅游市场秩序,损坏了旅游企业形象。许多旅游企业采用的是承包经营的运作方式,结果造成因旅游合同未能履行而发生大量纠纷和旅游投诉。

9.1.4　旅游市场营销发展趋势

随着旅游业的逐步成熟,以产品为导向的大众营销战略越来越不适应发展的旅游市场,以消费者为导向的细分市场营销、一对一的定制营销、关系营销、网络营销和社会营销已被业界推广运用。

9.2　旅游目的地营销策划

旅游目的地营销是指由某地方政府旅游组织将本地作为旅游目的地而负责的营销活动。政府旅游组织一般包括国家旅游组织和地方旅游组织。我国政府旅游组织基本可以分为三大类:旅游行政组织、旅游行业组织、旅游教育和学术组织。随着旅游业在国民经济中地位的不断提高,以及旅游需求的不断高涨,许多旅游目的地政府组织都加大投入为开拓内外部市场开展了大规模、多层次的营销活动。

9.2.1　旅游目的地营销的职能

通常政府旅游组织的营销作用仅局限在促销的狭窄层面上,其促销工作为旅游经营者进行具体产品营销创造了前提条件,但这种传统营销的效果越来越不理想,于是政府旅游组织的目标越来越多地集中到营销支持上,其作用主要体现如下。

(1)制定旅游发展规划,塑造独特旅游形象

国家或地区旅游发展总体规划工作是具有长期性和战略性的工作。打造旅游地强势品牌,树立地区旅游地形象是一个长期的系统工程,这项工作必须由政府旅游组织来完成,单个旅游企业是无法胜任的。

(2)确定目标市场和细分市场的促销重点

在充分了解本地区优势的基础上,对客源市场进行规划细分,并有针对性地提出具体的促销方案,形成统一的促销形象及目标,这是政府旅游组织的又一项重要工作。

(3)监督旅游产品质量,协调各主体之间利益

旅游行业组织制定和控制旅游服务的质量标准和基本价格,为多方主体提供依据,同时,监督经营主体的服务过程。由于经济利益的驱动,各经营主体常常为了眼前利益,忽视自身对旅游业发展应尽的义务,这就需要政府旅游组织协调各经营主体之间关系,以保证旅游业的可持续发展。

9.2.2　旅游目的地营销策划

旅游目的地营销策划主要体现在两个方面,一是整个目的地及其旅游产品营销策划,二是营销单个产品的旅游企业的营销策划。政府旅游组织一方面通过实施促销组合以提升潜在顾客对目的地的认知度;另一方面通过提供支持对整个旅游业施加影响。

（1）市场促销活动

市场促销是指通过实施促销方案来向目标细分市场中的潜在游客提供重要信息，以突出目的地在顾客心目中的形象，激发其旅游意愿，进而促使他们索取产品宣传册，或与当地的旅游代理商联系。

著名旅游营销学家伯卡特和麦德里克将这一战略概括为"造伞运动"，这个形象的比喻已为旅游业界广泛引用。在这把雨伞之下，众多独立的旅游服务提供者可以销售整体旅游产品中由他们自己提供的个体要素，其营销范围包括以商业性营销努力为主的所有活动。在这个层面上，旅游及相关企业如航空公司和其他运输企业、饭店集团、旅游经营商可以向那些已对目的地有所了解并愿意前往的潜在购买者市场销售各自的服务。政府旅游组织有效的市场促销工作主要表现在：确定特定市场和细分市场的促销重点；协调旅游产品的各组成要素；与旅游业界建立联系并对其施加影响；对符合发展政策的新产品或增长产品提供支持；开展营销活动，尤其是便于众多中小企业参与的合作营销活动。否则这些企业将很难参与国际性的或全国性的营销。世界上大多数政府旅游组织选择将营销预算主要用于提升目的地的知名度和形象的战略，形象促销活动涉及促销组合的规划与实施，通常包括广告、公共关系、销售推广和营销宣传品。

①营销广告。旅游目的地营销广告是由旅游目的地国家或地区的政府旅游组织或旅游企业出面，用付费的方式选择和制作相关方面的旅游信息，并由媒体发布出去，以扩大影响和知名度，树立旅游目的地国家、地区和旅游企业的形象，从而达到促销目的。旅游营销广告内容包括旅游产品广告，也包括国家或地区形象广告。

②公共关系活动。公共关系实质是通过信息沟通，发展旅游目的地与社会、公众之间的良好关系，建立、维护、改善或改变旅游目的地的形象，营造有利于旅游目的地经营环境的一系列措施和行动。公共关系活动是旅游目的地国家和地区参与旅游市场的竞争常用的手段之一公共关系可以以远低于广告的代价对公众心理产生较强的影响，并且它所带来的可信度要比广告高得多。

（2）政府支特

不同的旅游产品对旅游业的贡献率不同，目的地政府对旅游业的期望不同；另外，促销战略的实施受财力支持的影响，一些政府旅游组织便转向"营销支持"策略。其主要包括以下内容。

①提供统计数据及咨询，并建立服务信息系统。政府旅游组织通过统计数据，发布关于市场趋势的简要报告，并以帮助调研查询等方式定期为旅游业企业的营销规划提供有价值的情报支持，向企业提供咨询、建议是政府旅游组织的另一项重要支持活动。利用现代数字信息技术建立中央预订系统，为多方利益相关者提供交易平台。

②组织研讨会和展销会，推行熟悉业务旅行。多年来政府旅游组织一直致力

于安排旅游产品供应商与潜在购买者如旅游经背商、旅游代理商和其他旅游组织者等以较低的成本见面,从而降低旅游目的地的经营交易成本。政府旅游组织可以以研讨会或展销会的形式发出邀请,甚至通过提供食宿和旅行补助等,为实现其目标服务。熟悉业务旅行是销售推广活动的重要组成部分,它是完善主要零售网点对顾客提供咨询和信息的重要方法,也是在销售点争取更好展示空间的方法。这种旅行同时起着重要的公共关系作用,并可以借机向分销渠道和媒体中有影响的人物传达重要的旅游及相关信息。具体做法是精心挑选国外或客源地的旅行代理商和记者,组织他们参观旅游目的地并试用旅游产品。通过这种形式,政府旅游组织可以影响客源地的旅游业界对目的地及其产品的支持程度。

③在客源市场设立办事处及游客咨询处。通过在主要客源国或地区设立办事处,政府旅游组织可以建立和保持与旅游业界的密切联系,并充当旅游目的地各类旅游产品的分销渠道。通过业务联系以及分销的先后次序的选择与控制,政府旅游组织便可根据营销目标对所支持的生产者施加影响。旅游办事处还可以带来重要的营销信息,政府旅游组织可在营销规划过程中予以应用。通过在旅游目的地建立游客问询网络,并提供资助,政府旅游组织便可以扩大影响,并直接同旅游者中的广大"受众"交流信息。政府旅游组织在客源国或客源地可能只能影响大约25%的游客,而通过旅游目的地的信息中心则可能影响70%左右的游客。此外,政府旅游组织在提供信息上的倾向性可以影响旅游者在目的地的流动以及消费结构。

④发放旅游行业宣传品。由于有众多的目的地、旅游产品和旅游供应商,政府旅游组织不可能分别为所有的国外旅行代理商和旅游经营商单独提供服务,一般会出版一份或多份旅游行业指南作为旅游参考的依据。

⑤参与联合营销计划或行动。联合营销计划或行动是政府旅游组织愿意支持的特别营销项目,它们一般建立在共同参与的基础上。通常政府旅游组织会确定一个资金总数并通报给旅游业界——既包括公共部门又包括商业部门,这些组织可能进行竞争性投标以争取这笔资金。联合营销计划一般需要进行正式的申请和审核程序。一旦申请成功,申请者便可以获得相当于计划数额一半左右的资助。此外,获准参与选定项目的组织还可以分享政府旅游组织营销部门的专业经验,并得到印刷品制作、海外代理、研究咨询等方面的服务。

⑥支持新产品、支持行业联合及支持和保护消费者。运用由营销规划所确立的标准,通过有选择地给予前瞻性营销支持,政府旅游组织可以帮助新产品在开发后2~3年内在市场中崭露头角并站稳脚跟。小型企业通常难以承受在全国和国际上的初始营销费用。采用所谓的"助燃启动"的支持方式是政府旅游组织实现长期政策目标的行之有效的方法。这种支持方式与许多政府旅游组织所运作的投资和开发支持项目有相互重叠的地方,两者都越来越多地以营销导向为标准。

政府旅游组织发挥支持作用的又一重要方面在于为中小企业联合提供支持，这些中小企业进行联合是为了在规模经济的基础上实现更有效的营销。政府旅游组织可以提供营销方面的专业帮助，并给予一些促销活动以经费资助。与这种对顾客满意程度的关注相结合的是各种形式的消费者权益保护，如旅游价格要明码标价、受理旅游投诉的程序要合理明确等，一些国家还有旅游警察作为补充。另外，许多政府越来越关注旅游产品质量的保护和提高，并实施饭店等级评定方案，以期提高客人对其旅游经历的满意程度。政府旅游组织以后可能会更多地与旅游业界的经营者进行磋商以确定产品的质量标准，包括饭店所需设备的最低标准、良好行为的准则等。

9.3　旅游景区（点）营销策划

9.3.1　影响旅游景点营销的因素

（1）景点产品及产品组合

游客在景点中的经历都依赖于三个组成部分，即核心部分、外形部分、延伸部分或附加部分。核心部分是该景点所提供的基本资源——自然资源或人造资源；外形部分指的是这些基本资源的质量、风格、声誉、品牌等；延伸部分或附加部分是顾客购买产品所得到的附加服务和利益。这些因素的共同作用使各旅游景点体现出自己的特色。游客到景点旅游的过程是对其认识和欣赏的过程，只有从中得到满足，才能达到其对景点的期望，景点营销的目的就是促使这种期望产生并使之强化，进而转化为现实的购买行为。对景点产品中的核心部分、外延部分及附加部分进行科学的开发和组合，就要寻找营销理念。核心部分和外延部分的吸引力是基本稳定的，附加服务及其外溢的利益是营销的核心内容。对附加产品进行规划时通常需考虑一些因素，如广告宣传资料的质量、景点标牌、游览线路安排、人口处景观、接待处接待能力、导游系统及服务设施等。

（2）市场细分

市场细分对于确定促销和分销目标非常重要。大部分景点都是从一些基本的细分市场吸引顾客，各景点在这些细分市场上的差别除了与本身的特色有关外，区位因素也是一个很重要的方面，其决定着游客类型和游客数量，是景点营销时进行市场细分的主要依据。例如，山东烟台地区高尔夫球场的游客不少是韩国人，因为韩国游客坐飞机一天能来回，且总花费比其国内还要实惠。

（3）外部环境

旅游景点的经营既受内部因素影响，也受外部环境因素影响，外部因素表现如下。

首先，竞争对手的行动。主要表现为同一地区互相竞争的景点争夺同一细分市场。许多新的景点是根据重新定位而设计的,有些还可能得到政府或其他机构的资助,在日趋激烈的竞争中,一些老的景点因没有足够的吸引力而消失。

其次,消费者日趋成熟。游客对国内外旅游业行情的了解及对各种景点的亲身体验不断增加,加之一些著名景点在持续推出新的优质服务,游客的期望及对物有所值的认识越来越成熟。成功例子如东京迪士尼乐园,该乐园一直保持着长盛不衰的游客量,其成功经验之一是"永远建不完的乐园",以不断增添新的游乐场所和器具及仔细优质的服务方式来吸引初次来游玩的游客,让来过的游客再次来。

最后,新技术的应用。新技术为博物馆和其他景点的设计者展示和阐释资源、创造了新的机会。灯光、音响、电影、激光、超宽银幕电影效果以及新材如塑料、碳化纤维和光纤等都被用来进行现代化的展示。由计算机控制的能够创造真实动感和视听效果的模拟机变得越来越便宜,因而很可能在未来的景点得到更为普遍的应用。

9.3.2　旅游景点营销策划

(1)旅游景点营销策划的主要任务

①市场细分。市场细分是预测景点未来经营的基础,对景点管理有着重大影响,对资本投入和经营收入决策都会产生影响。市场细分还是针对特定的潜在顾客群开展有效促销和分销活动的基础。对现有的和潜在的顾客群体进行分析研究,还可以为景点寻找到新的开发利用方向。例如,博物馆在夜间开放用于举行招待会和其他活动。

②确定景点资源开发利用的方向。景点资源开发或重新开发设计,为游客提供不同的经历体验。通过开发设计新的展示内容或通过改进展示方式和技术来实现开发利用的新方向。如博物馆、美术馆等人文景观能为顾客提供增民知识、陶冶情操的机会,而山水园林类自然景观则能使游客得到休闲娱乐的享受。许多景点都存在开发思路陈旧的现象,必须改变经营思路,以消费者为导向,对目标顾客细分市场进行深入研究,结合景点自身特点,设计景点可提供的顾客经历体验,这是现实营销方案的必然前提。

③确定景点主题。景点主题是灵魂,只有主题明确,才能有清晰的营销思路。景点主题是产品促销和产品组合的基石。景点主题要总领全局,表述精确,特色明显,如突尼斯将自己定位为"空气、阳光、海水浴",德国的旅游广告则告诉游客"别在沙滩垒古堡,请到德国来看看真的吧"。景点的基本主题是全部营销活动中针对潜在游客进行景点定位的基础,也是景点提供给多方利益相关者承诺的基础。

④进行产品组合并联合营销。在进行产品组合时,要按不同细分市场的需求特点选择产品组合要素,并在产品的外延扩展上多做文章,为不同的细分市场提

供具有不同特色的产品。产品组合要素及组合方式会直接影响景点产品的价格及吸引力。联合营销是指与构成同一线路的其他同类景点或同一地区不同类型景点在促销和分销方面开展卓有成效的合作,可以通过政府旅游组织的支持或景点之间直接合作得以实现。一般是景点与交通、住宿和其他旅游企业开展联合促销和分销,通过外延的扩展来增加其产品的附加价值以及对市场的吸引力,合作双方将达到共赢。

（2）景点营销策划的重点

景区的营销重点在于围绕固定的供给创造更多的需求,具体包括以下内容。

①广告宣传及公关:广告宣传是最有效的促销手段,它可以建立和维持公众尤其是未来的首次到访人员对景点的了解和兴趣。

②销售促进:它有助于在公众已了解的基础上实现购买。通过举办特殊活动诸如手工艺品展销、演出、陈列和临时性展览等,可以激发游客兴趣并可以免费获得媒体报道。举办活动还可以带来首次到访的游客,并可以劝说游客在某一"正常"日子重回景点参观。随着技术的发展,已有越来越多的景点通过建立自己的网站或通过其他网络方式进行宣传和直接销售。

③分销:分销的主要目的是确保潜在游客能够在景点辐射范围内的各类住宿设施中、在旅游信息中心或者在与本景点有联系的其他景点等场所随时见到景点的宣传册、招贴画和海报。

9.4　旅游交通营销策划

9.4.1　影响旅游交通营销的因素

（1）产品组合要素的影响

产品组合要素有:服务的可得性与便利性,反映在线路、班次和容量上;与竞争者相比的成本优势,主要通过价格体现出来;交通工具的设计与性能,如速度、噪声等;运输过程中的舒适度及服务质量,如航空配餐服务、影视节目等;终点站和停车场的放客吞吐量;预订及购票安排的方便性;运营商的形象及定位。

（2）影响旅游交通营销的外部环境

现代交通工具的特征是高投资与高固定成本,其成为交通经营重要的制约因素。但其形式多样,从轿车、游船到火车、飞机,形成了一个庞大的立体式的交通网络,给游客出行也带来了便利的选择。不同的游客对交通工具的选择的倾向性不一样,对交通工具的选择也影响着企业的经营决策,从而影响企业的发展。

数字化网络信息技术的发展为订票、路线选择、报价及旅游业的分销提供了便利条件,也为调研游客特征提供了基础数据,成为交通营销策划的重要依据。环境问题日益严重,特别是二氧化碳的排放量引起了全球的关注。旅游业经营过程中产生的噪声、"三废"及能源利用问题,已成为法规管制的对象。全社会都在倡导循环经济及利用节能产品,也对旅游业交通工具的选择提出了要求,在一定程度上限制了游客出行的选择。另外,政府对交通运输业的管制也影响着旅游交通业,从而间接影响着旅游业的发展。

9.4.2 旅游交通营销策划

旅游交通中的营销策划具有多种形式,其他行业常用的各种营销手段在其中都有体现。这些营销手段的应用主要是为了创造需求,其目标是操纵顾客行为,使其更多地购买现有供应品或产品。旅游交通运营营销包括以下几个方面。

(1)预测未来市场

由于旅游交通业具有高投资与高固定成本的特征,交通工具的购买及其他投资决策必须与收入预测相适应。因此,通过开展大量的营销研究和持续的乘客追踪来预测市场潜力,为规划未来的运营线路、班次安排及相关投资奠定基础就显得十分重要。营销管理者必须按每一条线路及每一细分市场对交通需求的数量、层次结构、质量等方面进行估计。

(2)树立良好的企业形象

在现代的市场经济中,企业形象是一种无形的资产和宝贵的财富,它可以和人、财、物并列,其价值还可以超过有形的资产。良好的企业形象对顾客具有长久的吸引力,要以广告等形式传递给目标细分市场。

(3)长期关注并留往常客与回头客

根据帕累托原理,少量的常客(其中大多为商务旅行者)所带来的收益在企业整个收益中可能占很高的比例,大量的一次性顾客所创造的收益往往低于前者。对这些顾客需要认真加以培养开发,战略之一就是对企业的回头客提供奖励。在铁路和公路的固定往返线路上,传统的季票已经实行多年,航空公司竞争推出了如全球广泛运用的常客奖励方案,都产生了积极效果。

(4)与旅游业其他部门形成战略合作

近年来,一些交通运营商越来越多地将注意力从业内向业外转移,从传统角色转向与整体旅游产品中其他产品要素经营者进行联盟的合作者。其范围很广,下自与住宿供应商和景点的有限联盟,上至与旅游经营商或批发商等营销组织的全面联盟。如铁路、航空公司与饭店建立战略联盟关系已在国内外得到推广,还如国庆节、春节等旅游黄金周期间实行的旅游包机、旅游专列等,对于解决高峰旅游交通发挥了良好的作用。

另外,旅游业是一个脆弱的产业,它与环境存在着高依存度,为了对许多不可预料的外部环境变化做出回应,常采取应急措施应对外部环境的突然变化,以期把损失降到最低。

9.5　旅游饭店营销策划

9.5.1　旅游饭店营销的特点

旅游饭店产品除了具有服务产品的一般特性之外,由于其接待对象——旅游者的消费特性以及饭店产品在地点上的固定性等原因,旅游饭店营销还具有以下几个特点。

(1)位置决定营销的成败

许多著名饭店经营管理者在总结其成功经验时,都强调位置的重要性。位置几乎主导了所有饭店的经营,它决定着企业能够获得何种市场组合,并决定着营销战略和战术的方向,从而影响着饭店企业的赢利能力,因而企业在进行投资开办新的饭店项目之前,必须评估每个待选地址固有市场的需求潜力。

(2)经营业务存在淡旺季

饭店经营业务都存在经营的淡旺季,随时间和变动幅度的不同而形成不同的需求模式。这些需求模式是由饭店位置所对应的市场需求的特点决定的。在许多城市,饭店通常在周一到周四生意红火,商务旅行者入住率高,而周末和七八月份则生意冷清,高峰常出现在秋季和春季。我国北方许多位于海边的度假型饭店设施通常全年只有 12 周多一点的时间需求旺盛,许多设施全年有大约 5 个月的时间几乎完全停业。营销活动虽不能扭转这些与选址有关的需求变化的自然周期,但却可以在进入需求淡季时有针对性地对特定目标市场施加影响,从而尽可能增加边际业务量,减少销售收入下降的幅度。

(3)以客房销售为重点

虽然客房销售,尤其是服务型饭店的客房销售,很少起过总销售收入的一半,但据相关研究表明,客房销售对总利润的平均贡献要大得多。由于高固定成本的影响,额外的或边际的客房销售所带来的利润率往往要大于 75%,而餐饮销售的边际利润率则往往保持不变。而且,客房出租率的提高能带来饭店内部餐饮和其他服务的销售量的提高。因为一旦顾客来到"店内"就可以对他们进行卓有成效的各类产品的推销,这自然就成为增加总收入的有效手段。正因如此,饭店营销的重点必须放在客房销售上。

同时要注重以"预订者"为营销对象。在旅游饭店产品中,预订者和消费者有时并不统一。预订者是一个顾客或顾客的代理人,他们为一个或多个顾客进行一夜或多夜的饭店预订。许多饭店企业都开展针对"预订者"的促销活动,并已获得更稳定和大量的销售渠道。

9.5.2 旅游饭店营销策划

（1）确定市场定位形象

在大众化市场上，竞争者往往以相近的价格向同一细分市场的消费者提供同类产品，因此，经营者需要通过个性化信息来实现产品差异化和创立品牌，这也就是市场定位过程。市场定位要借助"信息传递"来实现，可通过信息沟通来表明本企业的性质，阐述企业的理念，介绍企业的各种服务，从而赢得本企业的可持续竞争优势。主要表现办法包括：

饭店外部环境介绍，如其地理位置和外观，建筑风格等；推荐，口碑宣传对饭店业来说是赢得顾客最有效的方法；

媒体宣传，如媒体对饭店组织的活动和住在饭店的知名人士进行报道就可起到很好的宣传作用；广告，它为饭店直接阐述它想要在人们心目中占有何种位置提供了最佳的机会；

宣传资料、宣传手册和饭店用于促销服务的所有附带材料是向潜在顾客说明饭店市场位置的理想方法，这些信息材料所介绍的产品与服务设施可以激发顾客的希望和期待；

员工的态度和面貌、规范的服务行为和无微不至的关怀是树立饭店形象永恒的方法；

提供某种特定的价格水平是饭店进行市场定位最简单的方法之一，管理者和顾客双方都用这一方法为饭店定位，或是高价位，或是中价位，或是低价位，无论选择何种价位，饭店必须体现物有所值；

氛围是音乐、喧闹声、气味以及饭店的活动，乃至饭店的客人等，可以使饭店形成舒适、大众化、繁忙、喧闹、高档或其他各种市场形象；

常客方案，有一批能经常惠顾饭店的顾客，有助于确立饭店的市场地位；

店名、口号、标志或标识成为集中体现饭店市场定位的方法，要使标志或口号为饭店定位发挥真正的作用，必须使其反映饭店性质和经营业务的独特之处。

（2）规划业务组合

饭店的营销策划主要在于根据各饭店选址所带来的需求潜力和需求特征，选择最佳的或赢利能力最大的细分市场组合，并根据这些市场的需要开发和促销具体的产品。例如，一家位于市中心的饭店通常要以吸引商务旅游者为目标，而度假饭店则要吸引各类休闲度假游客，每个细分市场都代表饭店的一种战略选择，需要在营销活动中加以区别。对大部分饭店来说，最佳市场组合通常包括若干细分市场，通过这些细分市场的共同作用，可以最大限度地降低季节性影响和其他正常业务组合，实现收益最大化的目标。为各种饭店设计最佳业务组合通常都需要进行大量的营销研究，至少对以往顾客入住登记的资料进行分析，以预测各组合现有顾客和潜在顾客在顾客数量和创收方面的潜力。

（3）奖励回头客

许多饭店集团建立了会员俱乐部或实施其他计划，采用向常住顾客提供优惠卡的形式来吸引回头客，还通过快速入住和离店结账、信用方面的保证和便利来吸引回头客。

（4）跨企业联合营销

跨企业联合营销是目前正在迅速发展的一种营销趋势，是企业在营销自己的产品时能够与其他企业一起达成一定程度的协作。这种协作的战略优势包括：分销方面，各饭店之间可以相互推荐业务，并能够通过中央预订系统更便捷地进入销售网络；促销方面，各饭店可以合作开展市场定位和品牌化经营，利用公共专业营销队伍，联合制作宣传册和传单，或者集体参加行业交易会和展览，进行联合广告。如"世界一流饭店组织"一年一度的饭店指南便是众多独立的豪华精品饭店开展宣传销售的重要途径；产品和定价方面，各饭店可以协调整个集团，统一价格，避免过度价格战带来的损失，并制定相应的质量保证措施，以从整体上提高顾客的满意度；进行联合营销，共同组建联合市场营销机构，为全体成员宣传推销、招揽客人，并协调各成员在这些发明的合作，从而形成一个较大的宣传推销和销售网络。

9.6　旅行社营销策划

9.6.1　影响旅行社营销的因素

（1）内部因素

①旅行社服务的规范性及服务质量。旅行社的规范性一是指该旅行社是否为根据我国《旅行社管理条例》相关规定设立的合法旅行社，二是指该旅行社在经营过程中是否存在欺骗旅游者、不正当竞争和超范围经营等违规行为。旅行社的规范性是旅游者在选择旅行社时首先考虑的因素。随着游客渐趋理性，其在选择旅行社时，越来越注重旅游产品的"性价比"，因而，服务质量在游客选择服务产品时所占的分量越来越重。

②服务提供的产品价格及产品的丰富度和个性化。旅游者之所以选择旅行社提供的产品，很重要的原因就是期望节省费用。能不能在给游客提供诱人的价格，一定程度上影响着旅游者的购买行为。随着人们综合素质的提升，消费观念也在发生转变，表现为对旅游产品的期望越来越大，特别倾向于多样化和个性化的产品。

③旅行社的品牌形象及诚信度。旅行社的品牌形象直接影响着旅游者的购买选择。随着游客自身要求的提升，对旅行社的服务过程要求也越来越高，特别是对旅行社的诚信度，很难想象一个诚信度不高的旅行社会有好的经营效果。诚

信度是旅行社立足于社会和长期赢利的基石,更是旅游者选择旅行社的关键因素。旅行社的诚信主要体现在是否能够切实履行其出行前向旅游者所做的所有承诺。

（2）外部因素

①现代信息技术的运用威胁到旅行社的生存。传统旅行社的诞生已有170年的历史,基本依靠人工服务。但现代信息技术的发展,数字化网络的运用,已基本夺取了旅行社的大部分业务,许多旅游中介业务可在网上以电子商务的形式进行,以至有学者提出一个观点,就是旅行社将来可能会消失,电子商务形式的旅游中介公司将取而代之。

②全球环保意识的增强,影响了消费者观念的变化。时代要求旅游经营者必须处理好旅游发展与当地环境保护、当地居民生活的关系,处理好经济利益与环境保护、眼前利益与长远利益之间的关系,坚持保护第一、发展第二的经营理念,以求获得可持续发展。同时,也对消费者提出了消费道德要求,地球只有一个,人类共同消费其实是在消费地球的寿命,这就对旅游消费者提出了最基本的要求,即在保护好环境的前提下进行消费。

③自助旅游的兴起。近年来,自助旅游在世界各地,尤其是在一些经济比较发达的国家悄然兴起,这反映出人们追求个性、追求独立自由的心理趋势。与随团旅游相比,自助旅游的费用虽高一点,但个人的自由度大,更能满足旅游者充分放松、追寻自我的目的。实际上,自助旅游仍然是包价旅游的一种,只是在选择产品内容、组合方式以及旅游的消费过程等方面给予了消费者更大的自由度。这种需求变化要求包价旅游经营商着手改变传统的经营方式,丰富服务项目和业务内容,简化交易手续并降低交易费用,开拓新的经营领域,提高市场份额。

④国内环境变化特点。中国加入WTO后,不仅给中国旅游业带来了更广阔的发展前景,同时也带来了国外旅游业期待已久的大规模进入和由于旅游市场的进一步开放所带来的竞争压力。因而,国内旅行社在考虑如何充分利用其中的有利因素的同时,更要研究如何转变观念,使自己的经营尽快与国际接轨,发展旅游经济。

9.6.2　旅行社营销策划

旅行社的数量规模一直在持续扩张,目前行业集中度严重偏低,至今仍是很不成熟。一个日益成熟的市场,其主体的数量规模不仅不会高速增长,相反应该逐步减少;该行业置身于一个持续增长的市场之中,营业额连年大幅增加,但始终无法取得良好的经营绩效,一直陷入非常痛苦的"悲惨式增长"方式。因此,面对旅游市场规模的不断扩大,旅行社要想摆脱这种被动局面,就必须重新审视经营战略,旅游营销思维亟须调整并变革。

（1）重新定位企业形象

国内旅游市场多年来一直是在高速发展和不断成长。通常来讲，在一个成长型的市场中，消费者的需求特征主要有两点：一是首先关心如何获得产品，其次才是产品的性能；二是消费者对价格比较敏感。在这种现状下，国内旅游市场主要以大众旅游消费为主，旅行社的低价竞争，也是集中在这个层面。但随着参与竞争的旅行社数量的急剧扩张，这种低价竞争最终必然变成零和游戏，因为低价后面还会出现超低价。解决这一问题的根本办法是将企业组织从生产导向型，切实转变为客户导向型，即转向目标市场。

（2）调整营销策略

多年来低价恶性竞争使旅行社似乎陷入了一个走不出的怪圈，几乎人人反对低价恶性竞争，但一旦涉及具体报价，一个比一个报得低。旅行社要获得进一步发展，对营销策略必须做出相应的调整。

价格促销的营销手段在国内外通行。比如，世界五百强排名第一的沃尔玛、美国西南航空都是走低价路线。但低价促销不是唯一的营销手段，而且当价格低到一定程度，很难继续保证产品和服务应有的品质。从整合营销的角度看，影响游客喜好和满意度的因素是多方面的。如产品有独特唯一性，服务细节很有人情味，导游学识渊博富有激情等，这些都可以大大提高客户的满意度。如果能通过整合资源，形成了线路产品的小小的差异化，消费者对于价格的敏感度就被有效降低了。因而，客户价值应该是产品、服务和价格的三位一体的综合。

营销思维从价格促销转变到整合营销，还要做好两方面的工作。一是要协调好企业内外所有能够影响客户的活动，比如市场调研、产品设计、广告宣传、导游服务甚至财务管理，都必须一切从客户需求出发，进行相互协调。二是管理者应该让全体员工认识到，营销绝对不是哪一个部门的事。无论管理人员还是普通员工，思考问题都应以客户为导向。

（3）培育企业的赢利能力

企业的终极目标是形成强大的赢利能力。销售利润只是短期的、暂时的，一个企业只有形成了比较强的赢利能力，才有可能获得长期的、可持续的稳定发展。企业的赢利能力包含许多方面，这里主要从营销角度来讲，其重要的两个方面是发现需求和创造需求的能力。日常的营销就是发现需求、创造需求和满足需求的一种活动过程。需求包含显性需求和隐性需求。显性需求往往与隐性需求是同时存在的，营销的创新力表现在如何把隐性需求放大或转变为显性需求，使得企业的赢利能力有足够的保障。另外，要真正提高企业的赢利能力，还要转变观念，不要总是盯着客户的口袋，而要研究客户的消费心理及消费行为；不要太关心竞争对手在做什么，而要关注其不做什么。从而找到营销的新空间，确保企业有持续的赢利能力。

（4）重点关注客户

针对目标市场开发旅游产品,管理者的关注重点必须从产品转向客户。重视产品的营销理念是消费者对于产品和服务的高质量总是喜欢的,产品的品质越好,对消费者的吸引力越大。表现在宾馆业就是过于迷恋高档次和标准化的服务;在城市旅游和景观设计方面,过分迷信国际化高水准的旅游规划设计;在旅行社,则是在线路产品华丽包装背后的哗众取宠和故弄玄虚。过分强调产品,整天想着如何提高产品质量和服务档次及包装,容易走入"为产品而产品"的误区,忽视了消费者对于产品的真实感受,从而会失去新的市场机会。正如当携程旅游网挟持着足以影响整个行业发展的"破坏性技术"侵入旅行社的"传统领地",整个旅游界几乎没有能力做出任何市场反应,就一点也不奇怪。

9.7　旅游节事活动策划

旅游节事活动是近年来兴起的一种流行的旅游形式,与传统旅游形式相比,旅游节事活动对资源的依赖性小,对促进举办地的经济与社会人文发展具深远的影响。它已受到各级地方政府及旅游界的重视,其功能越来越大,超越了旅游节事活动的功能,也超越了一般旅游形式的功能,引起了学术界及旅游实业界对其的重视及研究,也形成了新的热点。从北京奥运会、上海世博会等大型事件活动的举办,到桂林"印象刘三姐"、深圳主题园娱乐演出等众多主题活动的举行,各种旅游节事活动已经成为目的地一道不可缺少的"风景线",成为目的地产品体系中的核心价值之一,也是目的地中后期经营管理的核心内容之一。旅游节事活动正在成为旅游目的地争夺形象力之战、注意力之战和竞争力之战。旅游节事活动融合了体验性、参与性与趣味性,更能吸引游客,代表了现代旅游的一个新的发展方向。

9.7.1　举办旅游节事活动的意义

节事可以划分为许多类型,例如,根据节事的内容可以分为节庆型、商务型、博览型、体育型等类型,奥运会可以归类于体育型。从内容及规模等角度予以界定的节事范畴有特殊节事、标志性节事和超大节事等。旅游节事活动不外两种:一种是既有性主题活动,如传统的春节、端午节、中秋节及一些少数民族节事活动;另一种是创造性主题活动。传统性节事活动文化积淀深厚、民族特色突出、群众基础良好,有较大的吸引力。但缺点是资金的有限性、时间的固定性和时代的局限性,有待于挖掘、整合、改造和提升。因此,创造性主题活动便成了旅游节事活动的主流,旅游节事活动更多的就是指的这一类活动。有特色、有生命力、有市场前景的节事活动,是一个地方旅游业上台阶、上水平的重要平台。举办节事活动的现实意义主要表现在以下方面。

（1）凝聚合力，营造外部环境

任何大型节事活动的成功举办，都必须聚集方面的权威、智慧和资源，倾力而为，众志成城。要通过举办旅游节事活动，能营造出有利于当地旅游发展的良好外部环境。一是要以当地政府为主要发动机构，以旅游局为主要协调部门，以节事活动为主要工作平台，调动当地政府各部门的力量，各司其职，彼此联动。二是要积极攻关，主动向上靠拢，想方设法动用上级以及中央有关部委的行政资源，在组织机构、相关政策、扶持资金、市场宣传上获取足够支持。三是要以市场回报为工作纽带，发挥当地社区和民众的作用。

（2）组合精品，激活静态资源

通过举办旅游节事活动，借助节事主题和活动序列，对现有资源进行集中组合、对展示方式进行动态调整、对产品内涵进行深度挖掘，通过在可观赏、可参与、可遐想、可咏叹等方面进行改造，搭建起节事活动这一舞台，全面展示和激活文化性旅游资源的内在价值和时尚品位，使历史有活力，使文化有生机，使游览过程有生活气息，最终形成当地旅游资源由"静"及"动"、由"散"至"连"、由"死""变""活"、由"古"而"新"的自然切换。

（3）扩展适游期，称补季节差异

许多文化型旅游目的地，因气候等不可控原因，不可避免地存在着淡季旺季的客观差异。这样通过人为手段，结合潜在需求，对市场进行"填补低谷"就显得十分必要和紧迫。而旅游节事活动的举办，可以在时间上做文章，利用改季，以集中性展示为工作手段，对现存资源进行合理利用，延长适游期，力求以丰富多彩的内容吸引游客，以声势浩大的排场感染游客，以鲜明突出的主题打动游客，从而扩大淡季市场规模。

（4）强化整体营销，培育市场品牌

举办大型旅游节事活动，就是要在市场上打响一个深意的旅游目的地品牌。举办旅游节事活动，要善打组合牌，形成强大的"渗漏力"。通过举办节事活动，形成旅游业内部营销联盟，形成旅游品牌的"综合营销能力"。

9.7.2　当前旅游节事活动存在的问题

（1）内容雷同，没有特色

内容没有特色是很多地方旅游节事活动寿命短的首要原因，对于参与者来说活动的主题是否具有特色是产生吸引力的根本所在。如城市节事活动要做好，市场要做大，靠的就是特色主题。有些旅游节事活动内容经济文化结合力度不够，片面追求经济效益，而忽略了文化内涵的延伸，只能够在短期内有轰动效应，不能做到可持续发展。

（2）产品的知名度不高

我国现有的名目繁多的旅游节事活动品牌知名度低，名不副实，贪大求全，往往举办不了两次就没有后续,主要是因为前面提到的内容没有特色,后期管理宣传跟不上,举办完了就结束了,很少能做到持续举办。除了政府举办的名声大的节事活动之外,其他很少有知名的节事活动。

(3)精品少,策划简单

一个成功的旅游节事活动往往要经过长期的调研,精心策划才能如期举办。从国外成功的节事活动来看,从筹备、策划、管理、促销等都有一套成熟的管理机制与专业化团队。国内的旅游节事活动内容粗陋,质量低俗,过程虎头蛇尾,形式千篇一律,没有长久的吸引力。一个好的节庆活动要注重调查游客需求,并要制定营销策略和促销计划。国内的旅游节事活动只停留在注重产品的阶段,尽管开展了大规模的宣传,但前期的游客调查和客源市场的系统研究明显不够,因此,宣传和促销也很难到位,缺乏系统的营销计划和战略。

(4)组织缺位,管理不严,市场化程度不高

国内旅游节事活动没有严格的组织管理。国外比国内做得好,严格规范性的管理是著名节事成功的秘诀之一。如西班牙斗牛节共有 156 项活动,在长达四个世纪的历史发展中,每年 7 月 8—14 日,这些活动分布在潘普罗那市固定的时间和地点,从早晨 8 点至第二天零点长久不变。再如达沃斯论坛及博鳌论坛也是如此,每年定时定点,全世界各国各地区政要同时参与,已有严格的管理程序及组织行为。旅游节事活动越来越成为促进区域旅游发展的一个重要方式。目前很多城市都在努力开拓旅游节事活动市场。国内旅游节事活动一般由政府主办,虽然市场化运作的程度在逐年加大,但没有一套完善的制度和程序来运作,政府仍是主体;各地区发展不平衡,难形成旅游群。节庆活动的参与者多是本地居民和周边地区居民,外地乃至海外旅游者比较少,在国内的知名度不高,在海外市场上的影响力更是有限。

9.7.3 旅游节事活动的策划

旅游节事活动的策划和营销有其自身的规律,它的基本原则是:以特色资源为卖点,以市场需求为导向,以营销品牌为目的。节事活动策划的技巧主要包括:无题巧作,无中生有;小题大做,以小搏大;古题今作,借题发挥;好题快作,抢占先机。核心技巧是创新,创新的环节有主题设计的创新,元素组合的创新,表达形式的创新,营销传播的创新。

从旅游现状和市场长远发展看,需掌握以下基本方针。

(1)组建强力机构,形成长效机制

旅游节事活动内容繁多、工作涉及面很广,这就需要组建一个高规格、高权威的办事机构,既要借此确保活动的顺利举办,也是提升旅游节事知名度和影响力的一个重要保证。首先,政府的带头作用非常重要。政府在宣传本地名气和知名度方面扮演着重要的角色,要借助其行政资源,做好承上启下、协调左右的纽带作

用;其次,协调一些相关的上级部门也很重要。做好与活动内容相关的部门的公
关工作,如摄影赛与中国摄影家协会、旅游文化活动与文化部、遗产保护宣传与建
设部、旅游市场推广与国家旅游局等,可以以主办单位的方式,争取资金支持、政
策扶持或其他权威支撑;最后,发挥当地相关部门的积极性也是很有益处的。通
过当地党委政府的统筹安排和部署,发动各相关部门的积极性和能量,形成联动,
形成合力。通过以上三方面的工作,确保节事规格和节事效果,并形成和谐而长
效的工作机制。

(2)挖掘旅游节事资源,以打造品牌拓展持续发展的路子

旅游节事在全国形成了很高的浪潮。其中有些成功例子,但更多的则是虎头
蛇尾。原因很多,主要表现为:缺乏品牌内涵,一味追求当地特色,忽视游客利益
和兴趣,没有市场;内容单一乏味,除了开幕闭幕及一些自娱活动之外,就没有其
他活动;时间序列上没有连续性及逻辑性。旅游节事资源的挖掘是旅游节事发展
的动力。设计旅游节事活动要始终把资源的挖掘和品牌的建设与维护放在重要
位置。

首先应考虑品牌内涵。品牌需要元素多样而又具有内在联系。要把一些传
统的民俗节日、重大标志性活动节日、特殊性事件等作为旅游节事的资源,进行重
新挖掘、定位和包装。根据旅游节事依托资源的不同区域、不同种类、不同影响来
确定不同的活动内容和社会参与性。注重游客的广泛参与和体验,充分考虑到旅
游节事的差异性和其自身的特点,注意与周边景区、旅行社、宾馆、饭店的合作,主
题突出、内容丰富、多出精品、环境协调,产生拉动效应,生态、社会、经济效益并
重,而不是生搬硬套、盲目组合,并在一个共同的时间段进行集中展示。其次是品
牌价值。品牌价值需要覆盖特色并对特色做市场化利用。再次是品牌发展。品
牌要常有常新、滚动深化,实现可持续发展。要坚持在时间序列上坚持把节事活
动抓下去,形成固定举办模式;在固定模式的基础上,要坚持创新。通过这些方
法,最终使节事活动真正形成品牌,通过这些方法,最终使节事活动真正形成品
牌,产生品牌价值和忠诚度。另外,旅游节事作为一种旅游产品,其品牌应该得到
商标、网络、手机在线等保护,否则会形成模仿成风,一是造成对品牌的损伤,二是
对赞助商不负责。只有从法律意义上得到保护,才能促进旅游节事的健康发展。

(3)市场运作,大胆走专业化之路

一个成功的旅游节事活动不只是单纯的一个活动,而是一系列具有内在联系
的活动。要精准全面地反映当地旅游资源,不遗漏信息;迎合旅游者对多样化产
品的追求,拓宽客源面。旅游节事活动,要在活动主题的选定、各个活动的衔接上
面做好文章,不能成为单纯的平面展示,要多样化、立体化、系列化。许多旅游节
事活动由政府大包大揽、不计成本的现象十分普遍,这为活动失败留下了深深的
隐患,也是难以形成持久生命力的一个重要症结。市场运作是旅游节事发展的根
本。政府应转变职能,政企分开,从管理职能转化到公共服务职能,建立起强大的

公共服务支撑和保障。旅游节事应作为一种新的旅游产品来看,多方融资,包括接受国外援助,国内社会捐助、企业赞助,与传媒深度合作,政府、企业、社会共同办好旅游节事,以资本为纽带,风险共担,利益共享。要按照市场化、专业化运作方式,从资金、管理、策划、包装到后期的招商、安全、纪念品的开发,各种工作实际的落实,形成一整套标准化的流程和体系,以节养节、滚动发展,确保旅游节事项目持续发展。当前,各地举办旅游节事活动的促销手段普遍单一,无非是举办新闻发布会,在媒体上作一些前期广告。旅游节事活动要确保当地成功举办的前提下,进行再微缩和再改造,把活动地点流动起来,直接在重点客源市场上举办。这样既是节事活动直面客源层的一次生动促销,也是能够直接收到效果的一次经济活动。

(4)加强旅游节事活动专业培训,做好人才培养和储备

旅游节事活动作为一个产业、一门学科,需要专业水平和专业队伍。近年来,随着节事活动在全国乃至全球范围内的大发展,新情况、新现象、新问题层出不穷。为此,要具有战略眼光,敏锐应对、从容驾驭,不断用新知识武装旅游节事专业人员,加大人力资本投入,加强专业化培训,提高业务素质,建立一支适应市场变化、娴熟掌握业务、具备市场实感的节事活动专业人员队伍和专业促销队伍。

(5)节事活动具有很强的后续效应。节事活动给城市带来的效应不仅仅限于当时所创造的效应部分。对于主办城市的人们来说,通过节事活动掌握大量的信息,挖掘了大量的商机,可以说是参加了一次免费的交流会;对于主办城市来说,通过举办节事活动,改善当地的基础设施,优化社会环境,创造良好的投资环境,给参加节事活动的人们留下好印象,创造一批潜在的投资家。这些效果不一定在当时就能够看得出来,也许会经过很长时间才能显现。因此,举办节事活动创造的效应具有持续性、后续性。

第 10 章　旅游信息化管理

信息化正在改变着旅游业传统的发展模式,改变着全球旅游竞争格局,是经济全球化和信息时代旅游业发展的必然趋势。国外旅游业信息化发展较为成熟,我国旅游业信息化目前仍然处于初级阶段。旅游信息化管理体系主要有旅游部门政府信息化管理、旅游企业信息化管理和旅游目的地、信息化管理。我国旅游业要发挥政府对旅游信息化的主导功能。旅游目的地信息系统,是旅游业与信息化最优的结合方式。旅游目的地营销系统可以极大地提升目的地城市的形象和旅游业的整体服务水平,是信息化时代背景下的新旅游营销模式。

随着电子信息技术的飞速发展,特别是随着计算机互联网络全面进入千家万户,使得信息共享应用日益广泛与深入。世界范围的信息革命激发了人类历史上最活跃的生产力,人类在经历了农业社会、工业社会后,已步入信息化社会。美国学者约翰·奈斯比特在《大趋势》中曾预言"电信通讯、信息技术和旅游业将成为二十一世纪服务行业中经济发展的原动力"。这三者的结合即旅游业信息化将融合为一种更大的驱动力,不仅给电信通讯、信息技术等提供更广阔的舞台,同时也赋予旅游业发展以无限的生机和活力。为增强旅游业的国际竞争力,当前,我国旅游信息化工作正在大力推进。

10.1　信息、信息化与旅游信息化的概念

10.1.1　与信息相关的概念

信息是事物运动的状态和状态变化的方式,是经过加工后的数据,是可以用来通信的知识,它对接受者的行为能产生影响,对接受者的决策具有价值。信息有许多重要的特征,最基本的特征为:信息来源于物质,又不是物质本身;它从物质的运动中产生出来,又可以脱离源物质而寄生于媒体物质,相对独立地存在。正是由于信息可以脱离源物质而载荷于媒体物质,可以被无限制地进行复制和传播,因此信息可为众多用户所共享。

信息技术即人们常说的 IT,是指与一切信息数字化处理和通信相关的技术。具体地讲,信息技术是以计算机和数字通信技术为基础的,包括音像、文字、数据、图表等信息的数字化采集、存储、阅读、复制、处理、检索和传输等应用技术,并且包括提供设备和信息服务两大方面的方法与设备,涉及人们生活和生产中一切语言、文字、数据、图像的使用。

信息管理是整个管理过程中，人们收集、加工、储存和输入、输出信息的总称。国家信息化是指在国家统一规划和组织下，在农业、工业、科学技术、国防及社会生活的各个方面应用现代信息技术，深入开发、广泛利用信息资源，加速实现国家现代化的进程。国家信息化体系构成的六大要素为：信息技术应用、信息资源、信息网络、信息技术和产业信息化人才、信息化政策法规和标准规范。

10.1.2 与旅游信息相关的概念

旅游信息是与旅游相关的旅游景区、旅游企业、旅游者、旅游交通工具、餐饮住宿、气象等多种要素所构成的数据、消息和情报的总称。

旅游信息化指通过对信息技术的运用来改进传统的旅游生产、分配和消费机制，以信息化的发展来优化旅游经济的运作，加快旅游经济增长，最终推动旅游产业全面发展的过程。目前国内学术界对旅游信息化的研究，主要有旅游企业内部网建设与管理信息化、旅游企业网站建设、网上旅游信息服务、旅游目的地信息网、旅游企业客户关系管理、网上旅游营销等。

10.1.3 信息化是现代旅游业发展的趋势

几十年来，国际航空、旅游和饭店业市场经历了几次大的信息技术应用变革。第一次是美利坚航空公司和 IBM 公司于 1959 年联合开发了世界上第一个计算机订位系统(SABRE)，这是旅游业信息化萌芽的标志。第二次是 1978 年美国推出航空管制取消法案(Deregulation)，游客购买机票的选择范围增大，并使得电脑预订系统(CRS)延伸到旅行代理商。到 1982 年，几乎有 82％的代理商都在使用电脑预订系统。到 1985 年，电脑预订系统业务进一步得以发展，包括订购机票、预订客房、租车等，其销售也不断扩大。第三次是建立专门的旅行社银行结账法(也称饭店清算系统)(BSP)来完成支付结算。信息高速公路出现后，民航旅游界又研究利用互联网(lnternet)来取代 CRS 并最终取代 BSP，使之以极快的速度完成查询、预订和支付等全部程序。与此相应，传统的一些经营、营销、管理方法也因信息技术革新而改变，逐渐向高智能化、网络化、集团化转变。如 1994 年底，美国开始出现新式的"电子机票"，实行"无票旅行"方式。旅游企业营销策略也发生转变，出现了集团化和各种战略性联盟的趋势。酒店通过管理合同，转让经营特许权形成遍布全球的酒店连锁店，以 FFP(航空公司的经常乘客项目)为纽带的航空公司与酒店、度假村、游船公司以及各种俱乐部和租车公司等结成的销售联盟几乎为常客提供了所能想到的一切优惠。而且，通过现代信息技术的应用，可以更好地了解旅游者的个性特征及需求偏好，更好地对客源市场进行统计分析和市场细分，这些无疑都对旅游业发展具有深远的意义。另外，国外旅游目的地信息系统也正在迅猛发展，新系统能提供食、住、行、游、购、娱六要素的综合信息，其功能也逐渐集查询、检索、预订等于一身。

　　我国旅游起步比较晚,从 20 世纪 80 年代开始才逐渐走进百姓生活,在初期属于奢侈性消费,普及程度不高。传统的旅游业中,旅游企业发布旅游信息的渠道非常有限,旅游者主要通过传统的报刊、广播、旅行中介的纸质资料获取旅游信息,获得的旅游信息很粗,主要是旅游线路、往返程工具、价格等最基础的信息,旅游地的信息很少涉及。随着人民生活水平的提高以及整个社会消费个性化时代的到来,越来越多的消费者已经不再满足于传统的组团旅游,个性化、多样化的旅游形式正广泛地被消费者所接受,旅游者更愿意在旅游代理商的帮助下自己设计旅游路线,自己安排旅游时间。在出行前作旅行决策时,旅行者需要借助各种媒介(旅游报刊,互联网)了解各地的旅游信息,通过媒介提供的文字、图片、视频等各种综合信息来作决策。而且,旅行者还需要借助互联网的信息服务来设计自己的旅行线路、交通工具、入住宾馆等。旅游者的一次旅游决策过程,实际上是一个旅游信息的输入、处理、输出、反馈的过程。旅行社的咨询服务功能正在逐步被互联网的自动查询功能所替代。旅行结束后,很大一部分旅行者喜欢把自己独特的感受写下来,把文字和图片甚至视频发到论坛上和其他旅友交流,这也是个性化时代彰显自身魅力的方式。中国旅游产业已逐渐步入个性化时代,在个性化旅游的大趋势下,旅游者对信息服务的依赖程度越来越高。

　　面对全球经济一体化的发展趋势,我国旅游产业的生产格局在信息化的推动下发生着愈益明显的结构性的转型。实现旅游信息化,促进自身的发展,已经成为时代的必然要求和旅游产业的理性选择。

10.1.4　国内外旅游业信息化发展现状

　　(1)国外旅游业信息化发展现状

　　旅游网站功能已由向游客提供简单的旅游景点介绍、信息查询、在线订票订房服务提升到能提供个性化旅游产品、辅助自助旅游服务等诸多智能服务上,其服务导向已经由以"交易为中心"转变为"人性化服务为中心"的更高水平的阶段。相应地,信息技术在旅游业的应用也促成了旅游供给者的服务水平和质量的提高,能提供更具有吸引力、促使旅游动机,变成实际行动的旅游产品。

　　旅游信息系统发展趋势已经呈现出从现在的单项功能、单一地域向多功能模块、区域方向发展。旅游信息系统也从最初的 CRS、20 世纪 90 年代迅速发展的新型旅游营销网络 GDSC,迅速发展为近年的目的地信息系统(DIS)的普遍应用,直至目前被认为最有发展潜能的目的地营销系统(DMS)的倡导与推广。旅游电子商务的建设更加标准化和规范化。标准化体现在建立电子商务的网站和管理信息系统的数据库格式和接口的标准化;规范化体现在建立健全旅游电子商务的规范体系,约束和指导市场行为、信息内容、流程、技术产品和服务等。另外,需要特别指出的是,移动电子商务将成为主流,从而在真正意义上实现全方位的网络营销。

（2）我国旅游信息化发展现状

当前我国旅游信息化建设水平还比较低，虽然在信息化的大潮下，政府旅游网站、景区网站、预订网站、旅游搜索网站、旅行社网站纷纷出炉，在线旅游已成为投资热点，但毋庸讳言，我国与世界水平的差距还很明显，相当一部分旅游企业是运用传统的商业模式，信息服务能力非常差，不能满足旅游者的个性化和现代旅游业发展的需求。

第一，旅游信息系统尚未完善。大部分国际旅行社都配有电脑和上网设备，建立了自己的局域网或企业内部网，用于内部信息查询、文字处理、财务管理、计调等工作。有的还将 Intranet 直接与 Internet 互联，在旅游电子商务领域进行探索尝试，用于企业宣传自身形象、推介旅游线路及相关产品、提供网上预订服务等。大多数中高星级宾馆酒店也在内部局域网基础上设计了自己的旅游网站，实现了信息与资源共享，并将市场推广、预订业务整合到旅游网站上。大部分 AAAA 和 AAA 级景区也建立了自己的网页，通过互联网开展信息发布和网络促销等活动。有的景点还设置为游客服务的触摸屏信息查询系统，方便游客的出行。航空方面，国内从 2006 年开始实行机票电子化，取消纸质机票。而对占住宿设施总数 96％的低星级饭店和招待所来说，信息化系统方面基本上还处于初级阶段或呈空白状况，此外我国三分之二的省区市的国内旅行社目前仍沿用传统手工作业方式。

第二，旅游电子商务发展水平不高。从全球范围来看，旅游电子商务已经成了旅游业发展不可逆转的趋势。电子商务的便捷性、低成本、覆盖面广等优势是传统旅游方式不可比拟的。目前，在欧美等发达国家，正在大力发展低成本、高效益的旅游电子商务。旅游电子商务已经成为整个电子商务领域最大、最突出的部分。资料显示，全球旅游电子商务连续 5 年以 350％以上的速度增长，一度占到全球电子商务总额的 20％以上。美国美林公司的调查指出，2005 年全美在线旅游销售收入占旅游市场总收入的 30％，而 2004 年这个比例是 25％，2003 年为 21％。世界旅游组织商务理事会（WTOBC）预计，今后几年间世界主要旅游客源地约四分之一的旅游产品订购都将通过互联网进行。而 2007 年我国旅游电子商务收入在整个旅游业收入中所占的比重还未超过 5％。美国几乎所有的旅行社都在使用 GDS（全球分销系统），在法国已有 85％的旅行社拥有 GDS，在整个欧洲有 40％左右的旅行社拥有 GDS。在我国，拥有 GDS 的基本上是三星级以上的饭店，大约占 17％的比例。

第三，旅游网站质量参差不齐。大多数景区景点型网站，只能对一些旅游景点、旅游路线、旅游知识等方面作简单介绍，不能全面地提供整套的旅游服务和缺乏专业资源的支持，因而竞争力不强。旅行社类网站基本具备宣传自我和发布信息的功能，但还不能提供旅游电子商务等服务。政府背景类旅游网站自身不经营旅游业务，主要为旅游企业提供行业、法规管理等，其他方面的功能不是很完善。

目前只有专业旅游网络公司网站能以良好的个性服务和强大的交互功能迅速抢占网上的旅游市场份额,如:携程可谓中国在线旅游市场先驱,E 龙在 2006 年实现盈利后,蝉联德勤中国地区高科技高成长 50 强品牌,这两大网站把持国内 3/4 强的市场;2005 年底横空出世的芒果网,一露面就号称香港中旅集团为之斥资 4 亿元;游易旅行网专心攻占机票预订领域,乐天专注于酒店预订领域;去哪儿旅行搜索、安旅网等,则偏重于旅游信息的整合与提供,这些都是在线旅游市场上比较活跃的旅游专业网站。

第四,从我国旅游目的地信息化的整体现状来看,与国际先进水平相比,与旅游目的地面临的国际化、市场化、信息化环境要求相比,仍存在着较大的差距。大部分旅游目的地尤其是中小型旅游目的地只追求短期经济效益,而忽视了长期战略决策中信息资源在旅游目的地发展中的巨大作用。我国旅游目的地信息化还没有走出技术驱动、信息技术厂商推动以及从技术和系统中寻找应用的格局。旅游目的地对所获得的信息往往只停留在表面上,缺乏对旅游信息资源有效的、深层次的加工利用。旅游信息化建设与旅游目的地的业务相脱节,应用程度很低。大部分旅游目的地只是把旅游目的地信息化看成是信息技术和产品的展示场,用来装饰门面,从而造成旅游信息资源的极大浪费。

我国旅游业的信息化水平较为落后的现状导致了诸多弊端,如信息不畅,资源无法共事;各自为战,难以形成一条龙服务,规模效应不能体现;成本高,办公效率低下;无法整合客户信息,造成客户流失;出现财务管理监控的漏洞;市场反应迟钝等。

10.2　旅游信息管理

10.2.1　政府旅游部门信息化管理

10.2.1.1　政府旅游部门信息化内涵

政府旅游部门信息化就是政府旅游机关所进行的信息化建设,是指各级政府旅游机关通过建设处理各类旅游信息的计算机网络以及各种应用系统,提供统一、权威的旅游数据,促进各种旅游信息资源的广泛使用,由此提升政府旅游机关的工作效率,加速政府旅游部门电子化、智能化、信息化的发展,促使其快速成为开放型、扁平型、服务型的公共管理机构,同时还可以通过数字化推动旅游产业的发展,提高市场业务运作水平,积极发展旅游电子商务,提供个性化旅游,推动旅游经济发展。

10.2.1.2　旅游部门对信息化建设的主导

（1）发挥政府对旅游信息化的主导功能

我国旅游业实行的是政府主导下的发展战略模式,涉及整个目的地旅游发展、营销宣传与信息服务的旅游信息化工作,一般要由目的地政府旅游管理部门牵头进行组织协调建设,来集中提供旅游信息,提升目的地形象和旅游业的整体服务水平。旅游信息化在很多方面是为了方便游客,产生的是一种公众利益,并不带来直接盈利,例如黄金周各地旅游信息预报、旅游行业动态发布、出境游的出行提示,都需要政府旅游部门来负责提供。这些旅游公共信息虽然难以由旅游企业提供,但可以在企业的网站主页中链接或转载,以扩大信息的受众面。政府旅游部门主导信息化发展战略具有一定的必然性,其依据主要有以下几方面。

①旅游产业的综合性。旅游业具有综合性。因为旅游产品是一种综合性产品,由众多行业提供的产品组成,涉及饭店业、交通运输业、娱乐业、商业等行业,它们都是旅游产业的主要组成部分。因此,作为一种综合性产业,旅游业要进行信息化建设,应当有一个统一的发展规划,以确定发展的主要方向和实现目标,并防止重复建设。实践表明,不管是国家还是地区的旅游信息化发展规划,都应当由旅游主管部门来组织实施。

②旅游企业分散,中小企业居多。很多目的地的旅游业都以中小企业居多,缺乏资金和实力开展网络营销,不利于旅游目的地整合资源塑造形象,不利于潜在游客了解目的地旅游信息。政府部门对目的地旅游信息化进行统一规划和运营可保证目的地营销的整体性,同时带动本地旅游企业的发展。目的地的旅游信息化是以整个地区的综合性资源为基础的,单一经营者无论从主观愿望还是客观实力上很难综合目的地的这些资源来完成此项工程。

③政府的统筹协调方面的优势。目的地旅游信息化使区域内多方受益,只有政府部门才能发挥统筹作用,协调产业内各方面(包括企业、行业协会及各级旅游部门等)参与其中。以假日旅游预报系统为例,涉及众多的重点旅游景区和旅游城市,包括交通、饭店、旅行社等多个方面的资讯,数据的收集量是很大的,只有在全国假日旅游领导小组的统一主导下,才能有效地收集汇总各方面的信息,通过网络平台迅速发布。

④规模经济效应。旅游企业参与政府规划、统筹的信息化工程,不仅可以依托目的地整体形象的优势来宣传自己,而且比自己单独制定信息化计划并投资实施更节约成本,这一点特别有利于中小企业的脱颖而出。

政府主管部门应成为全国旅游信息化应用方面的组织者,从多方面对其发展予以支持,完善旅游信息化的宏观环境。针对我国旅游信息化发展中表现出来的分散、无序等问题,政府应从多个角度发挥主导功能,为整个旅游行业的信息化建设提供基础资源,搭建发展平台,加强建设的总体规划。在旅游业的信息化发展过程中,有些问题单靠旅游企业的力量很难妥善解决,这时就需要政府出面进行协调。例如,电子支付的安全涉及旅游业以外的领域和部门,就必然需要政府的协调。另外,要加快制定、完善和修正旅游电子商务的相关政策和法律,消除制约旅游电子商务发展的政策和制度瓶颈。

（2）旅游信息化的集成趋势

公共产品是现代经济学中一个具有特殊重要性的概念。公共产品是指集体拥有、共同消费或使用的物品（广义的物品,包括服务等）,具有非竞争性和非排他性。个人对这类物品的消费既不影响他人的消费利益,也不增加消费成本。旅游信息化中除网上预订以外的非营利部分实质上属于公共产品,不能寄希望于企业来负责提供,而应当主要由政府等公共部门来提供。一是因为市场是由理性的个体通过交易行为形成,交易的动机在于逐利,对于无利可图的产品,企业一般不愿负担。二是由于公共产品的正外部性和"搭便车"现象的存在。一个企业假如提供公共产品,同时会给其他企业带来好处,但成本并不分担,这样的结果就是大家都不提供。旅游目的地的营销正是如此,在这种情况下,旅游信息化的集成趋势渐趋明显。旅游信息化集成可解决以下信息化过程的重要问题。

①解决旅游信息化推广中存在的资源分割问题。以往同一旅游目的地的旅游网站状态分散,难以包容外部网络和外部信息,使相当部分资源难以共享、业务不能协同,营销效率降低。为此政府旅游部门可以建立一个集成的旅游网站,作为整合区域内各类软、硬件旅游信息资源的目的地营销平台。按照"统一规划,分级建设"的原则,营销平台提供的是框架和数据标准,具体的内容建设则由企业来完成。

②解决旅游在线供需对接中信息流动无序的问题。就供给而言,集成的旅游网站形成了一个多方供给的流动平台（包括资金、技术、人力、设施等）,克服了旧有旅游网站由旅游主管部门、旅游企业自筹资金建设,运作模式单一的状况,就需求而言,能及时反映客源市场信息、集中一站式服务加强了纵深协作。近年来我国省区旅游网站发展的一个特征便是旅游网站在旅游服务中的整合进程加快,旅游网站服务的综合集成加强。省区旅游信息化规划的集成化趋势已经成为发展潮流。旅游信息化的这种集成趋势,一方面促进了在现实空间难以聚集的各旅游机构、企业在网络空间内的集群整合,实现了网络空间的协同效应;另一方面,为游客提供了尽量大的旅游产品及信息服务的使用价值,降低了信息比较及预订选择的成本。在旅游信息化建设方面,政府部门应加强宏观规划和指导,改进业务流程、重组行业资源,为提高我国旅游业在世界的竞争力服务,实现信息化和旅游业的有机结合。

10.2.1.3　我国旅游行业"金旅工程"简介

金旅工程是我国旅游业政府主导参与国际市场竞争的重要手段,是国家信息化工作在旅游部门的具体体现,是国家信息网络系统的一个组成部分,是旅游部门参与国家旅游业信息化建设的重要基石,是各级旅游行政主管部门利用信息技术推动新世纪旅游业发展的一个重大举措。国家旅游局从 2001 年开始启动金旅工程,目标为:建立覆盖全国旅游部门的国家—省—市企业四级计算机网络系统,达到提高管理水平、运行效率,改进业务流程,重组行业资源的目的手同时,建立一个目的地营销系统,为世界各地企业从事旅游电子商务提供服务。

金旅工程建成后,将成为覆盖全国旅游部门的国家、省、地市、企业四级的计算机网络系统,为提高旅游行业整体管理水平、运行效率及改进业务流程、重组行业资源等方面提供强有力的技术支持;同时,利用金旅雅途网络平台构建的中国旅游电子商厦,将极大地繁荣世界旅游电子商务市场,中国旅游业从此接通信息高速轨道,迅速腾飞。金旅工程可概括为"三网一库"即内部办公网、管理业务网、公共商务网和公共数据库。

(1)内部办公网

将国家旅游局与国务院办公网相连,为国家旅游局提供一个与国务院办公网和各部门进行安全保密的内部文件交换的网络,主要处理政府机关内部业务。包括信息发布、公文处理、文件文献的管理、人事管理。

(2)管理业务网

基于互联网的各级旅游部门间的内部信息交换网络。目标是建立一个旅游系统内部信息上传下达的渠道和功能完善的业务管理平台,实现各项业务处理的自动化,提高工作效率,使旅游业的行业管理上一个新台阶。其业务功能包括全国旅游行业统计系统、旅游行业管理系统、旅游信息管理系统、投资项目管理系统、中国旅游网(国家旅游局直属政府旅游网站)的建设运营。

(3)公共商务网

一个可供各旅游企业进行供求信息交换、电子商务运作的旅游电子商厦,旅游企业在内可从事网上同业交易,为全球互联网用户提供旅游产品在线订购等电子商务活动。公共商务网由北京金旅雅途信息科技有限公司承建和运营,因此被命名为"金旅雅途网"。公共商务网主要处理为公众和旅游企业服务的业务:综合信息发布、宣传促销、电子商务、投诉处理。

(4)公共数据库——三网共同引用的国家级数据库

数据库系统作为系统平台的一个重要组成部分,是上层应用系统的基础,也是业务处理系统的核心,基本上所有的业务数据的加工最后都依赖数据库系统支持。

国家旅游局制定了《金旅工程框架规划》,下发了《国家旅游信息化建设技术规范》《旅游管理业务网建设技术方案》《旅游信息分类标准》等技术规范,目前,全国各级旅游行政管理机构纷纷将"三网一库"的建设架构作为本级政府旅游机关信息化建设的首要任务,严格按照国家旅游局的统一规划和规定的任务和相关的技术规范、技术方案,分步实施,分期建设。全国旅游信息化建设以金旅工程为主干,快速推进。

将资金、技术、资源、市场相互结合,国内与国外结合,传统优势与新技术结合,政府与企业相结合,建设好金旅工程,达成将中国旅游推向全世界的目标,是中国旅游业高速发展的关键条件。利用科学高效的信息网络技术组建的金旅工程,对提高国家旅游局和全国各级旅游管理部门的管理水平、决策水平和工作效率,实现旅游管理现代化,将起重大的作用。通过合作公司的市场化运作,在实现创利的同时,采用灵活的金融手段,利用融资与上市从社会集资,使之成为中国旅游信息界的旗舰,持续发展中国旅游信息网络的建设。金旅工程将加快我国旅游企业向新型旅游企业发展,与国际接轨,提高国际市场竞争力,为开拓新的旅游市场打下坚实的基础。

10.2.2　旅游企业信息管理

10.2.2.1　旅游企业信息管理系统构成

旅游信息管理系统是以电子计算机为基本信息处理手段,以现代通讯设备为基本传输工具,且能为旅游管理决策提供信息服务的人机系统。

旅游信息管理系统在结构上由三个部分组成。

第一,数据处理系统部分,主要完成各项旅游管理数据的采集、输入,数据库的管理、查询,基本运算,日常报表输出等。

第二,分析部分,在数据处理系统基础上,对各种数据进行深加工,如利用各种管理模型定量及定性分析方法、程序化方法等,对旅游企业的经营情况进行分析。

第三,决策部分,管理信息系统的决策模型多限于以解决结构化的管理决策问题为主,其结果是要为高层管理者提供一个最佳的决策方案。

一个完整的旅游信息管理系统应该具有数据处理、事务处理、预测、计划、控制、辅助决策等功能。

一家旅游企业要建立管理信息系统,除了需要分析其功能组成外,还要做好许多基础性工作,包括组织制度建设、信息存储组织、硬件平台搭建和软件系统安装等。

10.2.2.2　旅行社信息化建设

旅行社企业信息化是在旅行作业、管理、经营、决策等各个层次和各个环节,采用现代信息技术特别是网络技术,充分开发和广泛利用旅行社和企业内外信息资源,伴随现代企业制度的形成,建成与国际接轨的现代化旅行社的过程。在我国旅行社行业中,除了大型综合性的旅游集团,纯粹的旅行社企业,尤其是中小旅行社,由于行业的特点,受经营规模和经营利润的局限,发展信息化有着诸多障碍。国内许多旅行社目前还沿用传统的手工作业,内外联系的方式仍采用电话、传真甚至人工传递等方式,长此以往,会造成旅行社内部信息不畅,资源无法共享;单兵作战,规模效应不突出;人工成本高,办公效率低;客户流失,财务出现漏洞;手段落后,控制滞后等问题。

为改变传统落后的手工方式,旅行社应逐步采用现代信息手段来取代传统的手工作业方式,以提高工作效率和监管力度。旅行社信息化工作的方向是,通过低成本的投入,建立有效的内部管理信息系统,优化内部经营流程;利用互联网技术的特点,结合旅行社自身的产品特性,建立高效的网络营销渠道,搭建适合自身的平台,并实施有效的评估。旅行社行业信息化工作的目标是,提高内部管理水平,优化运作流程。合理的信息化建设可以有效强化数据采集、分析,是规范内部管理流程、科学分析市场走向、实施正确决策的基础,也可以拓展目标市场,提升销售业绩,塑造自身品牌,提高企业的影响力。旅行社在实现信息化管理过程中,应当遵循"总体规划、分步实施"的原则:总体规划,即对旅行社内部做出长远规划,结合集约管理理念和现代信息技术的发展对旅行社进行整体设计,从方便管理者的角度来建设管理体系,而不是以 IT 技术完全代替人力管理;分步实施,即旅行社信息化建设应采取分模块、分步骤的方法,逐步改进,逐步完善,而不是一次性地建立一套大而全的完整系统,这样不仅会降低经营风险,而且易于达到目标。在旅行社筹建自己的内部局域网时,项目实施当中应注意以下要点。

(1)高层管理层的强力支持

旅行社的管理者应清楚认识实施信息化建设的目的及风险,并给予足够的支持与重视,而且要投入足够的人力与财力,作为领导也应投入足够的精力参与到信息化的建设过程中。另外,企业的 IT 战略不是孤立的战略,而应融入旅行社的整体战略之中,并建立完善的配套制度。

(2)业务部门参与

信息化建设涉及方方面面,需要各方面人员参与,不能仅视为某一部门的事。如果缺少其他业务部门人员参与和配合,会使项目实施走很多弯路,造成工期拖延及资金浪费。

(3)旅行社与开发商之间密切合作

采用一套实用的软件,需要开发商对该旅行社有较全面的了解,他们的责任在于向旅行社提供管理改进的建议及技术支持,而旅行社本身要密切配合开发商,并在实施过程中始终处于主动及主导地位,使建立的信息系统能适合企业目前的需要和日后发展的需要。

(4)明确目标,设计合理的期望值

许多旅行社在建立自己的信息系统之前,通常对该系统能产生的效果寄予很高期望,充满了幻想。作为一个企业,应该意识到达到目标是渐进的,如果开始对此寄予的希望过高,而实际结果会因许多因素而不能完全达到起初所设想的效果,则会对投入的人力、资金与实际效果产生评估错位,挫伤积极性。旅行社实施信息系统不是给别人看的,而是为了将企业资源加以整合,从而提高整体管理水平及运作效率。

(5)要意识到存在的风险

旅行社实施信息化管理,可以优化旅行社的内部组织结构,重构业务流程,深化企业管理及改革创新。但在实施过程中肯定会触及部分人的利益,使员工产生抵触情绪,将为企业信息化建设带来一些阻力,为政策的实施制造人为障碍。

企业建立自己的信息系统目的就是为了使用,但在使用当中有成功的,也有失败的。因此,旅行社在运用过程中应注意以下几点。

①行政命令,强制使用。工作人员习惯了多年的传统手工作业,无论在作业程序上,还是操作上,对使用电脑很不适应,觉得是对自己的一种挑战,而不愿接受和使用电脑。另外,软件使用初期属磨合阶段,配合之间产生的问题会很多,有时还会因此而影响工作进展,致使工作人员更不愿使用电脑。如不采取必要的行政措施强制使用,很可能出现设备闲置,规章流于形式,加大了以后在这方面推广的难度。

②作业整合,规范管理。传统作业与电脑操作差距很大,因此摒弃不合理的作业方式,引进先进模式,规范管理是实现电脑化作业的先决条件。

③确保基础数据的实效性与真实性。业务人员日常作业是建立在数据之上的,信息系统的实用性也建立于此。更新数据所需的工作量是十分巨大的,这也正是相当多的旅行社在信息系统运作时,由于基础数据陈旧,不能及时更新,造成数据没有参考价值,从而影响了信息系统的使用。另外,业务人员需要以认真负责的态度对待每一次录入工作,以确保管理层查询数据的真实可靠。

④专业人员对数据库进行维护。一套运行优良的系统,除了采用优秀的应用软件和翔实及时的数据外,还需要由经验丰富的专业人员进行长期维护。

旅行社行业的信息化建设是没有模式可以照搬的,以上也只是针对旅行社特点进行的框架性概述。旅行社信息化工作必须根据旅行社的自身规模、业务特点和经营的定位来不断发展,不断调整,最终选择适合自己的道路。

10.2.2.3　旅游酒店信息化建设

计算机在酒店中的普及和应用,新的技术平台、新的技术特点不断涌现,适合国内特点的信息系统慢慢进入酒店,使得酒店管理系统进入了一个新的发展时期。应该看到,对于一、二星级甚至部分三星级酒店来说,信息环境的建设和应用还处在起步阶段,即使是五星级的酒店,信息化管理的进程与客户对酒店的需求也有相当的距离。

目前酒店业在信息化方面主要存在四大差距。

①观念差距。大多数酒店经营者认为酒店属于传统的服务行业,主要是靠出租客房和床位来创收,通常把投资信息化与投资房间内的设施(如增添浴缸或沙发)的投资回报等同看待,没有把信息化建设与影响和改善酒店的经营、管理效率等方面的功效挂起钩来,没有把信息化的价值融入酒店自身价值链在竞争中发挥的作用挂起钩来。酒店要保持一定的入住率,提高营业收入,使得利润最大化,首先要对客户群体重新评估。旅游团队固然可以充实入住率,但折扣率太大,且客人在店内的其他消费微乎其微(现金流量小)。而商务客人相对来说优于旅游客人,虽然商务客人多以散客和小规模团队的形式入住,但折扣率远远低于旅游客人,商务客人在店内的其他消费能力也远远大于旅游客人,特别是商务会议客人,对于酒店的会议室、餐厅、多功能厅、商务中心、健身房等等都会带来可观的营业收入。

②行业距离。酒店业属于以人为本的劳动密集型服务行业,IT 行业属技术密集型行业。由于这种行业间本质上的差异,致使很多 IT 公司尽管竭尽全力将最先进的产品设备或解决方案推销给酒店,其结果通常是酒店付出了昂贵的代价却不尽如人意。究其原因,主要表现在技术功能与酒店需求错位,目前的管理系统很多不能解决酒店面临的关键问题;管理决策层没有整体的规划,让供应商牵着鼻子走;供应商和酒店没有利益上的一致性。

③缺乏行业标准。旅游饭店业对信息化的理解千差万别,加之 IT 公司各自为政的解决方案,使得原本就技术水准有限的酒店业眼花缭乱,盲目投资上马的项目比比皆是。

④服务不到位。酒店是一个以服务为本的行业,主要依靠客人对各项服务的满意度来提升酒店的入住率和经营效益。酒店信息化的实施,意味着酒店又增加了一项新的服务,即信息服务。IT 公司负责策划和实施,但通常不承担日后的服务,因为它们是 IT 公司不属于服务行业。然而,倘若服务的责任落到酒店自身头上,酒店能应付得了吗?由于服务不到位,使系统不能充分发挥作用的已屡见不鲜,由谁来为酒店提供信息服务是一个值得商榷的问题。

在今后的几年中,酒店的竞争将主要在智能化、信息化方面展开。店内装潢、客房数量、房间设施等质量竞争和价格竞争将退居二线。酒店信息化的发展趋势主要分为三大应用领域:一是为酒店的管理者、决策者提供及时、准确地掌握酒店经营各个环节情况的信息技术;二是针对酒店的经营,为节省运营成本、提高运营质量和管理效率的信息化管理和控制技术;三是直接面对顾客所提供的信息化服务。

(1)电子商务

对于酒店而言,盈利是根本,若要加快酒店行业的信息化进程就应当首先从能够为酒店创造或提高经济效益的项目着手。建立一个基于互联网络的全球酒店客房预订网络系统已不再是难事。无论是集团酒店、连锁酒店还是独立的酒店都可以加入成为该系统成员,并且享用全球网络分房系统。全球网络分房系统,可以通过 Interface 接入,让旅行社团、会议团队、散客都可以利用电脑直接访问该系统,从中得到某酒店的详细资料,包括酒店的出租状况,并能立即接受预订和确认。

(2)智能管理

"酒店智能管理"作为一个综合性概念,给酒店业带来经营管理理念的巨大变革。这一变革要经过不断的建设和发展,渐渐形成一个涵盖数据采集、信息保存、信息处理、传输控制等的智能管理系统。这些信息库的建立将成为酒店信息化管理和办公自动化的重要基础。从前台客人入住登记、结账到后台的财务管理系统、人事管理系统、采购管理系统、仓库管理系统都将与智能管理系统连接融合构成一套完整的酒店信息化体系。

(3)个性化服务

服务业现代化的一个重要内容,就是要实现"个性化服务"。

10.2.2.4　旅游信息化建设中其他信息管理手段的应用

在旅游信息化建设中,随着现代信息技术和新型管理方式的不断发展,各种新的基于信息技术的管理手段不断出现,这些管理手段在旅游行业中发挥着各自重要的作用。下面以上海为例探讨旅游信息化建设中其他信息管理手段的应用。

上海旅游委于 2004 年成立了上海市旅游委信息化处。信息化处的职能包括:制定行业信息化发展规划、计划和实施细则,会同有关部门制定行业信息化标准,指导和规范行业信息化建设;积极推进行业电子商务进程,实现经营发展新格局;负责政务网站和机关办公自动化的管理,推进电子政务的完善;指导旅游咨询服务中心工作,指导上海旅游网和上海旅游热线的建设和规范。这样的层次结构在机制上保证了上海旅游信息化实施过程的完整性,展现了信息技术为推动旅游产业发展、提升市场监管水平、拓展旅游公益服务的不可替代性。

近年来,该市将旅游信息化作为推进"科教兴旅"促进上海旅游信息化、现代化、产业化的全面发展的重要途径,决定通过上海旅游网、上海旅游热线的建设,建立旅游行业的公共服务体系,完善信息引导、咨询服务、预订服务、投诉处理、安全救援等各项功能。主要做了以下几项工作。

(1)制定上海旅游信息化 2006—2010 实施纲要和上海旅游业信息化数据交换规范

①制定上海旅游信息化 2006—2010 实施纲要。上海市旅游信息化发展的指导思想是:贯彻落实科学发展观,按照《上海旅游十一五规划》的目标和要求,全面提高上海旅游信息化水平,以本市经济和社会发展的需求为导向,加快旅游信息资源开发利用,推进信息化在旅游行业的广泛应用,充分发挥信息化在提升产业素质、提高服务质量、促进可持续发展的重要作用,为推进上海市向亚洲一流旅游

城市迈进提供保障。这个实施纲要的制定为上海旅游信息化今后五年的发展指明了方向。同时,为了能把五年实施纲要落到实处,制定了详细的年度工作计划,细化工作内容,使实施纲要能够按时完成。

②建立上海旅游业信息化数据交换规范。为了方便旅游企业之间的数据交换,建立了统一的上海旅游数据传输方式与旅游业数据交换格式规范,并纳入地方性推荐标准。该标准将为目前各种不同的系统、不同的数据源、不同的网络环境之间进行电子数据交换创造条件,为今后新系统的开发提供建设标准,也为今后中小企业信息化建设的标准化进程打下了基础,有利于建立统一的管理系统,实时监控上海旅游业的状态。在这个基础上,还制定了《上海旅游企业信息化发展的若干意见》,着力推进上海旅游企业的信息化进程,提高企业信息化管理水平。

(2)为来沪游客和本市居民提供全方位的公共咨询服务

①建立旅游咨询服务中心。于 1999 年至 2000 年,在全市 20 个区县根据不同的地理位置和特点,建立了风格各异的咨询服务中心,并于 2005 年起根据实际运作情况对原有的咨询中心重新进行功能定位,改造原有设施,使其进一步符合游客的咨询需求。

②放置旅游多媒体触摸屏查询系统。自 2001 年起,在全市三星级以上宾馆放置了 200 台旅游多媒体触摸屏,方便宾馆客人进行上海旅游信息的查询。并于 2005 年起将原有触摸屏全部更新为新的液晶触摸屏,并对原有查询系统进行升级,更新 GIS(地理信息系统)模块功能。

③建立旅游信息网站。近年来,先后建成了上海旅游政务网、上海旅游网、上海会展旅游网、上海节庆网等各类旅游网站,使上海的旅游网站呈现出多格局、面向所有需求的架构,从政策指导、电子商务、会展旅游等各方面推进上海旅游业的发展。上海旅游网作为上海旅游 DMS 网站,整合了上海吃、住、行、游、购、娱全面信息,并推进旅游电子商务发展。

④建立上海旅游热线。上海旅游热线于 2005 年 5 月 1 日正式开通,极大地扩展了上海旅游咨询服务的渠道。热线同上海旅游网的数据库共享资源,为广大游客提供旅游综合信息查询,旅游线路咨询和预订,宾馆、经济酒店咨询和预订,演出信息的咨询和相关票务的预订,投诉受理等,丰富了服务功能。

(3)利用信息技术加强市场监管和服务

①建立上海旅游行业管理短信群发系统。上海旅游行业管理短信群发系统使旅游企业能接收主管部门提供的有关会议通知、市场检查、促销活动、企业年检等信息,同时系统也能及时获取企业组团状况、目的地行程、交通住宿安排等信息。在应急状态下,旅游企业可以及时接收主管部门发出的指令和动态,做出相应的决策和反应。

②建立上海旅游企业管理系统(一期)。上海旅游企业管理系统(一期)的建

立使旅游企业信息面向公众公开,能够方便地进行多条件查询;建立合适的企业信息维护流程,保证查询信息的及时更新;建立一套基于客观奖惩情况的诚信系统,显示各旅游企业的诚信状况;提供双向的游客投诉意见处理流程,提供合适的行业监管流程控制功能。

③建立上海导游信息管理系统。上海导游信息管理系统是上海市旅游委2005 建设的上海导游从业人员考核、培训、年审的网上信息化平台。导游从业人员可以通过这个平台了解政府相关部门有关导游考试报名、培训计划、考试信息、年审等相关信息,进行网上报名、答疑,下载有关培训教材,查询考试结果。

④建立上海中小旅游企业平台。针对上海的中小旅游企业,建立了中小旅游企业平台,为旅行社企业和住宿业企业,分别开发统一的、满足企业共性需求的企业信息管理系统,以较小的投入,让企业在不同的程度上根据自身的情况,使用不同的功能模块,提高业内大多数企业的内部管理水平。同时,也可以通过这个平台实时检测企业运营状况,为市场管理提供了有效手段。

(4)下一步主要工作设想

①进一步加强长三角地区旅游信息化合作。苏浙沪旅游合作已取得了一定的成绩。在此基础上,将继续加强与江苏、浙江的学习交流,积极探索用信息化推动旅游发展的可能性,力争使区域内的旅游企业有更多的发展机会,最大限度地使长三角地区乃至全国地区游客得到方便快捷的服务。

②建立上海旅游援助中心。随着到沪游客的不断增加,特别是入境游客的不断增长,上海缺少能够为游客解决应急困难的服务机构。拟建立上海旅游援助中心,为广大游客提供解决各类紧急情况的途径,为旅游过程中发生的救援行动提供保障,快速应对各类突发事件。

③建立上海旅游人力资源网。建设上海旅游人力资源网,做到全市联网,实现旅游管理部门、旅游教育培训机构、人才交流机构信息共享,实现旅游人才远程教育培训;实现旅游人才全市专门教育培训、管理发证、人才交流统一管理,满足现代化、专业化需要。

10.3　旅游目的地信息系统

10.3.1　旅游目的地信息系统的概念和功能

(1)概念

旅游目的地信息系统是整合旅游目的地信息资源的全面解决方案,也是旅游业与信息化最优的结合方式。它是综合性介绍旅游目的地的旅游资源、旅游服务设施等,同时支持在线预订和交易的电子数据库系统。它不仅可以提高劳动效率、节约人力,而且可以使工作迅速、准确,是旅游业管理高技术化、最优化的实现途径,可以满足旅游业迅猛发展的需要。

旅游目的地的开发建设与经营管理逐渐成为旅游目的地进行旅游商务活动的新模式。信息化时代需要将旅游信息流的适时管理作为中心来考虑。现代旅游的流动频度和广度都较传统旅游有了相当大的提高,它要求旅游目的地拥有一个功能强大的信息系统,以便为各行业部门及游客提供及时准确的旅游信息服务。如果仅仅依靠以前传统的信息传递手段,旅游目的地信息流的阻塞、断裂将难以避免,旅游管理的作用将受到影响。因此,旅游目的地信息系统应运而生。旅游目的地信息系统 TDIS(tourism destination information system)是以计算机软、硬件为基础,实现目的地各种旅游资源数据的分析、处理和应用的管理信息系统。按照服务对象的不同,可分为两种:一种是面向游客的信息模式,主要是为旅游者展示各种旅游目的地信息;另一种是面向旅游目的地各管理部门及旅游供应商的管理模式,用以实现各行业之间的信息更新及信息传递。

(2)功能

旅游目的地信息系统主要有三种功能,即:查询功能,如景区景点的位置查询;统计功能;空间分析功能。

空间分析功能是旅游目的地信息系统最重要的一个功能,也是它的一个标志性功能,主要包括通视分析、路径分析以及断面分析三个方面。

①通视分析可以确定某一观察点的最大可观察范围,帮助旅游者选定理想的观察点。

②路径分析是在给定的限制条件下,在路网中寻找最佳路径。将通视分析和路径分析相结合,可以帮助旅游目的地管理部门规划景区观光路线等。

③通过断面分析可以了解地形断面的起伏信息、最高点和最低点的位置和高程、两点间的距离等信息。因此,对爱好越野、另辟蹊径的游客很有帮助。

10.3.2 旅游目的地信息系统的应用

(1)旅游设施选址及景观模拟

首先是旅游设施选址。根据旅游目的地区域环境的特点,综合考虑资源配置、市场潜力、交通条件、地形特征、环境影响等因素,确定潜在市场的分布,找出商业地域分布的规律,搜寻时空变化的轨迹,在区域范围内选择最佳位置,并保证餐饮设施、娱乐设施等有最大的服务面。其次是景观模拟。运用现有的遥感资料与矢量地形资料,进行空间和属性数据处理,生成旅游目的地现状多层三维模型,这样游客可以通过视线的变换,从多个角度、全方位地观赏旅游景观。另外,还可以实现基础三维数据的快速更新,并根据旅游管理的不同阶段与不同要求,生成多种旅游目的地管理的可视化效果,供旅游目的地决策者参考。

(2)旅游线路的计算机选择

旅游线路选择的原则,一般来说可以概括为"使游客付出代价最小而收获最大"。为此,在具体选线时,应尽可能减少重复路线,缩短旅途时间,降低旅游费用;或在不延长旅游时间的条件下增加旅游内容,提高旅游活动质量。此外,不同类型的游客有不同选线的标准,如价格优先、时间优先或兴趣优先等。

（3）辅助旅游开发决策

TDIS 可以将自然过程、决策和倾向的发展结果,以命令、函数和程序等不同形式,作用在相关的基础数据上,对未来的结果做出趋势预测,并对比不同决策方案的效果以及特殊倾向可能产生的后果,最终做出最佳决策,避免和预防不良后果的发生。另外,还可通过与数学分析模型的集成来发挥其空间分析功能。例如,将旅游资源评价模型、旅游开发条件模型、景区环境容量模型、旅游需求预测模型、旅游经济效益模型等"嵌入"TDIS 中,可辅助旅游目的地管理部门选择合理的开发决策。

10.3.3　旅游目的地营销系统

目前,DIS 的含义的外延部分出现了扩大的趋势,出现了基于 DIS 发展成的旅游目的地营销系统 DMS(destination marketing system)。DMS 是旅游目的地通过互联网进行网络营销的模式,它把基于互联网的高效旅游宣传营销和本地的旅游咨询服务有机地结合在一起,为游客提供全程的周到服务。DMS 能实现对旅游目的地旅游信息管理、旅游城市形象宣传、旅游产品的网上营销等功能,能有效实现旅游目的地城市和旅游企业的信息化,可以极大地提升目的地城市的形象和旅游业的整体服务水平,是信息化时代背景下形成的新旅游营销模式。旅游目的地营销系统出现于 20 世纪 90 年代中后期,最早在国外得到开发和应用。

目前,旅游目的地营销系统在国外已得到广泛应用,英国、新加坡、西班牙、澳大利亚、芬兰等 10 多个发达国家和地区的旅游目的地营销系统演变为一种较为成熟的旅游营销模式,促进了当地旅游业的快速发展。相比而言,我国的旅游目的地营销系统起步较晚。2002 年 10 月南海旅游目的地营销系统作为中国旅游目的地营销系统的第一个国家试点系统通过专家鉴定,2003 年 1 月,国家旅游局联合信息产业部下发了《关于在优秀旅游城市建立并推广使用"旅游目的地营销系统"的通知》,开始在全国 138 个城市推广旅游目的地营销系统。目前,全国旅游目的地营销系统的中心平台建设已初具规模,粤港澳、大连、三亚、珠海、深圳、厦门、苏州等十余个区域和城市的旅游目的地营销系统已投入运营或正在建设之中,在旅游宣传促销中发挥了重要作用。

（1）旅游目的地网络营销的优越性

随着时代的发展,传统的批量生产和单一产品面向大众市场的模式已无法适应市场需求,定制产品、定制服务、微观市场营销以致"一对一营销"等观念相继出现。如何满足旅游者的个性化需求,已成为旅游目的地企业必须面对的问题。这就要求旅游目的地企业与旅游者进行更加广泛和频繁的互动沟通。作为一种新的营销方式,网络营销有其自身的特点,在许多方面拥有传统媒体无可比拟的优势,在旅游目的地营销过程中能够发挥独特的作用,主要表现在以下几个方面。

①扩大营销范围。由于互联网具有跨时空性,网络营销可以不受时间、空间的限制而进行信息传播和交流,突破传统营销媒体手段的限制,为全球范围的潜在旅游者提供全天候的服务。营销主体将旅游目的地的各种信息放在网上,通过互联网将这些信息传递到世界各地,能够有效地传播目的地信息,从而扩大营销的受众范围,获得吸引更多海内外客源的机会。

②增强营销效果。传统的旅游目的地的营销活动都是单向的,即一方面依赖各种各样的媒体广告宣传等手段来促进旅游者对旅游目的地的接受;另一方面通过各种各样的调查研究方式了解旅游者的需求,这两个过程在大多数场合下是分离的。而互联网提供了旅游目的地与旅游者双向交流的通道,使旅游目的地企业拥有了一种规模化、交互式的市场营销方式,既让旅游目的地企业能够更直接、更迅速地了解旅游者的需求,又使旅游目的地企业有更多的空间,为旅游者提供更具价值的旅游产品和服务。此外,互联网信息存储容量大、传输速度快,网上信息易于更新,而且还可以做到图片、声音、视频等方面的多媒体结合。利用这些特点,旅游目的地营销主体可以制作出丰富多彩的信息内容,包括地方饮食、酒店、交通方式、旅游风光、购物广场、娱乐场所等各项信息,并以相应方式放到网上,为旅游者提供全面的信息服务,从而对旅游者的出游决策产生重要的影响。

③实现全程营销。在网络营销中,利用互联网的互动性,营销主体可以通过电子布告栏、电子邮件等方式发布信息,在营销全过程与旅游者进行即时的信息交流,使旅游者不仅能够选择现有的产品和服务,还可以参与旅游产品和线路的设计。这种双向互动的沟通方式,不仅提高了消费者的参与性和主动性,为旅游者带来提高消费理性、表达自身旅游需求等方面的利益,还从根本上提高消费者的满意度和忠诚感,更重要的是目的地营销主体的营销决策有针对性,有助于营销主体实现全程营销目标。

④降低营销成本。网络营销的成本主要包括建设网站费用、软硬件费用以及网络运转费用,这些费用远低于传统营销费用。旅游目的地运用网络营销可以节省巨额的广告宣传费,降低市场调研费用,降低顾客投诉、咨询等服务费用,节约大量的宣传推广费用,以较低的营销成本实现营销效益的最大化。

(2)面向旅游者的旅游目的地网络营销构建

基于互联网的网络营销模式,不只对旅游目的地企业与旅游者之间的信息沟通产生了极为深刻的影响,更为重要的是,它还使信息的意义进一步凸显出来,信息真正成为旅游目的地企业最宝贵的一项资源。只有拥有必要的信息优势,致力于架设供应商、中介服务组织、旅游者以及政府之间高效沟通的信息桥梁,才有可能迅速捕捉一切有利时机,改善旅游目的地企业的营销活动,寻找实现企业目标的最佳路径。旅游目的地网络信息的使用者可以是旅游者、企业、政府部门等。

邹蓉(2005)研究了面向旅游者的旅游目的地网络营销构建路径。

①建立旅游目的地信息传播网络。根据旅游信息服务导向机制,有效地向旅游者传达旅游目的地的相关信息,可以引导旅游者做出有利于旅游目的地企业的决策。旅游目的地的信息是多方面的,包括旅游目的地的基本信息、旅游资源信息、公共旅游设施信息、旅游企业信息、旅游企业提供的旅游产品和服务信息、价格信息、旅游新闻、旅游活动信息,以及旅游业的行业信息及政策法规等。由政府统筹建设的旅游目的地信息系统可以视为旅游目的地信息传播网络的"基础设施",DIS 是服务于旅游目的地信息收集、存储、加工、传递、应用的人机系统,其主要任务是展示和宣传目的地鲜明清晰的总体形象,然后在总体目的地形象之下逐层展示旅游城市、旅游景区景点、旅游企业、旅游产品和服务。除了完善自身的信息收集和处理功能,DIS 还要与当地旅游企业建立电子链接,与各旅游企业的内部网(lntranet)互联,使当地旅游企业能向 DIS 提供信息,并自行更新所提供的信息,从而保证旅游目的地网络信息服务的新颖性和可靠性。

②提供网络虚拟体验,实现形象演示功能。形象演示功能指的是利用网络手段对旅游目的地的产品与服务进行虚拟化演示,目的是通过旅游者在网络上的虚拟体验,全面宣传与推广旅游目的地。由于旅游产品与服务大部分是无形的,如何让旅游者在决策时感知其质量与功能,成为旅游目的地网络营销的重要任务。网上提供虚拟体验,向旅游者虚拟展示旅游目的地的产品与服务,是影响旅游者决策的很好途径。以体验为目的的形象展可以包括在网上建立虚拟景点、虚拟饭店、虚拟商店等,把旅游目的地的产品与服务"移植"到网络上。通过在宽带网络平台上应用集成视频会议(VCF)、视频点播(VOD)等技术,利用网络这种覆盖全球的全新多媒体信息传播方式,把美妙的景致活灵活现地展现在各地旅游者面前,实现形象演示的可视化,提高旅游者体验的人性化和个性化水平,真正实现即时的交互沟通,增强旅游目的地及其产品和服务的吸引力,扩大旅游目的地知名度。

③向旅游者提供专业化信息服务。互联网为旅游者提供了大量的共享旅游信息,但同时又给旅游者带来了信息处理上的困难。为了解决信息激励与信息约束的矛盾,为旅游者决策提供便利,旅游目的地网络可以考虑为旅游者提供专业化的信息服务。这种专业化的信息服务包括旅游目的地景区景点介绍、宾馆饭店等接待设施的推荐、当地旅行社及其导游服务的介绍、游览路线及日程安排、旅游目的地天气状况预报、当地旅游企业的电话传真及电邮查询等。

④建立旅游者数据库,实施有效的客户关系管理。网络营销的竞争是旅游者资源的竞争。虽然与其他行业相比,旅游目的地保持老顾客相对来说比较困难,因为任何旅游目的地在一年内所接待的回头客在其接待旅游者总量中只占少数,鼓励新的首次到访的旅游者是大多数旅游目的地关注的首要问题。但是考虑到激发旅游者重游欲望的可能性,特别是口碑效应对旅游者决策行为的影响,旅游

目的地还是要重视客户关系管理,利用网络信息建立与旅游者的良好关系,从而鼓励旅游者向亲人朋友等推荐该旅游目的地。旅游者数据库的建立,需要收集旅游者的个人信息。旅游者数据库信息可以来自网络上的旅游者注册信息,也可以来自处理预订、咨询、市场调查、意见反馈表、旅游者访问记录,甚至旅游者投诉处理等。可以通过问题竞答、拍卖、聊天室、意见征求表等方式,促使旅游者提供更多的个人信息。旅游目的地实施客户关系管理时,需要运用专门的信息技术软件数据库,利用互联网与旅游者或潜在旅游者保持"一对一"的相互交流,从而为不同的旅游者定制不同的营销信息,满足其个人兴趣。信息在旅游市场运作方面起着相当重要的作用,不仅影响到游客的消费行为,也影响到整个行业的供应链结构。信息技术对旅游行业的经营管理是至关重要的,不仅关系到企业的效率和服务水平,而且影响到企业的长远竞争能力。

第 11 章 旅游业危机管理

在全球各种危机呈上升趋势的背景下,对国内外旅游业危机管理做深入系统的了解,将为我国旅游业的健康发展提供科学的支持与保障。

11.1 旅游业危机管理概述

11.1.1 旅游业危机与危机管理的定义

(1)旅游业危机

危机一词来源于希腊语中的 krinein,其原始含义是筛选,目前,由于研究的角度差异,不同学科对危机的含义有着不同的定义。危机管理理论认为:危机是事物的一种不稳定状态,在危机到来时,当务之急是要实行一种决定性的变革。企业管理学认为:危机是一种决策形势,在此形势下,企业的利益受到威胁,任何拖延就可能会失控而导致巨大损失。组织行为学认为:危机是组织明显难以维持现状的一种状态。综上所述可知,在任何组织系统及其子系统中,因其外部环境和内部条件的突变,对组织系统的总体目标和利益构成威胁而导致的紧张状态就是危机。

所谓旅游业危机就是由于不确定性、突发性的重大事件发生而对旅游业造成的重大破坏和潜在的不良影响。世界旅游组织(WTO)把危机阐述为:影响旅行者对一个目的地的信心并扰乱继续正常经营的非预期性事件。这类事件可能以无限多样的形式在许多年中不断发生。从危机产生的根源,可以将旅游业危机划分为旅游业受波及引起的危机、旅游业内部的危机两大类。旅游业受波及引起的危机,是指发生在其他行业里的危机产生的负面影响波及旅游行业,使旅游业客源骤减、目的地形象受损的危机,如战争、金融风暴、恐怖主义、公共卫生危机、自然灾害、政治运动等。旅游业内部的危机,是指发生在旅游业运营的范围内、直接对游客或旅游从业人员发生威胁、影响旅游活动的危机,如针对游客的恐怖袭击、饭店火灾、旅游娱乐设施发生意外等。总体来说,旅游业危机具有以下特性。

①突发性。这几乎是所有危机事件所共同具有的鲜明的特征。突发性主要体现在旅游危机爆发的时机,它常常使人们猝不及防,来不及准备,从而自乱阵脚,人为的慌乱也增加了危机的破坏后果。

②高度不确定性。这一特征主要体现在旅游业危机发生的形式、地点及其影响对象方面。理论上,任何旅游业危机都可能在某一旅游目的地爆发,因而要求

旅游目的地管理机构对所有危机类型都有所准备,而这在实际工作中是不现实的。

③时间紧迫性。旅游业危机一旦发生其演变非常迅速,往往在目的地管理机构尚未反应过来的时候,巨大的破坏后果已经产生。这对旅游目的地管理者的快速决策能力和危机反应机制提出了很高的要求。

④全球性。随着人们的社会、经济生活联系日益全球化,全球化的客源也越来越成为旅游目的地的追求和未来发展的趋势,因而旅游业危机的发生、影响已经超出了发生地的范围,其影响力在全球范围内蔓延。"9·11"事件说明,像恐怖主义这样的危机已经不仅仅是对美国,实际上是对整个人类文明的一种挑战,是全球性危机。因此,在管理和应对旅游业危机时还需要有更广阔的全球视野,强化旅游业危机管理的国际合作。

⑤危害性。这是危机的根本特性,如"SARS"疫情造成旅游业务的全面停滞,索道事故造成的人员伤亡。

⑥关注性。旅游危机不仅局限于"舆论的关注性",即危机的影响会受到全社会的关注,如各种新闻媒体、社会组织、社会人群等。

(2)旅游业危机事件的种类

对旅游业造成不利影响的各类事件,都属于旅游业危机事件的范围,包括直接影响和间接影响事件。

①政治性事件。

②经济类事件。如金融危机、经济不景气、通货膨胀,导致客源国出游能力下降。1997年开始的亚洲金融危机,东南亚国家货币大幅度贬值,西方媒体报道曼谷市民75%出现经济困难,马来西亚80%的中产家庭失去额外收入来掠,出国旅游实力大受影响。再如,2001年1—9月,香港前往内地的入境人数为4 357万人次,同比下降0.85%,主要原因是受全球经济增速放缓的影响,香港经济发展受到冲击。

③恐怖或暴力事件。如1997年11月17日,埃及发生了震惊世界的卢克索惨案,6名歹徒枪杀64人(其中外国游客60人)、打伤25人,恐怖分子警告外国旅游者不要再到埃及旅游。埃及的主要客源国—德国、瑞士和法国的旅游公司纷纷取消预订计划,使1998年埃及的入境旅游收入只有30亿美元,跌到了当时的最低点。

④政局动荡或军事冲突。2001年上半年,由于尼泊尔王室发生流血事件,导致政局不稳,造成以尼泊尔为主要入境客源(占外国人的55%)的西藏入境接待同比下降33.31%,2003年美伊战争之后,中东地区旅游出现了大萧条。

⑤疾病疫情或自然灾害。如已被发现的香港禽流感、泰国登革热、美国炭疽病等,都给上述地区的旅游业蒙上阴影;2003年中国发生"非典",许多国家向本国公民发布了到中国旅游的"劝诫令",当年中国旅游创汇下降14.6%;台风、地震、

海啸、洪涝等自然灾害的发生,也往往给当地旅游业造成影响。

⑥节事活动。一些节庆活动、盛事庆典,本可以成为入境旅游的吸引物,但有时出于安全、秩序等方面的考虑,各国驻外使领馆往往限制发放入境旅游签证,导致其间入境人数不增反降,这类事例近年来已不是个别现象。

⑦偶发事件。火车相撞、飞机失事等,都可对旅游业造成意想不到的打击。

（3）旅游业危机管理

所谓"危机管理",是对危机进行控制和管理,以防止和回避危机,使组织或个人在危机中得以生存下来,并将危机所造成的损害限制在最低限度。

旅游业危机管理是指为避免和减轻危机事件给旅游业所带来的严重威胁,通过研究危机、危机预警和危机救治达到恢复旅游经营环境、恢复旅游消费信心的目的,进行的非程序化的决策过程。危机的发生涉及社会的各个方面,危机管理的主体应包括中央和地方各级政府、国家和地方各级旅游主管部门;其他相关部门,如民航、卫生、交通、公安、消防等部门;旅游行业组织、相关行业组织和旅游企业。其中,政府是危机管理的核心。

11.1.2　旅游业危机管理的理论基础

旅游业的危机管理研究是近 30 年来新兴的研究方向,它综合了很多学科如混沌论、心理学、组织管理学等学科的相关理论。

（1）混沌论

用混沌论的核心概念"蝴蝶效应"（butterfly effect）可以很好地解释旅游业的高度敏感性及连锁反应与危机的联系。这个概念指对初始条件的敏感性依赖,是1960 年冬天气象学和数学家在气象学方面的一个发现。"蝴蝶效应"假设,初始条件的细微变化将导致终端事件的动态大变革。换句话说,初始一个小小的错误,通过相互加强反馈的正向过程,将可能导致将来一个巨大的错误。

（2）心理学理论

心理学中与旅游业危机最为相关的是感知与目的地形象等理论。游客对某地的感知,形成了目的地形象。游客决定是否前往某个目的地,是根据形象而不是现实。因此,目的地营销能否成功,在很大程度上依靠潜在游客头脑中确定和虚构的目的地形象。在心理学中风险和形象是不可分的,因为两者都是通过个人对未来不确定是否会发生的事件（风险）、而不是当前的目标/事件的认知过程和感知联系在一起的。正是两个概念之间这种不可分的关系,将旅游者和目的地联系在一起。游客选择目的地依赖于游客心里认为潜在目的地能提供给他们需要的相关事物。因此,目的地形象是激发游客的重要刺激物,不管形象是否真实地代表了该地所能提供的东西,它都有可能是目的地选择过程中的关键因素。

（3）组织管理学

组织管理理论也是旅游业危机管理的一个重要的理论基础（此时把目的地看

作组织),管理的目的在于从混乱中创造出秩序、在混沌中确保生存。传统的管理理论关注如何确保组织的连贯性。自从 20 世纪 80 年代初开始,管理的传统方法受到西方社会中日益增长的不确定性的挑战。如今我们已经接受了这样的观念,不变的只有变化本身,变化却是持续的。因此,今天的管理理论把防止组织衰弱和危机情况的管理,整合到规划、协调和指导组织作为一个经常的过程。危机管理不再是事后的,同时也是事前的。旅游业危机管理尤其应关注组织管理学理论中有关危机发生之前、之中、之后的管理。

11.1.3　旅游业危机管理的研究对象和内容

国内外旅游业危机和危机管理的主要研究可以概括为两个部分。一是对特定危机事件的反应与管理的案例分析。包括旅游与恐怖主义,旅游与政治动乱、战争,旅游与犯罪、社会不稳定,旅游与经济、金融危机,旅游与自然灾难、交通事故、传染病、卫生事件等。SARS 危机对旅游业产生强烈冲击后,我国学者也开始了旅游业危机管理研究。二是对旅游业危机管理的基础理论研究。包括旅游业特性研究、游客安全感应研究、框架研究、管理策略研究几个方面。通过旅游业特性研究,国外不少学者认为旅游业具有脆弱性,我国学者则通过对"非典"时期旅游发展的研究,认为旅游业是"敏感的",但并不"脆弱"。对游客安全感的研究发现,国际旅行态度、风险感知程度和收入对国际旅游目的地选择有直接影响。基本框架研究主要建立了一些用来分析和制定旅游危机管理策略的模型,以及旅游危机管理方案指导或使用手册。危机管理策略研究中,交流策略是强调最多的一个方面,其次是强调营销交流。

国外对旅游危机管理的研究已经有近 30 年的历史,现在已经逐步走向成熟。在研究方法上,已经从个案研究的归纳性研究向演绎性研究过渡,很多国家(或地区)已经形成了一套切合自身实际情况、科学性和实践性都很强的旅游危机预警机制和快速反应机制,在减少旅游危机发生率、减小旅游危机损失、缩短危机过后旅游业恢复周期过程中,发挥了重要作用。我国对这一问题的探索和研究,尚处在起步阶段。可以说,结合我国国情对旅游危机的诱因系统、管理系统、决策系统、反应系统的规律性研究亟待推进。

11.2　旅游业危机管理体系

从操作层面上讲,危机管理体系是包括政府、社团、企业、公众等构成的全方位、综合性的网络体系。下面主要从政府(主要指政府旅游主管部门)、旅游企业、旅游从业人员、公众(旅游者)等行为主体阐述不同层面的旅游危机管理。

11.2.1　政府危机管理

在危机管理的实践中,发达国家由于口蹄疫、"9·11"等重大危机的发生,已经建立了一套比较完善的危机管理体系,而我国关于旅游危机管理的研究大多数只停留在表面,缺乏深入、系统的研究,不仅理论研究不够完善,同时也没有形成对犯罪、自然灾害以及其他一系列危机的预测管理体系。中国旅游业应强化"居安思危"的风险和危机意识,有必要借鉴国内外学者对危机与危机管理的研究成果,在旅游业引入危机管理概念,建立旅游业的危机管理体系。

政府是危机管理的核心。政府危机管理是指政府为预测和识别可能遭受的危机,采取防备措施,阻止危机发生,并尽量使危机的不利影响最小化的系统工程。具体说来,政府危机管理的几个阶段及其主要任务如下。

①在危机前兆阶段,致力于从根本上防止危机的形成和爆发或将其及早制止于萌芽状态。在这一阶段,要求政府旅游主管部门和相关政府部门注重收集各种危机资讯,对危机进行中、长期的预测分析;通过模拟危机情势,不断完善危机发生的预警与监控系统,建立危机管理的计划系统,制定危机战略和对策。

②在危机紧急期和持久期,致力于危机的及时救治。在这一阶段,要求政府充分发挥危机监测系统的作用,探寻危机根源并对危机的变化做出分析判断,成立危机管理的行动系统,解决危机,及时进行基于诚实和透明的信息沟通,正确处理解决危机与旅游业发展以及各种行为主体的利益关系。

③在危机解决阶段,及时地进行危机总结。要求政府旅游管理部门根据旅游者的消费心理和消费行为的改变,进行旅游促销,培育旅游消费信心和恢复旅游市场,加强危机学习,提升反危机能力。

11.2.2　旅游企业危机管理

旅游企业危机的形式可大体分为四种,即产品与价格危机、信誉与人才危机、财务危机和突发事故危机等。

①产品与价格危机。我国旅游企业普遍规模较小,在产品的开发、营销与推广上下功夫较少,投资不力,产品质量标准化程度较低,产品重复利用,压价竞争现象严重,造成产品质量参差不齐,甚至产品质量低劣等,在旅游市场上就出现了严重的旅游产品危机现象。而旅游企业的价格危机则一般源于企业内部和外部两种因素,在外部由于政府的调整、新的竞争对手出现及低价策略的应用,在内部主要是受本身条件、实力、规模的限制,使企业产品的价格居高不下。再就是在定价策略上,低估了竞争对手的能力或高估了顾客的接受能力。以上这些因素都会造成价格策略上的失误,引发旅游企业价格危机。

②信誉与人才危机。旅游企业信誉是在长期的服务过程中,其产品和服务给社会公众及顾客带来的整体印象和评价。由于产品质量、性能、售后服务、商务合同等方面的原因,给旅游企业整体形象带来损害,使企业信誉降低,就会造成信誉危机。如近年来出现在旅游市场上的一系列旅游投诉事件,涉及黑社,超范围经营,非法、变相转让许可证,零团费和负团费,虚假旅游业务广告,黑车,野导,私拿

私授回扣等现象,殃及所有的旅行社,就连老牌、名牌旅行社也不断受到株连。旅游企业的人才危机是指由于某种原因,掌握企业核心客源、商业秘密的人员以及外联、营销方面的骨干突然流失,给旅游企业的经营活动带来的困难。

③财务危机。由于旅游企业合作伙伴的变化,重要客户的流失,三角债务的出现,呆账死账的增加,投资决策的失误,或是利率、汇率的调整,使旅游企业投入增加,收益减少,财务出现了前所未有的亏空,入不敷出。

④突发事故危机。首先是不可抗拒的自然灾害,如地震、水灾、火灾等;再就是人为造成的事故,如人身伤害、行程变更、刑事案件、疾病及财产损失、交通事故等。对旅游企业来说,以上这些情形都表现为突发性、紧迫性、威胁性的特点,不及时处理或处理方法不当,或在危机面前惊慌失措都是不允许的。对企业经营者来说,这无疑是对整个旅游企业的应变能力、经营者的决策能力、全体员工的综合素质的最严峻考验。

要想使旅游企业不发生危机是不可能的,关键的问题是如何预防危机,这就需要企业全体员工居安思危,采取积极的预防措施,防患于未然。

(1)加强危机管理的准备工作

做好危机管理的准备,就是通过建立企业风险预警系统,迅速识别和有效规避旅游危机,或最大限度地减少危机所带来的损失。一是树立正确的旅游危机观。培养"居安思危"的旅游危机观有助于保持清醒的头脑,敏锐地预见一些突发事件的早期萌芽,及时对旅游危机的发展态势做出准确预测。要树立危机管理意识,明白危机管理的重要性和必要性,提高员工对危机事件的警觉,培训相关人员危机管理技能,要进一步增强员工的团队合作和奉献精神,从而增强企业抗风险的整体能力。二是加强信息的收集和研究。旅游企业要成立市场信息小组,或指定专门的部门和人员负责这项工作,建立危机信息收集网络,广泛收集各类与旅游相关的市场、行业乃至其他旅游公司的信息,加强与政府、新闻等有关单位的联系,及时了解宏观动态信息,公司定期专题分析旅游危机态势,做到反应迅速、全面准确。三是加强对危机管理的领导。成立危机管理领导小组,并由主要负责人牵头,通过对各种信息的分析,预测市场走向,提前识别和应对,对危机可能给旅游企业带来的后果事先加以估计和准备,并制订一系列相关的预案,此预案不是简单的条文,而是在公司总预案下,各个部门都要制定详细工作计划,具有可操作性。这样才能在危机出现时,做到临危不乱,有章可循,在最短时间里控制事态的发展,将危机损失降到最低。四是及时做好应急物资的准备。危机管理准备还需要做好各类物资的储备工作,以助预案顺利施行。如"9·11"事件后,美国许多酒店在客房内都配备有救生绳、电筒等应急物品,增强了客人的安全感。

(2)加强危机的控制和处理

危机出现后,旅游企业应建立快速有力的反应机制,强化危机发生后旅游企业处理危机的能力。一是确立危机处理的原则。危机控制和处理的原则是有力、迅速、主动。"有力"是领导要高度重视,加强统一指挥;提倡整体作战,上下齐心协力。"迅速"指市场信息发现要早,事件发展的动态捕捉要快,处置的决策要果断。"主动"是指根据预案准备要充分,应对有序,灵活实施操作。在制定对策的时候,要从品牌经营的角度出发全面统筹,切忌"头疼医头,脚疼医脚",要充分考虑各种因素之间的相互关系和影响,以及整合的总体效果,分清轻重缓急,要根据危机管理的预案,主动及时采取措施,避免处处被危机牵制的被动挨打局面。二是反应敏锐,加强沟通。旅游危机发生后,员工会对企业所遇到的困境引起关注,但他们最关心的是企业将会如何应对?这时企业的高管人员应亲自负责危机管理工作,迅速出现在第一线,及时了解第一手信息资料。危机管理领导小组在处理过程中,还应注重与员工的信息沟通,明确公司内部发布信息的方式和步骤,让员工能全面准确地了解企业面临的状况,在危机面前,充分发挥主人翁意识和主观能动性,确保公司各项应对措施能够顺利实施。三是抓住主要矛盾妥善处理危机。在错综复杂的事态面前,危机管理最主要的矛盾是资金链不要断,所以压缩成本,推出新产品,维护营销通道都要围绕着这一主题进行。具体而言,可以从严格管理企业的现金流、全面调配公司的物质资源入手,同时马上实施开源节流的措施,全力控制并降低管理费用和经营成本;另外加大催收欠款的力度,尽可能多地回收资金,以保证企业正常资金周转的需要。四是加强对员工的教育,增强员工对企业的信心。在收入减少的时候,减员增效与稳定队伍并举是企业所必然面对的问题。减员首先要在符合国家劳动保障法律法规的前提下降低人力资源成本,其次权衡骨干员工的流失为今后发展带来的障碍,再则防止不适当的减员对稳定队伍的冲击,从长远发展来看,采取"以诚相待、共渡难关"的方式应为首选。五是开发新产品,增加企业资金流入。除了节省各项开支以外,旅游企业可结合自身的客户资源、人力资源以及其他业务优势,结合市场的需求,注重开发散客旅游、家庭旅游、自助旅游等特种旅游产品,迅速切入市场,尽量增加企业的现金流入和提高市场占有率。

（3）加强危机过后的恢复管理

危机既给企业带来困难和挫折,但其中又孕育着成功的种子,危机总是与机遇相伴。危机过后,旅游企业应重视恢复管理,及时制定短期恢复和长期恢复计划。一是及时跟踪危机进程,积极寻找新的商机。危机通常都与机遇并存,明智的企业高管人员还应该注意从危机中寻找新的机会。危机也将会引发旅游业的重新洗牌,一些资金不足的企业迫于危机压力,急于退出和转向,这样收购成本也相应有所降低。这就使实力雄厚的企业既可用较低的成本进行收购,同时又可抓住时机扩大市场占有率。二是认真评估危机管理过程,调整修订预案。旅游企业要认真回顾危机处理过程中的每一环节,进行企业脆弱度分析审查,对照企业先前制定的预案,进行相应的改进或调整,从而加强危机管理预案的指导性和可操作性,为应对下一次危机做好准备。三是结合市场变化,重新打造企业核心竞争力。每一次危机都使旅游市场出现新的变化,因此危机恢复管理很重要的是认真分析每一次危机所出现的新情况,迅速找准商机,改进企业的经营管理,适当调整经营管理层次,重新打造企业核心竞争力。四是加大企业宣传力度,积极争取有利政策。在总结的基础上,企业还需要有针对性地开展一系列恢复企业形象的活动,加大促销力度,在危机和旅游复苏过程中力争主动,抢占先机,推出适应市场需求的全新产品和服务,并投放适量的广告,增强公众对企业的信心。同时加强和政府、行业管理部门的联系,争取减免税费,寻求它们的强力扶持和支撑。

总之,在旅游危机面前,旅游企业只要加强危机管理,从中认真吸取经验教训,充实和完善管理机制,提高防范风险的能力,就能达到企业快速稳健的发展目的。

11.2.3　旅游从业人员危机管理

对旅游从业人员的危机管理包括:

①树立危机意识,正确认识危机。危机意识是一种竞争意识、超前意识、鞭策意识,也是一种凝聚力,它能使整个企业像一个人那样,统一步伐,应对挑战。因此,危机教育已经成为一种先进的经营理念,被国内外许多知名企业广泛应用。旅行社的高层管理者要首先感觉危机,认识危机,经常地、系统地讲形势、讲问题,使员工牢固树立危机意识和主人翁责任感。要通过改革把外部的危机转变成具有激励、压力、鞭策效应的机制,将危机意识传导到每个员工。

②主动承担社会责任,积极参与政府与企业的危机救治。要将危机教育和旅游企业内部机制改革结合起来,将市场的变化迅速转化成对员工的压力和动力,使员工树立起危机意识、市场意识、成本意识、效率效益意识,和政府、企业经营者一起来防止和抵御危机的出现。只有使旅游企业员工有了危机意识,才能使其在旅游服务质量上精益求精,在售后服务上随时随地处理顾客的意见和问题,使本旅游企业产品从质量、价格到服务都优于竞争对手。

③加强职业培训与学习,提高员工对危机的应对能力,更主动地把握命运。

11.2.4　公众危机管理

对公众(旅游者)的危机管理包括:

①提高旅游者应对危机的能力。

②培养良好的危机心理素质。

③调整个人行为模式。

总之,要通过多层面研究危机、危机预警和危机救治,避免和减轻危机事件给旅游业所带来的严重威胁,达到恢复旅游经营环境、恢复旅游消费信心的目的。

11.3　旅游业危机管理策略

2003 年,世界旅游组织发布了《旅游业危机管理指南》,指导成员的危机应对和管理工作。世界旅游组织认为,旅游业危机管理的主要途径有四个:沟通、宣传、安全保障和市场研究。

11.3.1　危机前管理策略

世界旅游组织告诫永远不要低估危机对旅游业的可能危害,它们是极端危险的。把危机影响最小化的最佳途径就是充分做好准备。

(1)在沟通方面

要制订危机管理计划,任命专门的发言人,设立一个沟通部门,与媒体经常沟通,沟通的原则是诚实和透明。在制定危机管理计划过程中,要把公共服务机构和私营旅游企业都包含进来,良好的合作是有效危机管理的一个关键。要定期对危机管理计划进行预演排练,并不断修正和完善。

(2)在宣传方面

要开发一个旅游贸易伙伴数据库,建立一个在危机时能及时联络数据库中贸易伙伴的沟通系统。树立和保持可信度是旅游宣传的基础。应预留出特别状况基金,应尽力获得支出这笔基金的提前允诺,而不必经过一个冗长复杂的行动程序,以在危急情况时做出迅速、灵活的反应。

(3)在安全保障方面

要建立和保持与其他负责安全保障部门的工作联系。旅游部门应任命专人负责与其他政府部门、专业服务机构、旅游行业和世界旅游组织在安全保障方面的联络。旅游部门要制定旅游行业的安全保障措施,并在改进安全保障方面担当积极的角色,发起成立面向当地旅游从业人员的安全工作组,鼓励在旅游行业的公共安全和私人安全机构之间建立合作伙伴关系。应组建能用多种语言提供服务的旅游警察队伍和紧急电话中心。

(4)在市场研究方面

旅游部门要与主要的饭店、航空公司和旅游经营商设立双向协定,交换关于过夜停留、出租率、价格等方面的最新数据信息。

11.3.2　危机期间管理策略

世界旅游组织强调危机发生的第一个 24 小时至关重要。一个不专业的反应,就能够把目的地推入更坏的处境。

(1)在沟通方面

要坚持诚实和透明,不要施加新闻管制。要建立一个媒体中心,并迅速通过媒体发布危机方面的信息。信息需要被理解得尽可能准确和可靠,不能因试图鼓励人们旅游而受到歪曲。其他组织也在向媒体提供关于危机的信息,例如警察机构、防灾减灾组织、航空公司、饭店协会、旅行经营商团体和世界旅游组织,要及时向它们通告目的地的有关行动,将它们纳入其对外沟通中。

(2)在宣传方面

要直接向贸易伙伴提供关于灾害程度、受难者救助行动、结束危机的安全保障服务以及防止灾害不再发生的举措等方面的详细信息。危机通常引起政府对旅游业给予比正常环境下更大的关注,要利用这个机会寻求在宣传预算上的增长,这将用来帮助产业恢复和吸引旅游者返回。要实施金融救助或财税措施支持旅游企业。在困难时期,政府需要与企业紧密合作,可以用临时性的税收优惠、补贴、削减机场收费和免费签证等措施来激励旅游经营者、航空公司、游船公司等企业在危机后迅速恢复运营。

(3)在安全保障方面

要充分发挥应急电话中心的作用,要通过跨机构的接触和联络,采取安全保障措施来结束危机和提升安全水平,并加强内部沟通,防止错误信息的传播。

(4)在市场研究方面

要派出调研队伍,调查哪些人在危机期间旅行,他们来自哪里以及原因所在,同时回溯在危机期间媒体关于目的地都报道了些什么,然后迅速向宣传部门反馈信息。

11.3.3 危机后管理策略

世界旅游组织认为"即使危机结束,危机带来的负面影响仍然会在潜在旅游者心中保持一段时间,因此需要加倍地努力,尤其是在沟通和宣传领域"。

(1)在沟通方面

要积极准备反映旅游活动正常的新闻条目,目的是证明目的地已经业务如常。邀请媒体重返目的地,向他们展示所取得的成绩。要集中精力做正面的报道,以抵消危机在旅游者心目中形成的不利形象。

(2)在宣传方面

要向新的市场群体和特殊的市场群体进行有针对性的宣传,要提供特殊的报价。要把宣传促销转向那些最有活力的市场,通常它们是距离东道国最近的客源市场,因为其旅游者对目的地更加熟悉。要开展国内市场宣传,国内旅游在危机恢复时期可以弥补外国旅游需求的减少。要增加旅游经营商考察旅行和专门活动,组织专门的活动和会议,创造与贸易伙伴和国际社会沟通的机会。

(3)在安全保障方面

需要重新审视安全保障系统,以保证其在危机结束后依然到位。通过旅游接待调查结果反馈,奖励先进,鞭策后进,提高安全保障服务的质量。

（4）在市场研究方面

要调研客源市场对目的地的感知。要针对主要客源市场,通过研究潜在的旅游者和调查贸易伙伴,确定他们是否做好旅行的准备,并了解他们对目的地的感知和理解。把这些信息反馈给宣传促销部门,量体裁衣、对症下药,采取行动纠正不良的印象。

11.4　中外旅游业危机管理实践

11.4.1　国外旅游业危机管理实践

为了应对旅游业危机的不利影响,世界许多国家均实施了有针对性的旅游业危机管理方案,努力将旅游业危机造成的负面影响最小化。英国和澳大利亚旅游业危机管理的实践对我国借鉴国外经验提供了很好的例证。

（1）英国国家旅游恢复战略

2001 年初,口蹄疫的爆发给英国旅游业的发展带来了极其不利的影响。为了帮助旅游业恢复生机,英国政府于 2001 年 5 月实施了国家旅游恢复战略。该战略主要包括五个方面的内容。

①增强公众和景点经营者的信心。海内外媒体对口蹄疫爆发的广泛关注,使得许多潜在游客对英国乡村和旅游景点的开放情况以及在英国旅游的安全性不太确信。因此,政府积极地将正在开放的景点的综合情况和详细的注意事项等信息提供给潜在游客,而且这些信息不断得到更新。同时向经营中的旅游景点提供指导,增强其信心,帮助其将口蹄疫传播带来的风险减小到最低限度。

②开放主要景点和道路。在口蹄疫爆发的早期,出于谨慎,关闭了许多旅游景点和道路。虽然后来几乎所有景点已经重新开放,许多道路已经能够或者应该被重新开放,但仍有必要继续封锁一些道路。所以,政府首先向当地权威部门和其他组织发放前往乡村的道路以及路权开放情况的指南,这个指南附带了一个帮助当地权威机构迅速、有效采取行动的"三点计划",即开放景点、开放道路和鼓励公众访问景点的措施。

③帮助受影响的旅游企业。政府在经济及其他方面对遭受口蹄疫影响的旅游业给予帮助,帮助旅游业渡过难关。政府向旅游业提供了相当数量的资源,旅游业总共获得了超过 2 亿英镑的扶持,并且政府还根据情况给予了进一步的支持。

④重塑形象。随着口蹄疫传播得到控制,政府采取了更加主动的措施吸引国内外游客。首要的是加强信息沟通,纠正公众的错误印象,尤其是向那些受口蹄疫爆发严重影响但渴望到英国旅游的海外游客传递信息,重塑旅游地良好形象。

⑤共同努力。口蹄疫爆发后,政府部门和其他一些机构共同加入了减小口蹄

疫对英国旅游业的消极影响的战役,许多好的方案得到了实施。另外,还成立了一些专门机构促进协作行动的实施。国家旅游恢复战略实施后,经过英国政府和其他机构的共同努力,英国旅游业很快就从口蹄疫带来的致命打击中恢复过来,重新步入正常发展的轨道。

(2)昆士兰旅游业危机管理方案

2001年,昆士兰在澳大利亚各联邦中率先实施了旅游业危机管理方案,确保政府和旅游业共同应对旅游业危机的冲击,恢复游客和旅游业的信心,将危机对目的地的负面影响最小化。"9·11"事件后,昆士兰全面实施了旅游业危机管理方案,使政府和旅游业能够及时有效地应对"9·11"事件给旅游业带来的冲击。同时,该方案也是其他旅游业危机发生时能够立即实施的一般性方案。昆士兰旅游业危机管理方案包含三个层次的措施:第一层次,应对短期的、局部的冲击;第二层次,应对短期、中期或长期冲击;第三层次,应对给旅游业带来长期消极影响的冲击。该方案可分成预防、准备、反应和恢复四个关键阶段实施,包括危机前和危机后对在沟通、研究、营销和产业援助四个关键领域做出反应进行详细计划的行动方案。该方案也被用于为旅游业应对巴厘岛爆炸案、伊拉克战争和SARS的冲击提供支持。该方案为建立一个致力于使危机冲击最小化的国家旅游业危机反应方案提供了样板。

11.4.2 我国旅游业危机管理的现状和问题

(1)我国旅游危机管理现状

中国旅游业虽频频遭受旅游业危机的冲击,然而中国在旅游业危机管理领域的实践起步较晚,还未建立起旅游业危机管理体系,表现在没有长期反危机战略和计划;旅游业危机受灾区域或行业多单兵作战,缺少综合协调;缺乏具有会商决策功能的综合体系和综合协调部门,各地区、部门之间应对危机的协同能力很低。以致当"非典"来临时,旅游行业惨遭重创:全国93%的旅行社出现零接团,67%的酒店出现零开房率,旅游交通全行业亏损,许多旅游企业"高挂免战牌",甚至让员工集体放假,以求躲过劫数。这不仅把旅游业的脆弱性暴露无遗,也将我国旅游危机管理方面的理论研究和应对措施的空白点显现出来。虽然在政府和国际组织的关心和支持下中国安然渡过了"非典"危机,但旅游业所遭受的损失和创伤是触目惊心的,当年国内旅游业的直接损失就高达人民币1 400亿元,加上其对经济的间接效应,受损总额超过2 100亿元。

(2)我国旅游业危机管理中的问题

①重危机处理救治,轻危机预警机制。改革开放30多年来,在中国持续稳定的政治经济环境下,虽然每一次危机事件的性质不同、冲击程度不一,但在国家管理部门及时采取的措施保障下,促进了旅游业的持续发展,也积累了丰富的抵御市场波动和风险的经验。综观中国针对历次危机事件采取的措施,可以归纳为几

个方面:开拓新的旅游市场,促进旅游客源空间多元化;加强促销力度,实施重点促销方针,稳定和开拓旅游客源市场;积极拉动内需,调整旅游产品结构,提高旅游市场的竞争力,加强对外宣传力度,树立"最安全的旅游胜地"的国际市场形象。但从总体上看,以上措施基本上都是在危机爆发后做出的应对措施,同时也没有形成对旅游目的地的犯罪、自然灾害、公共卫生以及其他一系列影响危机的预测管理体系。虽然旅游业在危机后具有较强的可恢复性和恰当的应对措施可促进旅游业的复苏和发展,但是由此而淡化危机意识是十分有害的,模糊危机的形成和作用过程将制约我们采取合理有效的措施,仅在危机爆发后采取措施是不够的,这并不能将危机事件所造成的影响降到最低限度。

②危机意识不足。在旅游市场竞争日益激烈的背景下,我国的旅游企业对外拼命开拓市场,对内想方设法打造质量,如 A 级旅游景区的升级、星级饭店的评定等。但它们却忽视了危机事件给品牌形象带来的消极影响。2008 年的清明节第一次列为法定假日,很多人第一次自驾跨省游,来到向往已久的安徽黄山游览,但却遇到了黄山历史上从未有过的数千人围堵山道,寸步难行的境况。当时在百步云梯下的人群围堵十分严重,秩序混乱,天气寒冷且下着雨,出现了昏倒的游客。人们都在叹气,为什么有关方面不控制人流?游客打景区的紧急救援电话 0559—5563333,居然无人接听,而门票上却印着"紧急救援"的电话号码。出现情况为什么没有应急方案?"紧急救援"的意义何在?人们愤慨这样的旅游景区实该降级!某游客在网上发布了《黄山游数千人围墙 7 小时,景区救援电话无人接听》的文章。显然该事件严重影响了列入我国首批 5A 级景区的黄山旅游景区的旅游形象。中国旅游业应强化"居安思危"的风险和危机意识,有必要借鉴国内外学者对危机与危机管理的研究成果,在旅游业引入危机管理概念,研究如何建立一套行之有效的旅游业危机和灾难的预警系统、危机管理系统,以及加强游客的感知分析等,为把中国建设成世界第一旅游目的地做出贡献。

11.4.3　我国旅游业危机应对机制的构建

世界旅游组织在探讨应对"9·11"事件影响时指出"对于那些不管是地理的、种族的或宗教的管辖等原因而牵扯进去的目的地,采取及时、果断的行动极为重要",呼吁以公开、透明方式,专业地处理问题,以降低该事件的负面影响。中国发展旅游的历史不长,搞市场经济的时间更短,在紧急应对突发事件方面仍处于摸索阶段,但各国应对突发事件做法和基本措施大同小异,完全可以总结和吸取其经验,尽快建立一套旅游应急机制。

第一,快捷通畅的信息收集系统。

建立及时、快捷和全面的信息收集系统。信息主要来源渠道包括:中国驻外旅游办事机构;各国驻华的旅游办事机构;各省市旅游部门的反馈信息;在京旅行社、旅游饭店提供的市场信息等。

第二，翔实完备的预案系统。

收集、研究各国、各地区对突发事件的处置方案，以及成功的应对案例，作为应对备选之策，建立应急对策方案库。

第三，分析预测系统。

这是基础性的工作机构，具体分析、判断、提出各种预测与建议，为会商决策服务。应该掌握的原则：一是要辩证地看问题。旅游业的脆弱性、易受影响的特点对旅游业本身有正、负两方面的影响。如泰国、韩国等金融危机重创国，因为货币贬值反而入境旅游大幅度增长；千岛湖、丽江地震，都使其增加了知名度。二是要全面地看问题。旅游产业的特征包括"食、住、行、游、购、娱"六要素，决定了其较高的对外依赖性和关联性，涉及旅游六要素的事件，包括政治的、经济的、军事的、外交的、社会的等等，都会对旅游业造成影响。三是要联系地看问题。要加强对全国、各地区接待形势的分析，对经济和相关事件发展情况的搜集、研究。

第四，高效快速的会商决策。

在快速、全面、准确获得市场信息，各系统提出预案建议基础上，参照有关应急预案，各方面会商出一套方案，立即加以落实，取代现在的各种形式的研讨。

第五，迅速实施的应急机制。

包括请示汇报（向国务院汇报形势的分析判断），形成全国性的应对思路，通知地方、驻外机构、旅游企业加以贯彻，寻求有关部门的配合支持，继续关注事态发展。